作者简介

曹启挺 1978年生于浙江岱山。中国青年政治学院社会工作学士，华中师范大学社会学硕士。2002年起任教于长沙民政职业技术学院社会工作学院，主要从事社区工作和社会福利行政的教学与研究。2001年起为行政区划网外国政区版的主要制作。

中国书籍·学术之星文库

市制暨社区比较研究

曹启挺◎著

图书在版编目（CIP）数据

市制暨社区比较研究/曹启挺著．—北京：中国书籍出版社，
2016.8
ISBN 978-7-5068-5706-2

Ⅰ.①市…　Ⅱ.①曹…　Ⅲ.①行政区划—研究—世界
Ⅳ.①K912

中国版本图书馆 CIP 数据核字（2016）第 172917 号

市制暨社区比较研究

曹启挺　著

责任编辑　吴化强
责任印制　孙马飞　马　芝
封面设计　中联华文
出版发行　中国书籍出版社
地　　址　北京市丰台区三路居路 97 号（邮编：100073）
电　　话　（010）52257143（总编室）　（010）52257153（发行部）
电子邮箱　chinabp@vip.sina.com
经　　销　全国新华书店
印　　刷　北京彩虹伟业印刷有限公司
开　　本　710 毫米×1000 毫米　1/16
字　　数　319 千字
印　　张　19.5
版　　次　2017 年 1 月第 1 版　2017 年 1 月第 1 次印刷
书　　号　ISBN 978-7-5068-5706-2
定　　价　78.00 元

自　序

市制是世界各国的地方行政区划体系的重要组成部分，不过各国的市制存在很大的不同。本书希望能帮助读者解读“市”这个概念在各国的不同，同时也希望能在中国城市化进程迅速发展的今天，为有关部门和相关人员提供需要的信息和借鉴。

地方行政区，从横向来说，大体可以分为一般型（如我国省、县、乡），城市型（如市、区、镇、街道办事处）和特殊型（如各民族自治地方、特别行政区）三类。从纵向来看，大致又可以分为高级行政区（或称广域行政区）和基础行政区两大类。高级行政区的职能更倾向于区域发展，而基础行政区则需要提供大量的直接服务。具体层级的多少与国家大小和传统等因素相关。在国家的地方行政中，基础行政区（基层政权）是最贴近民众的公权力部门，承担着地方发展的首要责任，直接将国家的政策福利输送到居民手中；同时它也是居民参与国家管理的最便捷渠道，是实现社会民主的重要基石。

再来看“市”这一概念。就其产生而言，是基于地方自治的传统，所以其范围不见得很大。在今天的欧洲一些国家，很多拥有市头衔的地方，依然还是一个小镇。所以，当市正式成为地方行政区划建制之一时，它也常常属于基础行政区，而非高级行政区。

到底什么样的地方可以成为一个市？市和其他地方到底有什么不同？想要找到一个普适的答案来回答非常困难，各国对这一问题的处理并不一致，本书的任务则是尝试对各国的市制进行梳理，帮助读者理解。

本书主要系统地介绍世界各国的市制特征，并对其进行归类。所以在章节安排上，便不是以简单的国家罗列，而是依市制相近的原则重新进行组合。具体如下：

第一章，市制综述。界定城市、市、城镇、都市区等相关的概念，厘定市制的涵义和要素，并简要划分市制的类型。

第二章，中国的市制。简单介绍我国（包括内地、台湾、香港和澳门）的市制及发展。

第三章，东亚的市制。将日本、韩国、朝鲜、蒙古4国的市制放在这里，是因为他们是我们近邻。

第四章，东盟国家的市制。东盟各国的市制实际并不相同，相比而言，越南和印尼的市制更像我国，马来西亚接近英国。

第五章，南亚和中东各国的市制。作为历史上的一个整体，南亚大陆的市制始自英国统治时期，并且又带有本土特色。

第六章，欧洲中东部大陆国家的市制。以俄罗斯和德国为典型代表，涵盖除法国、西班牙、葡萄牙和意大利等国以外的欧洲大陆大部分国家。这种大陆式的市制，等级体系非常清晰。

第七章，法国等拉丁系国家的市制。以法国为代表，几乎囊括所有的以拉丁语族的法语、西班牙语、葡萄牙语和意大利语为官方语言或通用语言的国家。实际上这些国家根本没有建制市和建制乡的区别。

第八章，英国、美国等国的地方政府体系和市制。这类英语国家的市，在组织体系上盛行议会主导制。

第九章，中国未来市制改革的展望。这一章是作者基于对各国市制的比较研究，对中国未来市制改革的一些看法和展望。

第十章，乡村社区组织重组研究。一些涉及市制的术语和地名，本书尽量采用所在国的官方（或通用）语言和文字，或其罗马化转写。

本书是在《世界各国市制比较研究》基础上进行的修改，主要增加了第十章，使研究向更纵深更基层的方向延伸。

感谢行政区划网站（www. xzgh. org）和方舆论坛（xzgh. info/bbs）为本书的撰写提供了资料收集的平台及前期经费支持读者对本书内容的任何建议或意见也可至方舆论坛的“万国区划”版处发帖留言，笔者不胜感激。

2016年7月29日，长沙

目　录
CONTENTS

第一章

市制综述

市制是指国家通过立法和行政手段对“市”这一行政区划单位的界定。通常该称号赋予一国内的以城市生活方式为主的大型居民点或以该居民点为中心的共同生活圈的地理区域。

近代市制始于欧洲中世纪的“城市特许状”。当时新兴的市民阶层希望能从君主、诸侯、教会和封建领主处获得人身自由（如免受封建奴役）和经济利益，通过赎买等各种形式由君主、诸侯、教会或封建领主颁发“城市特许状”，以法律文书的形式进行确认。在取得特许状的城市中，君主等的权力就受到限制，从而产生近代意义的市镇自治和民主政体。

清朝末年，近代市制传入中国，并在光绪三十四年（1908 年）颁布《城镇乡地方自治章程》，第一次以法律形式将“市制”从乡治行政中分离出来。该章程规定乡镇为地方自治的最基层单位，设自治公所，自治范围主要限于学务、卫生、道路工程、农工商务和慈善事业。人口 5 万以上为镇，设“议事会”、“董事会”。5 万以下为乡，设“议事会”和“乡董”。

一、概念界定

通常——教科书也是这么说的——城市被认为是人类居住的一种形态，它与农村（或乡村）相对。然而要明确指出城市和乡村的区别是很不容易的，城市的人口集聚规模大，但是集聚到多少才算城市？5 万还是 5 千。

“城镇”、“城市”、“城区”、“市”、“都市区”，这些频入眼帘的词汇，常常使观者因为理解不同而产生误解。为研究方便，在本书中，笔者特对这些概念做如下的界定。

（一）作为地方行政区划的“市”

在本书中，“市”、“镇”一般被界定为一种地方行政区划名称，也就是“建制市”、“建制镇”。

“市”、“镇”是由国家授予某个具体的“地方政府”，允许其使用看起来更现代更有地位的“市政府”的名号进行行政。一般而言，“市”设立于人口繁复的城镇地区，而在其他地区设立“县”、“乡”或“村”建制。不过，本书并不认为“市”必须设立在这样的地方，不排斥“市”范围内存在农业化地区，甚至一个“市”内全是农村。

各个国家关于地方政府取得“市”资格的标准不尽相同，在大多数国家，“市”、“镇”是一种基础地方政府（基层政权），与“省”、“州”等高级地方政府相区别。在我国，根据法律规定，乡、镇政府属于“基层政权”，而市政府属于县级或县级以上地方政府（包括县级市、地级市和直辖市）。本书所要研究的，就是比较各国建制市（或镇）设立的标准，以及与其他地方政府相比的独特性。需要说明的是，并不是所有国家的基础地方政府都分为“市”、“镇”、“乡”。

大致而言，包括中国在内的日本、韩国、越南等东亚国家，德国、俄罗斯、波兰、英国等欧洲中北部国家，以及美国、澳大利亚、印度、马来西亚等以英语为通用语或官方语言的国家，地方政府分“市”、“县”或“市”、“镇”、“乡”，实行城乡分治的较多。

而包括法国、意大利、西班牙在内的大部分罗曼语族（拉丁语族）国家，基础地方政府都不区分“市”、“镇”和“乡”。另有一些国家，如荷兰，历史上曾经实行城乡分治，但现在已经不再实施或弱化。在法国，从200多万人口的巴黎，到几个人的村庄，一律称为Commune，在荷兰均称为Gemeenten，多数西班牙语国家则使用Municipio。这几个单词，想要找到一个严谨的中文词汇来翻译并非易事。为研究方便，本书使用“市（镇）”① 或“市镇”，有时也全部称为“市”，或者依其在地方行政体系中的地位，而直接称为“基础行政区”或“基础地方政府”。

---

① 请注意，本书将“市（镇）”是作为一个专有名词使用，以表示此类国家市就是镇，镇就是市，地方行政上不做区分。而诸如“市（或镇）”之类的表达方式，则表示包括“市”和“镇”两个概念。

（二）基于地理和统计需要而划定的“城镇”与“都市区”

另外一个概念，是关于地理上的“建成区连片的城镇化地区”。显然，它与行政上的建制“市”虽有联系，但很难在地理范围上达到重合。

或者一个“市”内包括农业化地区。我国大部分建制市均如此，韩国1995年以后大部分市也是如此，日本很多山地市也是农业化地区占全市的主要部分。至于多数西班牙语国家，因全国所有的地方都设立市，无疑有大量的市位于农业化地区。

或者一个建成区连片的城镇化地区，为多个“市”所分治。这不仅存在于东京、墨西哥城、加尔各答、布宜诺斯艾利斯等超级大都会区，甚至也存在于一些小镇。

应该承认，世界各国早期设立的建制“市”，辖区范围大多限定在“建成区连片的城镇化地区”。但是1960年以后各国对市制和基础地方政府要么不改革，若是改革则大都是朝着建立城乡混合型的基础地方政府的方向发展，以打破传统的城乡分立的局面。如我国在80年代起相继推出“市县合并”，“镇乡合并，以镇管村”等举措。韩国于1995年推出“都农复合形态城市”。日本更是多次颁布合并特例法促使大批农村形态的“市”诞生。在欧洲也是如此，连向来严格的英国也出现如卡莱尔市这样的城乡混合的地方政府。

参照我国2006年3月10日国家统计局发布的《关于统计上划分城乡的暂行规定》，本书将地理上人口集聚程度高，以非农业生产人口为主的城市建成区，称为“城镇”，反之则称为“乡村”。如澳大利亚统计部门划定的Urban Centre，法国的Unité Urbaine，部分拉美国家的Ciudad这些在内涵上颇一致的概念，在不会发生歧义的情况下，本书一律将其中文翻译为“城镇”，以和我国统计上的术语相呼应。这是因为，有时单纯从字面上很难判断所指，比如，英文的Urban Area一词，在美国、英国和加拿大其涵义就有所不同。

另外，日本在人口普查中与城镇相类似的概念称为“人口集中地区（日本语）”，考虑到同为汉字文化圈的因素，本书不意译为“城镇”，而是直接使用人口集中地区这个概念或由日本官方所采纳的其英文缩写“DID”。

联合国曾经提议各国以2000人以上的居民点为城镇，但未被广泛采纳，各国统计上区分的标准可谓大相径庭。一定数量人口集聚自然是最基本的要件，所以人口和人口密度是最被广泛采用的指标，其他被考虑的因素还有人口产业结构、面积、地方行政中心等。同时，也有些国家和地区并没有正式的对“城镇”的定义和统计。

表 1.1　部分国家统计上划分城镇的标准比较表

<table>
<tr><th></th><th>本地语言</th><th>人口指标</th><th>人口密度指标</th><th>其他</th></tr>
<tr><td>日本</td><td>人口集中地区</td><td>>5，000 人</td><td>>4，000 人/平方公里</td><td>机场、港口、工业区和公园等具有明显城市倾向的基本单位区</td></tr>
<tr><td>印度</td><td></td><td>>5，000 人</td><td>>400 人/平方公里</td><td>市政局、市议会、镇委员会、开发区及永久兵站的行政管辖范围</td></tr>
<tr><td rowspan="2">美国</td><td>Urbanized Area</td><td>>50，000 人</td><td rowspan="2">>1000 人/平方英里（约合 386 人/平方公里）</td><td rowspan="2">组成城镇的每部分人口密度均达 500 人/平方英里（约合 193 人/平方公里）</td></tr>
<tr><td>Urban Cluster</td><td><50，000 人</td></tr>
<tr><td>加拿大</td><td>Urban Area</td><td>>1，000 人</td><td>>400 人/平方公里</td><td>——</td></tr>
<tr><td>澳大利亚</td><td>Urban Centre</td><td>>1，000 人</td><td>>200 人/平方公里</td><td>——</td></tr>
<tr><td>法国</td><td>Unité Urbaine</td><td>>2，000 人</td><td>——</td><td>城镇内的房屋最大间距不得超过 200 米</td></tr>
<tr><td>英国</td><td>Urban Area</td><td>>1，500 人</td><td>——</td><td>面积大于 20 公顷</td></tr>
<tr><td>挪威</td><td>By</td><td>>5，000 人</td><td>——</td><td>——</td></tr>
<tr><td>巴西</td><td>Cidade</td><td>——</td><td>——</td><td>市（镇）的中心居民点</td></tr>
<tr><td>多米尼加</td><td>Ciudad</td><td>>10，000 人</td><td>——</td><td>各省省会</td></tr>
<tr><td>中国</td><td>城镇</td><td colspan="3">1. 街道办事处、镇所辖的居民委员会地域，及公共设施、居住设施等连接到的村民委员会地域
2. 常住人口在 3000 人以上独立的工矿区、开发区、科研单位、大专院校、农场、林场等特殊区域</td></tr>
</table>

资料来源：自行整理。

综合各国近来的相关统计数据来看，上海、东京、大阪、首尔、雅加达、马尼拉、孟买、加尔各答、德里、德黑兰、开罗、伊斯坦布尔、莫斯科、纽约、洛杉矶、墨西哥城、圣保罗和布宜诺斯艾利斯等城镇区域的人口已经超过或接近 1000 万，其中东京以 2800 万遥遥领先。不过除上海、伊斯坦布尔等以外，这些大型城镇区域几乎都分别由多个市级政府管理。首尔、雅加达、德黑兰和莫斯科等市的行政辖区，在整个城镇区域中比例大一点，而加尔各答市政府辖区只大约占整个建成区的 1/3。

基本上，我们很难说分治好，还是合治好。因为大型城区的出现往往有不同的历史背景。北京、上海、东京是典型的中心城市建成区不断向外蔓延所形成，美国多数大都会区也是如此。但是另外一些则是邻近的几个城市分别发展，最后连接成一片，德国的鲁尔区是典型代表。这两种不同起源的大型城镇区域，今天仍有差异，一个直观的数据是看人口昼夜比。摊大饼式发展的城镇区域，中心城区的人口昼夜比很高，周围城市不同程度地充当卧城。但多点发展后连片形成的城镇区域，中心效应就不那么明显，或者有多个城中心。以东京为中心的关东都市圈内各市，包括横滨、千叶在内，人口昼夜比都小于100，而以大阪和神户为双中心的关西，大阪和神户的人口昼夜比都大于100。

另外，在一些西欧国家，还有一种源自中世纪遗留的，基于历史和文化因素的“城镇特许权”。一个地方取得“城镇特许权”的资格还需要经过必要的法律程序和仪式，在今天，能够拥有这种资格，更多的只是一种象征，与地方自治和行政无关。所以与前述统计上划分的城镇相比，这种取得“城镇特许权”的地方，可以认为是一种法律认可的城镇。这点请参见本书关于英国和低地国家等地的市制介绍。

“都市区”也是在城市统计中常用的概念，是由一个或多个城区和与其经济社会融为一体的周围乡村所组成的地理区域。同样，各国统计的标准也有出入。这部分内容不是本书的重点，但会顺便提到。与“都市区”接近的一个概念是“通勤圈”，该概念在日本、英国等国也普遍采纳。“通勤圈”是大体以市中心区为中心，以持有定期票证、使用公共交通工具往返工作地点的通勤职工的最大通勤距离为半径所组成的不规则圆形地域。常规公交系统、城市轨道交通（地铁和轻轨）以及汽车的普及程度对都市区的大小范围具有决定性的影响。

至于“城市”这个概念，本书沿用习惯用法，既可指地方自治和地方行政意义上的“市”，也可指地理和统计意义上的“城镇”。为避免出现理解上混乱，尽量减少使用。

二、市制的涵义和要素

（一）地方自治和地方行政

地方政府的存在，从其产生的源头上来看，大概有两种，即地方自治和地方行政。

1. 地方自治

地方自治的核心价值，在于通过地方居民或地方团体自治，来凝聚所在地居民共同意识和归属感，共同关心和参与本地事务，并对本地公共事项进行决议。依地方自治原则所建立的公共组织即为地方自治组织。在我国，城市居民委员会和村民委员会，是在法律上有明确规定的基层群众性自治组织，依群众自我教育、自我管理、自我服务、自我监督的原则行事。

地方自治亦可分为居民自治和团体自治两种意义。

所谓居民自治（或群众自治），即指地方居民依其个人自主意思通过民主程序选罢代表、创立自治公约或章程、决断地方重大事项。这种居民自治系从个人权利的层面出发，最终投射到政治层面的民主。胡锦涛总书记在党的“十七大”报告中，将基层群众自治制度确立为我国民主政治的四项制度之一，也正表示地方自治这一概念在我国已经被认知。

所谓团体自治，乃是基于法律意义上的自治。他是前者的延伸，强调身为主体的居民结合成团体，在该团体范围内，以不受干扰的自由意志决定地方政策并相互恪守、执行。凡该团体内的公共事务，由团体进行规划、决策并执行。团体自治投射到政治层面，即为地方分权主义，要求权力下放。而这里所谓的权力，主要就是地方政府的人事组织权、立法决策权和地方财政权。唯地方政府在这三个方面都取得足够的自治权限，有效举办地方自治方有可能。

从欧洲城市的发展来看，中世纪时期产生的市，有相当一部分是基于地方自治的传统。城市平民通过赎买等方式从封建领主或教会手中取得城市自主权，从而缔造了欧洲古代商业城市的发展。中国的城市自治，从立法的角度来看，可以追溯到清末的《城镇乡地方自治章程》。随后在北洋政府时期还颁布了《市自治制》，因应当时追求城市自治，培养市民自治精神的主流民意。

2. 地方行政

地方行政是关于地方服务的委托、组织和控制，这些地方服务包括地方区域内卫生、教育、治安、基础建设和经济发展等①。与地方自治不同，地方行政的核心价值理念，非在强调地方居民和团体的参与，而是依据法律之规定对上述业务进行高效有序的安排。

典型的依地方行政原则设立的公共组织，在我国多指派出机关或派出机构。前者如城市街道办事处，是“为了加强城市的居民工作，密切政府和居

---

① 参见曹剑光：《国内地方治理研究述评》，转载英国学者威廉·L. 米勒、马尔科姆·迪克森和格雷·斯托克的观点，载《东南学术》，2008 年第 02 期。

民的联系，市辖区、不设区的市的人民委员会可以按照工作需要设立派出机关”①。后者如公安局下属的乡镇派出所，工商行政管理局下属的乡镇工商所等，均为上级政府机关的派出机构。

在绝对主义（封建君主专制主义）时代，城市的发展明显的是因应征税、捕盗等地方行政的需要，这一点无论东西方都是如此。在明代，太湖流域增设了不少新的县，其出发点主要是为了在这个富庶地区多征税。欧洲也是如此，很多是为了防御外敌。所以那个年代，设一个市，就会修一圈城墙或盖一座城堡。

到了近代，城市产业兴起以后，新的市的设立，可能是因为国家想要更加有效地管理该地区的经济社会发展事务。所以其出发点，还是基于有效的地方行政考虑，而非地方自治，比如香港 1994 年以善用资源为由将人口较少的油尖区和旺角区合并为油尖旺区即没有市民征询的步骤。所以这样的市政官员，自然多由委任产生，今天在中东不少国家还是如此。

3. 市制和地方自治、地方行政的关系

有时候，要完全厘清地方政府是地方自治组织，还是地方行政组织，并不是一件容易的事情。常常两种属性都具备，只是其中某项属性强弱的问题。

《中华人民共和国地方各级人民代表大会和地方各级人民政府组织法》明确规定了各级（包括省、自治区、直辖市、自治州、县、自治县、市、市辖区、乡、民族乡、镇）地方人民代表大会和人民政府的人事组织和职权范围，清楚规定了地方人大代表的选举办法，从这个角度上讲，也是具备地方自治单位的属性。

然而另一方面，我国各级地方政府实际上花大量时间用于处理上级政府交办的各种事项，此外上级政府也在人事和财政方面进行通盘规划。这样，我国地方政府也就更多的是根据科学理性、专业操守的原则而非仰赖居民参与和居民意志来管理地方事务。

不过从更宏观的时空而言，与省、县等广域地方政府不同的是，“市”从其产生之初即带有更强的地方自治的色彩。且不论中世纪欧洲的城市从教会

---

① 这是 1954 年通过并实施至今的《城市街道办事处组织条例》的第一条的原文，经过半个多世纪的发展，实际情形已经有所不同。如人民委员会已经改为人民政府，现在除了市辖区和不设区的市的人民政府，一些地方的县人民政府实际也设立了街道办事处作为其派出机关。

和王室、诸侯等旧统治者手中争取自治权的过程，即以中国近代市制在清末发轫来看也是如此。中国历史上第一个具有现代城市管理意义的是 1905 年成立的上海城厢内外总工程局，试行地方自治，所有马路、电灯以及城厢警察一切事宜，均归地方绅商董事承办。

有的时候，市的正式名称会透露其重心是地方自治还是地方行政，“直辖市”这一名称是比较典型的带有行政倾向的名称，“自治市”则较重地方自治，比较中性的是共和国市、特别市之类。当然也不完全都是这样，有时候地方制度发生变更，但名称仍保留原有的称谓不变。

东亚各国的直辖市最早的就是我国 1930 年市组织法中的院辖市。

我国在直辖市之前，实际存在一个名称叫“特别市”，法律上出自 1921 年的《市自治制》，为地方自治团体，行政等级与县平行。南京国民政府成立以后，特别市的内涵发生了演变，行政级别被提升为中央直辖，地方自治也被官治取代，等到 1930 年市组织法出台时，干脆就直接改为院辖市，也就是今天的直辖市。院辖市这个概念已清楚表明其直接为国民政府所控制，地方自治极弱。当时的市长就是由中央直接任命而非民选产生，如第一任上海市长黄郛。韩国、朝鲜的直辖市（직할시），越南的城铺直属中央（Thành phố trực thuộc trung ương），最初都是如此。

当然 1950 年以后，随着我国国内局势稳定，直辖市的市长已经不再由中央直接任命。比如陈毅的第一届上海市长是由中国人民革命军事委员会于 1949 年 5 月任命，但第二届（1950. 10 ~ 1953. 2）和第三届（1953. 2 ~ 1955. 2）则是由上海市各界人民代表会议选举产生，第四届（1955. 2 ~ 1957. 1）和第五届（1957. 1 ~ 1958. 1）由上海市人民代表大会选举产生。不过“文革”发生后，地方选举一度被彻底破坏。目前我国直辖市和设区的市的市长和人大代表实行间接选举，不设区的市的人大代表为直接选举，市长间接选举。

韩国的直辖市是在 1963 年朴正熙独裁时期出现，此时地方自治早已被取消了两年。1995 年韩国实行道一级地方政府首长民选，落实地方自治后，遂将带有强烈中央集权色彩的直辖市一名，改称为“广域市”。顺便提到这里的广域，并不是指市的辖区范围广大，实际比他们面积大的市非常多，而是指该市的级别，与作为广域行政区的道平行。关于城乡混合范围广大的市，韩国有一另外的名称，叫“都农复合形态市”。

另外，一些名称中带有“首都”、“联邦”字样，又无“自治”两字的，不少也是重行政轻自治。比如阿根廷1994年宪法修正案通过之前，其首都称为联邦首都区（Distrito Federal），之后因为实行地方自治，拥有市章，民选市长，就改为布宜诺斯艾利斯自治市（Ciudad Autónoma de Buenos Aires）。

（二）市的要素

作为地方行政区（地方政府）的一种类型，市由三个要素构成，即居民、行政区域和行政权限。

1. 居民

广义来说，居民是指居住在该行政区域内的一切人民，无论是否具有本地户籍甚至外国人。狭义而言，则仅指拥有本地户籍的人民。

我国1993年修正的关于设立县级市和地级市的标准中，第一项要件都是规定设市必须拥有一定数量的具有非农业户口的从事非农产业的人口①。不过该规定仅强调了市的行政当以城市管理为主，并没有明确说明标准所指的“具有非农业户口的从事非农产业的人口”是否应当持本地户籍。所以当年一些请求改为县级市的县，在申请时都会特别说明政府驻地拥有大量外来常住人口，以此证明本县已经满足一定的“具有非农业户口的从事非农产业的人口”的要件。

这些居民行使在本市范围内的权利（比如选举产生本市人大代表），履行相关义务（比如纳税）。根据《中华人民共和国选举法》规定，省、自治区、直辖市、设区的市、自治州的人大代表，由下一级人民代表大会选举。不设区的市、市辖区、县、自治县、乡、民族乡、镇的人民代表大会的代表，由选民直接选举。

2. 行政区域

行政区域是地方政府依法律形式所划定的地理区域，是地方政府行使地方行政权限的范围。我国规定申请设立县级市或地级市等行政区划变更的申报材料中，必须附上调整前后相关行政区划图②。确定行政区域边界，方可确定行政权限所及的边界，居民数量和所能使用的可靠资源。

在行政区域方面，目前面临的一个问题是大都市区的发展。随着城镇化范围的扩大，越来越多的地方出现了一个以“中心城市”为核心，融合周遭

① 该设市标准实际自1997年以后已被冻结，至本书撰写时新的设市标准仍未正式出台。

② 参见《行政区划变更申报材料》，江西省地名网，http：//www.jxqhdm.com/NEWS/newshow.aspx？ID＝2237

“卫星城镇”的大都市区。这种大都市区不仅存在东部沿海地区，也已在中西部地区产生。如以长沙市为中心的大都市区，目前通勤通学的范围已经包括邻近的长沙县的星沙、榔梨、暮云、黄花、黄兴等卫星城镇。

大都市区的出现和发展，又伴随着新的挑战的出现，如都市区内组织重叠行政割裂，地方政府之间缺乏横向交流导致行政效率低下，中心城市老化和衰退，财政负担恶化，以及市民缺乏社区关怀精神和冷漠等。这就要求地方政府能加强市际间的联络，实现产业、资本、人员和信息的跨界流动，促成市际间资源共享、互利互惠的格局，提升整体竞争力，也就是需要导入“广域行政”的概念。

3. 行政权限

所谓地方政府的行政权限，主要就是人事组织权、立法决策权和地方财税权。这些权力都需要法律做明确的规范。唯地方政府在这三个方面都取得足够的权限，有效举办地方自治方有可能。

如人事组织权方面，实现地方自治就需要民选地方首长和议员（委员、代表），并由民选首长任命各行政部门负责人，而不是听命于中央或上位政府的人事干预。

需要说明的是，所谓人事组织权，并非要求每个市政府都要设立自己的市长和市议会（市人大）。在多数英语国家，英国或其前殖民地，包括美国在内，一般只有大型城镇地方政府才设有自己的市长和市议会，而人口较少的市和镇多数只设立市议会或市委员会，实行议行合一。参照马来西亚华语社群的习惯，本书把这样的大型城镇地方政府译为“市政局”，而把只设立市议会的小型城镇地方政府译为“市议会”。

实际上，很多地方政府的行政权限并不完整。比如我国的市和镇，根据相关法律，地方人大都具有本地重大事项决定权，也就是立法或决策权的规定，虽然名称上并不叫地方立法权。不过关于人事组织权和地方财税权，则市有镇没有，镇在这方面完全由其上位县（市、区）主导。

我国《宪法》和《地方各级人民代表大会和地方各级人民政府组织法》并没有特别规定市和县之间在权限和职能上有什么不同，但细究起来县和县级市在机构设置和财政控制力上有所不同，并且改市以后在招商引资方面也有不少优势。

三、市制的主要类型

通过对世界各国的行政区划和“市制”比较研究，这里根据地方政府是否分城市形态和乡村形态，基础地方政府是否理论上覆盖全境，和市政府的组织形式等因素，粗略的将各国的市制归结为三大主要形态。

主要形态一：大陆型

这种形态的“市制”具有清楚的地方行政区划层级体系，从中央至地方层层分解，并且每一级行政区都能较为清楚的区分出“城市”和“乡村”两种形态，即建制市、镇多只管辖城镇和近郊地区。因为德国、俄罗斯等传统亚欧大陆国家都是本类型较典型的国家，所以我暂时称呼其为“大陆型”，其他如波兰、越南、印度尼西亚等国均是。

这种市制的基本模型如下图所示，其中市和镇表示城镇形态的地方政府。

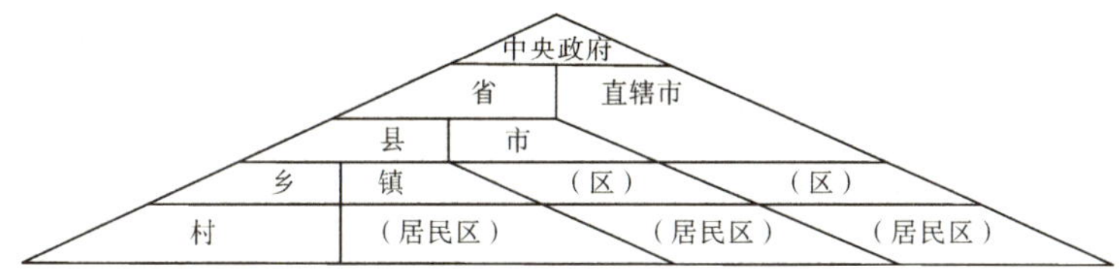

图 1.1　大陆型行政区划和市制的基本模型

主要形态二：拉丁型

大部分使用拉丁语族各语言的国家都属于这种。这类国家中的大国或中等国家，如法国、西班牙、意大利，实行“大区——省——市（镇）”或“省——市（镇）”形态。

无论三级制或两级制，这类国家的共同点是：作为基础行政区的市（镇）——甚至高级行政区也是——在当地语言中都使用同一个名词，不做市和乡镇的区分。在法国称为 Commune，在西班牙和大多数拉美西班牙语国家是 Municipio，在意大利是 Comune，在巴西是 Município。

所以从某种程度上来讲，这些国家并没有如我们一般理解的与乡村地区的县制相对应的“市制”。当然也可以说是，法国已经将市制由巴黎延伸到了共和国的每寸土地上。

主要形态三：海洋型

被我划在这一类型的国家大部分都曾经是大英帝国的殖民地，他们的地方市制形态与前两者都有所不同。因其多属海洋法系国家，故暂称其为海洋型。

在这些国家，“市”俨然是一套超越于一般的地方行政区划建制体系——如“省——县——乡”体制之外的独特的地方自治政府。

更重要的一点是，这类国家的地方政府，尤其是小型地方政府，不少采用议行合一的体制，市议会即等于市政府。只有人口超过二、三十万的那些大型城镇地方政府，才较多的设立市长这一职务，实行市长议会体制。这与其他国家有较大的不同。

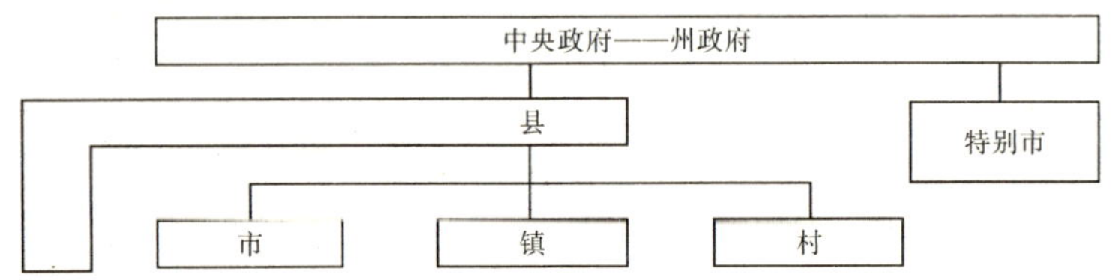

图 1.2　海洋型国家行政区划的基本模型

不过就单独一个国家而言，有时候很难决断究竟该归为哪一大类。一方面，过渡或混合形态大量存在；另一方面，一国的市制也可能会发生变化。如北欧各国在 60 年代以前可以被归入大陆型，如同与和他们的语言和文化更为接近的德国，但六、七十年代经过改革后，越来越接近拉丁型。

所以严格来说，要确切将世界各国的市制分到某一大类是很困难的，本书为比较研究的方便而进行的划分也难免有武断粗略之处。下面这个表格可以较清晰的说明世界七大国的市制在几个简单问题上的处理方式的不同。可以说七大国没有任何两个国家的市制是完全一样的。

表 1.2　主要国家市制特征比较表

主要指标性描述	中国	德国	俄罗斯	日本	英国	美国	法国
基础地方政府分城乡形态（即分市和乡）	○	○	○	○	○	○	×
市分行政等级（即分高、低等级）	○	○	○	×	×	×	×
城镇型地方政府名称多样（即分市和镇）	○	×	○	○	○	○	×
基础地方政府覆盖全境（即县下必分乡镇）	○	○	○	○	—	×	○
基础地方政府普遍城乡混合（市管乡村）	○	×	×	○	—	×	—
中小型市镇普遍议行合一（议长即市长）	×	×	×	×	○	○	×

注：“○”表示符合或总体上符合，“×”表示不符合，“—”表示不适用。

资料来源：自行整理。

第二章

中国的市制

中华人民共和国目前包括4个直辖市，23个省，5个自治区和2个特别行政区。

把我国的市制归为大陆型主要是基于历史和传统原因。在80年代初期以前，我国几乎采用的就是大陆型行政区划和市制的基本模型，有直辖市、地级市、县级市、镇，且多只管辖城区（镇区）和近郊区域，分别对应“省、地区、县、乡”4级行政区。

80年代中期以后，我国大规模实施市县合并和整县改市，导致县级市和县在职能上趋同。但总体而言还是大陆型的市制。

一、中国市制的发展

中国近代意义的市制，发轫于清末，发展于民国，成熟于共和国，即若自光绪三十四年（1908年）颁布《城镇乡地方自治章程》起算，迄今也逾百年。

（一）清末试办城镇乡地方自治

光绪二十六年（1900年）十二月，慈禧携光绪帝西遁长安途中，发布谋求改革的上谕，以回应各省强烈的对地方自治的欲求。到光绪三十二年（1906年），直隶、安徽、江苏、浙江等省都已经出现地方自治性质的组织，名目繁杂，其中以上海总工程局创办较早规模最大，天津最为完备。

光绪三十四年（1908年）七月，民政部奉旨依议地方自治章程，十二月，宪政编查馆具奏核议并拟订选举章程，奏折提出一要明示自治名义，二要划清自治范围，三要慎重自治经费，四要责重自治监督，将地方自治事宜

“一一就成准绳，不至自为风气”，“一一纳之轨物，不至紊乱纲纪”。但清末关于市的概念较粗疏，凡府、厅、州、县治城厢为“城”，凡集结居住人口满5万以上者为“镇”，城与镇均视作市。

随后，直隶省设置直隶自治总局统筹全省自治之事，浙江省颁布《浙江地方自治筹备处办事细则》。续办城镇乡地方自治，又似以江苏省苏属四府一州（镇江府、常州府、苏州府、松江府和太仓州）为奉章后始行筹办者之最。不过各省尚多在筹办地方自治的过程中，清廷就被推翻了。

需要说明的是，若将外国人在中国举办的市政也纳入其中，那么中国市制的历史至少需上推至咸丰四年（1854年）七月十一日成立的上海工部局（Shanghai Municipality），且其对中国近代市制的影响可谓重大。

咸丰三年，因闽粤移民组织的小刀会占领上海县城，清政府对租界的控制彻底丧失。咸丰四年，在上海的英法美三国的租界联合组建了一个独立的市政机构，即工部局，成为三国租界的行政机构，对上海的租界进行市政建设、治安管理和征收赋税等行政管理。后又建立了警察（巡捕房）、法庭（会审公廨）、监狱（华德路监狱，今提篮桥监狱）、民兵（万国商团）等组织。上海工部局由董事会领导，1870年以后设有董事9员，无薪水。董事互选产生总董（相当于市长）。1928年以后，首次有3名华董经选举进入董事会，后增加到5名。工部局也设有警备、工务、财务、卫生、铨叙、公用、音乐、图书、交通、学务、房屋估价等多个专业委员会作为咨议机构。

1862年，法租界退出联合，自设公董局。法租界的公董局和公共租界的工部局，设置和职能大体相似，只是中文为加区别而翻译不同而已。但两者的体制仍有重大区别，公共租界的工部局是租界内各国侨民的自治组织，后期也加入了华人。虽然工部局长期为英国人所控制，但其并不直接受英国或任何其他国家领事的管理。但法租界的公董局则不同，他是作为法兰西殖民帝国的一部分，受法国驻印度支那总督的支配，直接受法国驻上海总领事控制。

上海工部局实际相当于外国侨民在中国设立和主导的上海市政府，其英文 Municipality 在今天很多英语国家中，就是市议会的意思。工部局的组织形式也对日后其他租界政府，以及清末中国人自己举办的地方自治组织，具有重大的影响，当然也包括上海总工程局。

另一方面，若循上海工部局之例将外国侨民在中国土地上设立的市政机关也算入中国市制发展之中的话，那么时间上甚至还可以上推至明嘉靖年间，设立于浙江省舟山群岛的佛渡岛上的双屿港市政厅。双屿港是16世纪前期远东国际贸易中心，由葡萄牙人主导，实际在此互市的以闽浙沿海居民为主。从后来同样由葡萄牙人所设立的澳门市政厅的情况来看，位于双屿港的市政厅，当也是一个自治机关，由选举产生的议员组成。

由于明朝实行锁国政策，所以在1546年，儒士集团借一起海商之间的债务纠纷事件，怂恿明政府派遣朱纨剿灭双屿港。由于朱纨火烧佛渡岛，堵塞双屿港，双屿港市政厅的具体资料不详。朱纨也因此被控滥杀无辜、私自刑戮，留下“纵天子不欲我死，闽、浙人必杀我也”的遗言后自杀。

双屿港被烧毁后，葡萄牙人和海商南下转移，包括琉球、大员（台湾）、菲律宾以及澳门。1583年，澳门议事会（澳门市政厅的前身）正式成立。澳门议事会是一个地方自治机关，至少它的早期，大致可以认为是处于中葡共管的状态。就葡萄牙方面来说，它受菲利浦二世的命令，享有和葡萄牙本土的埃武拉同等的权力和荣誉，被称为忠诚的议会（Leal Senado）。就中国方面来说，明朝承认与中国打交道的居澳葡人头目为香山县下的二级官员，后全称为“督理濠镜澳事务西洋理事官”，俗称“夷目”。用今天的话来说，当时的澳门议事会，相当于香山县下的一个自治的县辖市。

不过，双屿港市和澳门市，虽然历史悠久，但就对全中国的市制的影响来说，则远没有上海工部局来得直接和深远。

（二）民国时期的市制发展

民国成立之初，中央政府与各省政府均未及注意于市制，只有江苏省因袭前清城镇乡地方自治章程，公布了一份《江苏暂行市乡制》，规定县治城乡或集结居住人口满5万以上者为市，市的组织分为议事会与董事会分掌立法与行政。民国三年（1914年）袁世凯下令停办地方自治后，市的组织被解散，从此以后，中国长时期无市制出现。

民国六年（1917年），浙江省呈请北洋政府恢复举办城镇与乡村的自治，段祺瑞内阁未予批准。及至民国十年（1921年）七月，徐世昌担任北洋政府大总统时期，才以教令16号、17号分别公布《市自治制》和《乡自治制》，规定市乡关于自治事务，均得制定“公约”及“规则”，亦均须以一定之公告发布之，此概念应是对西方城市自治宪章（City Charter）的借鉴。但因当时国内政局动荡，实际未能有效实施。

国民政府定都南京后即以南京市为特别市，未几通过《南京特别市暂行条例》。民国十七年（1928 年）公布实施《特别市组织法》39 条和普通《市组织法》42 条，规定特别市和市政府均得制定市单行规则。民国十九年（1930 年）上述两法合并，订定新的《市组织法》，规定市为地方行政组织兼自治团体，并分为行政院辖市与省辖市两种。院辖市的市长由行政院派任，省辖市的市长由省政府派任，取消了原《市自治制》时选举产生的规定。

院辖市设立的条件是：（1）首都；（2）人口在百万以上者；或（3）在政治上经济上有特殊情形者。但虽符合上述一、二两条件，而为省政府所在地者，应为省辖市。根据这一规定，最初确定南京、上海、天津、青岛、汉口为院辖市，后又增加西京（即西安）。而北平、广州等城市人口虽符合院辖市条件，但因当时为省会所在地，故仍为省辖市。以后河北省会迁址，北平恢复为院辖市。抗战爆发后，重庆成为陪都，升格为院辖市。

省辖市设立的条件是：（1）人口在 30 万以上者；或（2）人口在 20 万以上，其所收营业税牌照费土地税每年合计占该地总收入 1/2 以上者。其地位与县相同。省辖市虽为数不少，但仍有不少经济文化比较发达的城市因不符以上要求而被宣布取消市制，如苏州、无锡、烟台、郑州、福州、芜湖、南宁等。有学者认为此举系出于财政因素，“设市后行政经费增加甚剧，负债累累，省政府不愿补助，遂主张裁撤”（袁继成，1995）。

民国三十二年（1943 年）五月，新的《市组织法》颁布，设市标准降低，规定只要人口逾 20 万，即可设市。市仍为自治单位，市政府职权分为两类，一为“办理市自治事项”，二为“执行上级政府委办事项”。与 1930 年市组织法不同的是，新法在市的基层实行保甲制，废除了旧法中的闾邻制，规定“10 户至 30 户为甲，10 甲至 30 甲为保，10 保至 30 保为区。”这也反映清末以来的城镇地方自治已经衰落，市组织日益由地方自治单位演变为国民党统治下行政的附庸。

到民国三十六年（1947 年）底，院辖市计 12 处，即南京、上海、北平、天津、青岛、汉口（1949 年 5 月改武汉）、广州、西安、重庆、哈尔滨、沈阳和大连。省辖市计 57 个，具体为杭州、徐州、连云、蚌埠、南昌、武昌、长沙、衡阳、成都、自贡、福州、厦门、台北、高雄、台中、台南、基隆、新竹、嘉义、屏东、彰化、汕头、湛江、桂林、柳州、南宁、梧州、昆明、贵阳、唐山、石门、济南、烟台、威海卫、太原、兰州、银川、西宁、包头、陕坝、张家口、锦州、营口、鞍山、旅顺、通化、安东、四平、吉林、长春、牡丹江、延吉、佳木斯、北安、齐齐哈尔、海拉尔和迪化，其中以台湾一省9市为最多。

（三）共和国时期的市制发展

在取得全国政权之前，中国共产党曾在各根据地规划和设置过市建制。中华人民共和国成立以后，在原有的院辖市（直辖市）和省辖市基础上，进一步确认了专员公署对于辖区内的省辖市拥有管辖权的现实，同时又将直辖市交给大行政区管辖，从而形成了中央（或大区）直辖市、省辖市、专署辖市三种市建制。

1955年6月，国务院通过了《关于设置市、镇建制的决定》，规定可设置市的条件为：

1. 聚居人口在10万以上的城镇；

2. 重要工矿基地、省级地方国家机关所在地、规模较大的物资集散地或者边远地区的重要城镇，并确有必要时。

规定可设置为镇的条件为：

1. 县级或县级以上地方国家机关所在地；

2. 聚居人口在2000以上，有相当数量的工商业居民，并确有必要时；

3. 少数民族地区如果有相当数量的工商业人口，聚居人口虽不及2000，但确有必要的也可以设镇。

"大跃进"时期，大量农村人口涌入城市，市、镇的建制也开始出现混乱，一些地方大量将郊县撤销，改为中心城市的市辖区，或者实行市领导县体制。其中以河北省最为典型，全省所有的专区建制被取消，大量的县被撤销并入中心城市。此举导致市政府管辖大量农村地区，这个时候的市，已经与最初的城镇自治单位的含义相差甚远。直到1963年中共中央、国务院发布《关于调整市镇建制，缩小城市郊区的指示》，重申要严格按照1955年的设市标准来逐一审核已有各市，不符合条件的都应该撤销。《指示》同时将设镇的条件，从1955年的2000人，提高到3000人。

改革开放以后，中国的城市化进入第二个快速发展时期。市制也在80年代进行了重大调整。1982年，中共中央以51号文件发出了改革地区体制、实行市领导县体制的通知，年末首先在江苏省试点，1983年开始在全国试行。积极试行地、市合并的最初目的是想要精简机构，但后来地市合并演变成了地区改市以后，地区行政公署由省政府的派出机关坐实为一级地方政府，实际上不但起不到精简机构的作用，反而导致机构的进一步膨胀。不过从另外一个角度来说，市领导县和地区改市，也可以看做是省的权力向地区一级政府进行放权的实践。在地区行政公署时代，因为不是一级地方政府，权力集中于省府，在地方经济和社会迅速发展的情况下，无力进行有效的管理。而坐实为市人民政府后，则行政效率大为提高。

同时，设市的方式也发生了重大变化。1979 年时，析城镇及近郊区切块设市还是各地新设市的主要模式，如湖南省是年设立（或恢复设立）的怀化市、洪江市、津市市都采取这种方式。但到了 1983 年，不少省份普遍大规模采用撤县设市的方式，从 1983 年到 1997 年间累计新设的 384 个建制市中，只有临夏、霍林郭勒等个别市采用切块设市，其他多为整县改制成市。1986 年国务院批转民政部《关于调整设市标准和市领导县条件的报告》，明确了整县改市的具体条件后，再掀中国县改市的高潮。

一直以来，学者对“整县改市”的利弊多有陈述。言其弊端，主要是混乱了“市”的概念，市辖区域内存在大量农村造成各界无法理解中国的“市制”。另外也指出整县改市后，部分地方如湖南省，原县政府驻地镇一般被撤销，改设若干个办事处，结果既不能达到“精简高效”的目的，还严重影响到城镇经济发展和城市统一规划、建设和管理（姜爱明，1999）。

同时，长期只重视整县改市，忽略非县城镇的发展，非县城镇的聚居人口哪怕已经超过了 10 万都难以实行市制，这一点在珠三角和江浙沿海地区最为典型。所以，未来市制改革，恐须特别重视非县城重点镇区域。

二、现行我国内地的市制

（一）现行行政区划体系

根据 1982 年宪法以及此后涉及各级地方政府和村（居）民委员会等的各组织法规定，我国地方组织目前分为五级。除港、澳、台地区以外分布如下：

第一级（省级）包括 4 个直辖市、22 个省和 5 个自治区。

第二级（地级）包括自治州、地级市、地区和盟。直辖市下不设此级。截至 2015 年年底共有 334 个地级行政单位（其中地级市 291 个）。

第三级（县级）包括县、自治县、县级市和市辖区等，截至 2015 年年底共有 2850 个县级行政单位（其中市辖区 921 个，县级市 361 个）。

第四级（乡级）为镇、乡、民族乡和街道。本级为基层政权（基础地方政府）。截至 2015 年年底共有 39789 个，其中镇 20515 个，街道 7957 个。

以上除地区、盟和街道外设立人民代表大会作为地方国家权力机关，并由其选举组成人民政府作为地方国家行政机关。地区和盟设行政公署，为省级人民政府的派出机构。街道设街道办事处，为上级人民政府（区、市或县）的派出机构。也就是，乡镇对县市保持一定程度的独立性，而街道办事处范围内，则完全是全市（或区）一盘棋了。

据《中华人民共和国选举法》规定，省、自治区、直辖市、设区的市①、自治州的人大代表，由下一级人民代表大会选举。不设区的市、市辖区、县、自治县、乡、民族乡、镇的人民代表大会的代表，由选民直接选举。

第五级为村民委员会（农村地区）和居民委员会（城镇地区），为地方群众自治组织，不纳入行政区划。根据 1998 年修订通过的《村民委员会组织法》，村民委员会的组成人员均由村民直选产生。根据 1989 年通过的《城市居民委员会组织法》，居民委员会的组成人员，由本居住地区全体有选举权的居民或者由每户派代表选举产生；根据居民意见，也可以由每个居民小组选举代表二至三人选举产生，目前很多居民委员会也实行委员直选。但是村民委员会和居民委员会具有本质上的不同，居委会的职责主要集中在社会服务和社区发展等领域，没有村委会对集体经济的管理权，城镇居民也没有对集体土地的集体所有权。换句话说，村民委员会举办群众自治的可能性和可行性都有，而居民委员会在这方面则非常薄弱。

---

① 严格来说，设区的市和不设区的市并不是一种行政区划名称，而只是为了规范地方人民代表大会的代表选举方式时所使用的描述性语言。大部分地级市都设立了一个以上的区，但目前仍有广东省东莞市、中山市、海南省、三沙市、儋州市和甘肃省嘉峪关市 5 个地级市没有设立区建制。在 1980 年代不设区的地级市的数量更曾一度达到 20 个以上。这样的规定是因为我国实行县、乡两级人大代表直接选举，而地级市的城区都是设立街道办事处，也就是说，不设区的地级市的县、乡两级人大都没有，这时如果市本级的人大代表不进行直接选举，那么这些市民的选举权将成为空文。

表 2. 1 我国行政区划和基层群众自治组织体系（2015）

		普通形态	城镇形态	民族形态	特别形态
地方最高级	省级 34	省 23	直辖市 4	自治区 5	特别行政区 2
中间级	地级 334	（地区 10）	地级市 291	自治州 30、盟 3	
	县级 2850	县 1397	县级市 361、市辖区 921	自治县 117、旗 49、自治旗 3	特区 1、林区 1
基础行政区	乡级 39789	乡 10172	（街道办事处 7957）、镇 20515	民族乡 990、苏木 152、民族苏木 1	区公所 2
群众自治组织	村级	村民委员会	居民委员会		

由上观之，我国属于城镇型的地方政府，包括直辖市、地级市、县级市、镇 4 大类。其中地级市中有 15 个被法定赋予部分省级经济和社会管理权限，也就是副省级城市。

如果考虑到地区、街道办事处在整个地方政府体系中，仅具行政功能，而没有设置地方人大，居民委员会的群众自治功能又比较薄弱，而将这几者从上表中删除的话，那么就得到下面这张图，他反映了一种“直接”管辖的状态。我们可以把一个市下属的街道办事处（或至少是街道办事处中的所有居民委员会）组成的区域，当作是该市的直接管辖区域，而将其他县、乡镇、村视为行政上附属于该市的其他行政单位。由于市辖区在实际行政中的独立性并不如县（和县级市），所以市辖区内各街道办事处的居民委员会便可以一并计算，或者可以认为这是市政府最直接管辖的区域。

<table>
<tr><td colspan="12">省、自治区</td><td colspan="4" rowspan="2">直辖市</td></tr>
<tr><td colspan="5">地级市</td><td colspan="3">自治州</td><td colspan="2">（地区）</td><td colspan="2"></td></tr>
<tr><td colspan="3">区</td><td colspan="10">县、县级市等</td><td colspan="3">区</td></tr>
<tr><td colspan="2">（街道）</td><td colspan="4">乡镇</td><td colspan="5">（街道）</td><td colspan="3">乡镇</td><td colspan="2">（街道）</td></tr>
<tr><td>村</td><td>（居）</td><td colspan="2">（居）</td><td colspan="3">村</td><td colspan="2">（居）</td><td colspan="3">村</td><td colspan="2">（居）</td><td>（居）</td><td>村</td></tr>
</table>

图 2. 1 我国行政区划和基层群众自治组织体系简图

在 20 世纪 80 年代初期以前，我国地方政府实行城乡分治，所以在地方建制上，各级市和镇几乎为纯粹城镇形态，主要采用切块设市和切块设镇。20 世纪 80 年代以后，随着社会经济的全面发展，尤其是城市化进程的加快，并为不增加地方政府的数量，新的市、镇设立的方式普遍采用整县改市和整乡改镇。所以目前的市、镇多为城乡混合形态的地方政府。

1997 年以后，县改市已经被冻结，在未来新的设市标准出台之前恐难解冻①。而在乡镇一级，则各省全面实施乡镇合并，且这一进程目前仍在延续。

（二）设立县级市的标准

最近一次公布的设市标准是 1993 年由国务院转发的民政部《关于调整设市标准的报告》的通知，这里辑录如下。实际上因担心对农业和农村发展造成冲击，我国已经从 1997 年开始暂停审批新的县改市，所以这个标准目前处于被冻结状态。

1. 每平方公里人口密度 400 人以上的县，达到下列指标，可设市撤县：

——县人民政府驻地所在镇从事非农产业的人口（含县属企事业单位聘用的农民合同工、长年临时工，经工商行政管理部门批准登记的有固定经营场所的镇、街、村和农民集资或独资兴办的第二、三产业从业人，城镇中等以上学校招收的农村学生，以及驻镇部队等单位的人员，下同）不低于 12 万，其中具有非农业户口的从事非农产业的人口不低于 8 万。县总人口中从事非农产业的人口不低于 30%，并不少于 15 万。

——全县乡镇以上工业产值在工农业总产值中不低于 80%，并不低于 15 亿元（经济指标均以 1990 年不变价格为准，按年度计算，下同）；国内生产总值不低于 10 亿元，第三产业产值在国内生产总值中的比例达到 2 以上；地方本级预算内财政收入不低于人均 100 元，总收入不少于 6000 万元，并承担一定的上解支出任务。

——城区公共基础设施较为完善。其中自来水普及率不低于 65%，道路铺装率不低于 60%，有较好的排水系统。

2. 每平方公里人口密度 100 人至 400 人的县，达到下列指标，可设市撤县：

——县人民政府驻地镇从事非农产业的人口不低于 10 万，其中具有非农业户口的从事非农产业的人口不低于 7 万。县总人口中从事非农产业的人口不低于 25%，并不少于 12 万。

——全县乡镇以上工业产值在工农业总产值中不低于 70%，并不低于 12

---

① 2010 年以后，国务院陆续批准新设了数个县级市，但多为自治州政府所在地或新疆建设兵团师部所在地，普通的县改市短期仍不明朗。

亿元；国内生产总值不低于8亿元，第三产业产值在国内生产总值中的比例达到20%以上；地方本级预算内财政收入不低于人均80元，总收入不少于5000万元，并承担一定的上解支出任务。

——城区公共基础设施较为完善。其中自来水普及率不低于60%，道路铺装率不低于55%，有较好的排水系统。

3. 每平方公里人口密度100人以下的县，达到下列指标，可设市撤县：

——县人民政府驻地镇从事非农产业的人口不低于8万，其中具有非农业户口的从事非农产业的人口不低于6万。县总人口中从事非农产业的人口不低于20%，并不少于10万。

——全县乡镇以上工业产值在工农业总产值中不低于60%，并不低于8亿元；国内生产总值不低于6亿元，第三产业产值在国内生产总值中的比例达到20%以上；地方本级预算内财政收入不低于人均60元，总收入不少于4000万元，并承担一定的上解支出任务。

——城区公共基础设施较为完善。其中自来水普及率不低于55%，道路铺装率不低于50%，有较好的排水系统。

4. 具备下列条件之一者，设市时条件可以适当放宽：

——自治州人民政府或地区（盟）行政公署驻地。

——乡、镇以上工业产值超过40亿元，国内生产总值不低于25亿元，地方本级预算内财政收入超过1亿元，上解支出超过50%，经济发达，布局合理的县。

——沿海、沿江、沿边境重要的港口和贸易口岸，以及国家重点骨干工程所在地。

——具有政治、军事、外交等特殊需要的地方。具备上述条件之一的地方设市时，州（盟、县）驻地镇非农业人口不低于6万，其中具有非农业户口的从事非农产业的人口不低于4万。

5. 少数经济发达，已成为该地区经济中心的镇，如确有必要，可撤镇设市。设市时，非农业人口不低于10万，其中具有非农业户口的从事非农产业的人口不低于8万。地方本级预算内财政收入不低于人均500元，上解支出不低于财政收入60%，工农业总值中工业产值高于90%。

6. 国家和部委以及省、自治区确定予以重点扶持的贫困县和财政补贴县原则上不设市。

7. 设置市的建制，要符合城市体系和布局的要求，具有良好的地质、地理环境条件。

8. 县级市不设区和区公所，设市撤县后，原由县管辖的乡、镇，由市管辖。

设立县级市标准中的财政收入指标，将根据全国零售物价指数上涨情况，由民政部报经国务院批准适时调整。

（三）设立地级市的标准

根据1993年由国务院转发的民政部《关于调整设市标准的报告》的通知规定，地级市设立的条件如下。

市区从事非农产业的人口25万人以上，其中市政府驻地具有非农业户口的从事非农产业的人口20万人以上；工农业总产值30亿元以上，其中工业产值占80%以上；国内生产总值在25亿元以上；第三产业发达，产值超过第一产业，在国内生产总值中的比例达35%以上；地方本级预算内财政收入2亿元以上，已成为若干市县范围内中心城市的县级市，方可升格为地级市。

设立地级市标准中的财政收入指标，将根据全国零售物价指数上涨情况，由民政部报经国务院批准适时调整。

与县改市在1997年以后暂停不同，地改市在此后仍旧进行，截至2015年年底，全国仅存15个地区，分布于黑龙江、西藏和新疆等边远地区。

（四）设立镇的标准

现行设镇标准是依据国务院1984年批转的民政部《关于调整建镇标准的报告》，具体为：

1. 凡县级地方国家机关所在地，均应设置镇的建制。

2. 总人口在2万以下的乡，乡政府驻地非农业人口超过2000的，可以建镇；总人口在2万以上的乡，乡政府驻地非农业人口占全乡人口10%以上的，也可以建镇。

3. 少数民族地区、人口稀少的边远地区、山区和小型工矿区、小港口、风景旅游、边境口岸等地，非农业人口虽不足2000，如确有必要，也可设置镇的建制。

4. 凡具备建镇条件的乡，撤乡建镇后，实行镇管村的体制；暂时不具备设镇条件的集镇，应在乡人民政府中配备专人加以管理。

（五）设市、镇的管理部门

1985 年实施的《国务院关于行政区划管理的规定》规定行政区划应保持稳定，必须变更时，应本着有利于社会主义现代化建设，有利于行政管理，有利于民族团结，有利于巩固国防的原则，制订变更方案，逐级上报审批。与市、镇的设废更等相关的管理部门如下：

1. 直辖市的设立、撤销、更名，报全国人民代表大会审议决定。但直辖市的行政区域界线的变更由国务院审批。

2. 市、市辖区的设立、撤销、更名和隶属关系的变更，市人民政府驻地的迁移，市的行政区域界线的重大变更由国务院审批。

3. 市、市辖区的部分行政区域界线的变更，由国务院授权省、自治区、直辖市人民政府审批；批准变更时，同时报送民政部备案。

4. 镇的设立、撤销、更名，镇行政区域界线的变更，镇人民政府驻地的迁移，由省、自治区、直辖市人民政府审批。

5. 街道办事处的撤销、更名、驻地迁移，由依法批准设立各该派出机关的人民政府审批。也就是市、县人民政府即可以进行审批。

三、统计上的城镇和乡村划分

我国在统计上对居民点划分为“城镇”和“乡村”，其中城镇包括城区和镇区，乡村包括集镇和农村。历史上在统计上划分城乡的标准也经过了多次修改，频繁修改也导致各个时期关于城乡人口的统计缺乏可比性。（一）1999 年《关于统计上划分城乡的规定（试行）》

2000 年人口普查时采用的城乡划分标准，是国家统计局于 1999 年公布的《关于统计上划分城乡的规定（试行）》，该规定将城镇又分为 3 类。

设区市的市区，是指人口密度在 1500 人/平方公里及以上的市辖区，或人口密度不足 1500 人/平方公里的市辖区的人民政府驻地和区辖其他街道办事处地域及城区建设已延伸到的周边建制镇（乡）。

不设区市的市区，是指市人民政府驻地和市辖其他街道办事处地域及城区建设已延伸到的周边建制镇（乡）。

镇区，是指镇人民政府驻地和镇辖其他居委会地域及城区建设已延伸到的周边村民委员会。

然而该规定以范围过大的街道乡镇为基本统计单元，过低的1500人/平方公里的人口密度指标根本无法真实反映城乡的发展，夸大了城镇化水平。以浙江省舟山市为例，当时统计的城镇人口为448，787人，这个数字比当时舟山岛上南岸全部12个乡镇街道（目前已经缩编为9个街道）的总人口还多，显然有明显的夸大。这个数字比较接近“都市区”的范围。

（二）2006年《关于统计上划分城乡的暂行规定》

为解决前述问题，2006年3月10日国家统计局重新发布《关于统计上划分城乡的暂行规定》并废除了1999年的试行规定，对“城镇”和“乡村”进行了新的划分。规定城镇是指在我国市镇建制和行政区划的基础上，经该规定划定的区域，城镇包括城区（此前称为城市或市区）和镇区。

城区，是指在市辖区和不设区的市中，经该规定划定的区域。城区包括（1）街道办事处所辖的居民委员会地域；（2）城市公共设施、居住设施等连接到的其他居民委员会地域和村民委员会地域。

镇区，包括（1）镇所辖的居民委员会地域；（2）镇的公共设施、居住设施等连接到的村民委员会地域；（3）常住人口在3000人以上独立的工矿区、开发区、科研单位、大专院校、农场、林场等特殊区域。

乡村，是指以上划定的城镇以外的其他区域。

与1999年城乡划分标准相比，2006年的划分规定在操作上主要是两点更新：（1）以“居民委员会”和“村民委员会”为基本统计单元，比1999年的以乡镇街道为单元要细致的多；（2）删除人口密度指标，此点实属因陋就简，不过目前我国似无法提供每个村、居的确切面积数，人口密度这个指标实际也难以采用。

2010年5月，国家统计局公布了《统计用城乡划分代码》，规定了2009年我国乡、镇、街道及类似乡级单位，村民委员会、居民委员会及类似村级单位的统计用城乡划分代码，用于各项统计调查、区划管理、城乡管理以及信息处理与交换。对全国每个村民委员会和居民委员会的城镇属性都进行了划分。

四、我国内地主要市、镇的基本情况

前已述，我国当前的设市、镇标准，市管县、市管镇、县管镇，层层相套；2000年人口普查时采用的城乡划分标准，普查后未几就宣布废除。所以，为对我国现行市制和城镇分布有直观的了解，并方便进行国际比较研究，笔者综合我国市制的现状和统计上划分城乡的标准（2010年版），对市的范围的界定如下：

1. 设区的市，是指各（市辖）区的全部街道办事处辖区范围的总和，含飞地街道，但不含插花或建成区连接的乡镇，也不包括下属或代管的其他县或县级市的范围。

2. 不设区的市或县，如果设街道办事处，则指各街道办事处辖区范围的总和，含飞地街道，但不含插花或建成区连接的乡镇。如果不设街道办事处（只设镇和乡），则指政府驻地镇。

3. 所有的镇。

这样处理是基于公民所可以直接选举的最低一级的人大代表，同时又考虑到区作为市的有机组成部分这一事实。

在我国，基层政权指的是乡镇政权，在行政级别上来看，街道办事处也属于这一级，不过从法理上来说，街道办事处是上级人民政府的派出机关。在很多时候，设立街道办事处成了地方政府实行市制的标志，以区别于县。

由于1997年县改市被冻结，2000年以后，越来越多的县的县城实行街道管理体制，实际上是对地方政府的设置和管理参照县级市进行办理。以浙江省所辖县施行最早，该省约2/3的县目前都撤消了县城所在镇，改设为若干个街道办事处。此后山东省也对县城改设街道的变相县改市体制，较为积极。内陆省份中也有个别县采用，如湖南的长沙县、龙山县等。由于乡镇撤消后，直选产生的乡镇人大也随之取消，所以对于这些地方的老百姓而言，县人大就成为最基层的地方权力机关。所以从这个角度出发，本书此处，也将这样的县，比照县级市来进行统计。

当然，如果考虑到实行村民自治的村民委员会——村集体土地的所有者又是村民集体，所以市镇政府在村的行政要受到一定的限制——那么，以全部居民委员会的辖区范围，作为市、镇的直接管辖的区域是最恰当的，无奈资料所限。

下表2.2所列的是市辖区总人口超过500万的市的名单。2010年第六次人口普查时，市辖区常住人口超过500万的市共有16个。

表 2.2　中国 2010 年六普时市辖区人口超过 500 万的建制市表

名称	市辖区			街道办事处辖区			备注（六普后改区的市、县）
	数	面积	人口	数	面积	人口	
上海市	17	5155	22315426	99	630	9740287	崇明县
北京市	14	12187	18827262	133	1219	10400308	密云县、延庆县
重庆市	18	27000	15643374	133	4000	8897029	綦江县、大足县、璧山县、铜梁县、潼南县、荣昌县
天津市	13	7128	11090783	106	2600	7842500	宁河县、静海县
广州市	10	3836	11070664	124	1030	8773949	增城市、从化市
深圳市	6	2059	10357938	57	2059	10357938	（已全域设区、街道）
武汉市	13	8410	9783588	134	5000	8591207	（已全域设区）
东莞市	—	2465	8220237	4	228	1189011	
成都市	9	2024	7415590	88	764	6086292	双流县
佛山市	5	3814	7197394	12	920	3547816	（已全域设区）
南京市	11	4717	7165628	84	3622	6726969	溧水县、高淳县
西安市	9	5605	6501190	98	3000	6298251	高陵县
沈阳市	9	3488	6255921	121	3000	6093181	辽中县
杭州市	8	3318	6241971	56	1220	3803203	富阳市
哈尔滨市	8	7024	5878939	107	2040	4706707	双城市
汕头市	6	1952	5330764	37	540	2402269	

注：面积单位为平方公里，行政区划以六普时为准。

上表显示，以市辖区为统计口径，上海市以 2231 万为中国人口最多的市，以市辖区所辖的街道办事处辖区为统计口径，则前三为北京市、深圳市、上海市。后一统计口径下，上海市之所以在北京市和深圳市之后，是因为上海市即使主城区都仍保留大量的“镇”建制。如上海 S20 外环线以内至今仍有五角场镇、彭浦镇、桃浦镇、虹桥镇、三林镇、大场镇等 20 多个镇均没有改制为街道办事处，这些镇的总人口超过 400 万，多个镇的人口密度超过 1 万。深圳市则已经撤销全域内的乡镇建制，全部改制为街道办事处。

表 2.3 所列的则是以街道办事处辖区为统计口径的我国 2010 年第六次人口普查时人口超过 20 万的市（或镇），行政区划也以人口普查当时为准。

表 2.3 中国 2010 年六普时人口超过 30 万的市、镇

省区	100 万 +	50 ~ 100 万	20 ~ 50 万	
北京市（5）	北京市 1040		东小口镇 35 回龙观镇 30	北七家镇 26 十八里店乡 20
天津市（1）	天津市 784			
河北省（16）	石家庄市 235 唐山市 137	张家口市 83 邯郸市 78 秦皇岛市 77 保定市 74 邢台市 58	廊坊市 42 沧州市 39 衡水市 33 燕郊镇 29 任丘市 28	定州市 25 承德市 25 涿州市 22 迁安市 20
山西省（12）	太原市 302 大同市 124	长治市 57	阳泉市 48 临汾市 48 晋城市 44 运城市 38 晋中市 37	朔州市 31 吕梁市 28 忻州市 23 孝义市 20
内蒙古（12）	包头市 155 呼和浩特市 139	赤峰市 71	鄂尔多斯市 49 通辽市 47 乌海市 44 巴彦淖尔市 34 乌兰察布市 31	呼伦贝尔市 31 乌兰浩特市 26 锡林浩特市 22 树林召镇 21
辽宁省（21）	沈阳市 609 大连市 408 抚顺市 132 鞍山市 129 本溪市 100	锦州市 94 营口市 76 阜新市 67 盘锦市 67 辽阳市 64 丹东市 64 葫芦岛市 57	朝阳市 44 瓦房店市 42 海城市 40 铁岭市 38 大石桥市 31 盖州市 30	普兰店市 22 庄河市 24 开原市 24
吉林省（15）	长春市 320 吉林市 144		延吉市 45 四平市 45 白山市 42 通化市 40 松原市 39 辽源市 37 白城市 28	公主岭市 28 舒兰市 24 梅河口市 24 农安镇 22 德惠市 21 敦化市 20
黑龙江省（13）	哈尔滨市 470 齐齐哈尔市 128 大庆市 128	牡丹江市 75 鸡西市 72 伊春市 69 佳木斯市 56 鹤岗市 58	双鸭山市 43 七台河市 42 绥化市 30	肇东市 27 双城市 21

续表

省区	100万+	50~100万	20~50万	
上海市（17）	上海市974		大场镇37 川沙新镇36 三林镇36 南桥镇36 梅陇镇34 浦江镇29 七宝镇28 莘庄镇27	长征镇22 北蔡镇27 杨行镇20 顾村镇24 安亭镇23 九亭镇25 江桥镇25 惠南镇21
江苏省（38）	南京市672 无锡市296 苏州市219 徐州市148 常州市148 南通市113	昆山市84 扬州市75 盐城市74 连云港市72 江阴市66 淮阴市66 常熟市64 镇江市64 泰州市64	张家港市41 沭城镇40 宜兴市39 吴江市38 靖江市35 溧阳市29 江都市28 众兴镇27 东台市26 宿迁市26 青阳镇25 邳州市24	盛泽镇24 东坎镇24 近湖镇24 安宜镇24 泰兴市24 睢城镇23 启东市22 淮城镇22 金港镇21 金坛市20 王营镇20
浙江省（43）	杭州市380 宁波市239 温州市192 台州市142	义乌市84 舟山市58 嘉兴市56 余姚市53 金华市52	绍兴市44 慈溪市41 温岭市38 诸暨市38 瑞安市38 衢州市37 临海市37 东阳市36 * 玉环县35 丽水市33 * 绍兴县33 富阳市33 永康市33 龙港镇33 瓯北镇31 塘下镇31 湖州市31	兰溪市31 * 宁海县30 * 嘉善县30 桐乡市29 平湖市28 奉化市28 嵊州市28 海宁市27 上虞市26 灵溪镇26 临安市25 雉城镇25 乐成镇23 柳市镇21 * 浦江县21 * 新昌县20 递铺镇20

续表

省区	100万+	50~100万	20~50万	
安徽省（18）	合肥市 279 芜湖市 119	淮南市 78 阜阳市 77 淮北市 68 蚌埠市 63 马鞍山市 56	安庆市 49 宿州市 49 铜陵市 40 滁州市 38 六安市 38 池州市 37	巢湖市 32 亳州市 27 宣城市 26 店埠镇 22 宁国市 21
福建省（16）	厦门市 272 福州市 152 泉州市 106	龙岩市 50	莆田市 45 福清市 41 晋江市 39 漳州市 38 陈埭镇 37 三明市 30	鼓山镇 28 南平市 25 南安市 22 长乐市 22 建新镇 20
江西省（16）	南昌市 166	九江市 56	新余市 43 宜春市 38 萍乡市 36 赣州市 35 景德镇市 35 抚州市 33 丰城市 32	吉安市 29 上饶市 28 贡江镇 22 高安市 22 鄱阳镇 22 南康市 20 樟树市 20
山东省（50）	青岛市 371 济南市 353 烟台市 197 潍坊市 184 临沂市 165 淄博市 139 济宁市 106	泰安市 84 东营市 74 枣庄市 71 日照市 70 聊城市 67 菏泽市 62 滨州市 58 威海市 57 寿光市 53 莱芜市 53 德州市 53	诸城市 49.9 即墨市 48 章丘市 45 胶南市 44 滕州市 43 青州市 42 胶州市 40 龙口市 40 高密市 39 安丘市 36 新泰市 33 莱阳市 32 肥城市 32 莱西市 31 莱州市 31 平度市 30	昌邑市 30 * 临朐县 29.9 临清市 28 曲阜市 28 邹城市 27 * 邹平县 26 * 昌乐县 25 兖州市 25 * 曹县 24 招远市 22 * 单县 22 * 苍山县 22 * 平邑县 22 * 东平县 20 荣成市 20 * 临邑县 20

续表

省区	100 万 +	50 ~ 100 万	20 ~ 50 万	
河南省（26）	郑州市 328 洛阳市 109	安阳市 87 焦作市 86 平顶山市 80 南阳市 74 新乡市 61 开封市 57 商丘市 54 信阳市 51	许昌市 49 驻马店市 48 周口市 46 濮阳市 43 鹤壁市 37 漯河市 33 三门峡市 29 邓州市 28	项城市 27 济源市 24 * 汝南县 23 禹州市 21 * 唐河县 21 汝州市 20 新密市 20 * 长垣县 20
湖北省（25）	武汉市 859	宜昌市 90 襄樊市 88 十堰市 69 荆州市 68 黄石市 67	孝感市 48 荆门市 39 鄂州市 36 随州市 35 仙桃市 34 大冶市 34 潜江市 33 枣阳市 30 黄冈市 27 恩施市 27	应城市 26 咸宁市 26 天门市 23 麻城市 22 广水市 22 赤壁市 21 武穴市 21 安陆市 20 当阳市 20
湖南省（18）	长沙市 245	株洲市 92 衡阳市 79 岳阳市 75 湘潭市 61	邵阳市 44 常德市 43 怀化市 41 益阳市 40 永州市 40 娄底市 38 耒阳市 38	郴州市 38 * 长沙县 27 张家界市 23 醴陵市 22 吉首市 21 洪桥镇 20
广东省（67）	深圳市 1035 广州市 877 佛山市 354 汕头市 240 惠州市 177 东莞市 118 江门市 109	湛江市 85 中山市 80 珠海市 70 长安镇 66 虎门镇 63 揭阳市 62 大沥镇 61 茂名市 50 普宁市 50	阳江市 48 塘厦镇 48 清远市 46 狮山镇 43 厚街镇 43 寮步镇 41 肇庆市 40 潮州市 40 新塘镇 39 韶关市 39 常平镇 38 汕尾市 35 高州市 33	北滘镇 27 化州市 26 陆丰市 26 乐从镇 25 吴川市 25 梅州市 25 石碣镇 24 台山市 24 云浮市 24 阳春市 24 * 惠东县 23 黄江镇 23 西樵镇 22

续表

省区	100 万 +	50～100 万	20～50 万	
			增城市 31 河源市 32 小榄镇 31 凤岗镇 31 清溪镇 31 大朗镇 31 开平市 29 罗定市 28 大岭山镇 27 四会市 27 里水镇 27 从化市 27 兴宁市 27	信宜市 22 龙江镇 22 坦洲镇 21 黄冈镇 21 高埗镇 21 遂城镇 21 罗阳镇 20 太和镇 20 横沥镇 20 廉江市 20 狮岭镇 20 三乡镇 20
广西区（10）	南宁市 246 柳州市 129	桂林市 82 玉林市 50	梧州市 34 北海市 33 贵港市 26	钦州市 25 百色市 20 宾州镇 20
海南省（3）	海口市 101		三亚市 28	儋州市 22
重庆市（7）	重庆市 889		* 荣昌县 35 * 开县 31 * 璧山县 28	* 綦江县 24 * 潼南县 21 * 铜梁县 20
四川省（20）	成都市 608	绵阳市 70 南充市 67 * 双流县 65 泸州市 57 宜宾市 53	攀枝花市 47 自贡市 42 遂宁市 41 德阳市 35 乐山市 35 内江市 34 广元市 32	达州市 29 巴中市 28 资阳市 25 新都镇 24 太和镇 24 眉山市 24 广安市 22
贵州省（9）	贵阳市 211	遵义市 50	六盘水市 41 安顺市 33 兴义市 32	凯里市 27 毕节市 26 都匀市 23 铜仁市 21
云南省（10）	昆明市 321		曲靖市 41 * 呈贡县 31 大理市 30 昭通市 29	宣威市 22 楚雄市 22 开化镇 22 玉溪市 20 安宁市 20

续表

省区	100 万 +	50～100 万	20～50 万	
陕西省（10）	西安市 629	咸阳市 66 宝鸡市 54	渭南市 35 榆林市 34 汉中市 34 铜川市 32	安康市 24 兴平市 23 神木镇 20
甘肃省（6）	兰州市 236		天水市 38 白银市 31	嘉峪关市 21 酒泉市 20 武威市 20
青海省（1）	西宁市 97			
宁夏区（2）	银川市 107		石嘴山市 34	
新疆区（9）	乌鲁木齐市 278		库尔勒市 39 伊宁市 34 克拉玛依市 34 石河子市 30	昌吉市 30 阿克苏市 27 哈密市 24 喀什市 21

注：上表中市（镇）名后的数字为 2010 年普查时的人口数，单位：万人，采用去尾法取整（即 49.9980 万人取 49 万）。资料来源：根据全国分乡镇人口普查资料自行整理。名字前带 * 的建制为县，但城区也设街道办事处，本书参照县级市处理。

按上表，2010 年全国第六次人口普查时，以街道办事处和镇为统计单位全国共有人口超过 100 万的市 65 个，50 万至 100 万的市 87 个（包括 3 个镇和 1 个县的县直属区域），20 万至 50 万的 363 个。合计人口 20 万以上的市镇共 515 个。广东省 67 座最多，其次为山东省 50 座，浙江省 43 座，江苏省 38 座。西藏自治区首府拉萨市（8 个街道办事处）人口为 19.9159 万，离 20 万尚缺 841 人，所以此次并未上表。

与 2000 年第五次人口普查①相比，人口 100 万以上的市增加了 26 个，同比增长 66.7%。大部分市镇的人口也出现明显的增长，当然也存在个别人口停滞或下降的市，比如辽宁省的抚顺市、鞍山市，黑龙江省的伊春市、鹤岗市等。

在区域城镇体系研究中，首位度常被用来描述城市发展要素在最大城市的集中程度。所谓首位度，就是首位城市与第二位城市的人口规模之比，计

① 关于五普时的城镇人口等级分布具体名单，请参见本书作者 2012 年出版的《世界各国市制比较研究》第 29－33 页。

算方法：S = P1/P2。按照位序规模原理，所谓正常的首位度应该是 2，数值越高表示首位城市集聚程度越高。

除直辖市外各省区的城市首位度大致为西高东低，西部省区的城市首位度总体较高，最低的宁夏区也有 3.15，而沿海省区的城市首位度则普遍较低，最高的江苏省为 2.27。其中福建省、广东省、内蒙古自治区和山东省的首位城市不是省会（或首府）福州市、广州市、呼和浩特市和济南市，而是厦门市、深圳市、包头市和青岛市。除包头市外的三市都是计划单列市。广东省、内蒙古自治区和山东省同时也是全国城市首位度最低的 3 个省区，同时倒数第 4 和第 5 分别为辽宁省和浙江省，这两省的第二大城市分别是大连市和宁波市，也是计划单列市。可以说计划单列市的强人口集聚效应，大大降低了所在省的城市首位度。5 个计划单列市中，相对于各自所在省的省会而言又以厦门市最为强势，而宁波市最为弱势。

表 2.4　中国各省城市首位度表

湖北省	9.54	海南省	3.61	吉林省	2.22
陕西省	9.53	西藏区	3.17	广西区	1.91
四川省	8.69	宁夏区	3.15	福建省	1.79
云南省	7.83	河南省	3.01	河北省	1.72
新疆区	7.13	江西省	2.96	浙江省	1.59
青海省	6.47	湖南省	2.66	辽宁省	1.49
兰州市	6.21	山西省	2.44	广东省	1.18
贵州省	4.22	安徽省	2.34	内蒙古	1.12
黑龙江省	3.67	江苏省	2.27	山东省	1.05

资料来源：根据表 2.3 自行整理。

至于都市区，理论上本书建议以表 2.3 所列的市镇为中心，所有与该市镇有通勤用公交相通的乡、镇、街道都纳入都市区的范围。囿于资料所限，本书暂不进行详细的研究。

五、台湾的市制

台湾省的近代市制创制于日治时代。1920 年，台北、台中、台南始设为市，到1945年光复时，共设市11处。1945年台湾光复后，开始依内地的地方管理体制，整齐台湾的行政区划，包括市制。由于日治时为平衡地区发展在东部设立的宜兰市和花莲港市未达当时法律规定的设市标准，但又比其他乡镇重要，所以在1946年编订《台湾省各县市实施地方自治纲要》中，特折衷为该两市创制县辖市。这一建制一直沿用至今，因此今天台湾省的建制市在行政等级上分为"直辖市"、省辖市和县辖市3档。

日治时代的台湾，实行"州厅—郡市—街庄"三级制，光复后初期，州厅改为县，郡改为区，街改为镇，庄改为乡，市则保留不变。所以当时的市地位是高于乡镇的。只是后来各县下的区公所取消，才使得县辖市和乡、镇平权。

1950年台湾地方行政区划重组。市、县设议会和政府。市下分为区，设区公所。县下分为县辖市、镇、乡，设立乡（镇、市）民代表会和公所。乡下编为村，镇、县辖市和区下编为里。村、里下编为邻（类似内地村民小组和居民小组）。需要强调的是，区虽然在等级上与乡镇平行，但为市政府的派出机构，无区议会（或区民代）的设置，仅有无给职的区咨议会。

1. 各级市设立的标准

建制市设立的标准，历史上曾多次修正，根据2005年修订的《地方制度法》（1999年实施）第四条规定，市在行政上分为"直辖市"、市（前称省辖市）、县辖市3等。各级市设立的要件如下：

——乡镇改制为县辖市的要件为人口满15万（修订前为10万），且工商业发达，自治财源充裕，交通便利及公共设施完备；

——升格为市（与县平行）的要件是人口满50万（修订前为30万），且系政治、经济及文化上地位重要；

——升格为"直辖市"（与台湾本省平行）的要件是人口满125万（修订前为100万），且在政治、经济、文化及都会区域发展上有特殊需要。

2007年5月，《地方制度法》修正，规定只要县人口聚居达200万人以上，包括人事组织与财政规模都比照直辖市规格办理，也就是俗称的"准直辖市"。10月1日台北县比照直辖市办理。

2. 建制市的沿革

日治时期设置的市11处，即台北市、台中市、台南市（以上3处1920年）、高雄市、基隆市（1924年）、新竹市、嘉义市（1930年）、屏东市、彰化市（1933 年）、宜兰市、花莲港市（1940 年）。1946 年依《台湾省各县市实施地方自治纲要》，除宜兰市、花莲港市改降为县辖的宜兰市、花莲市外，其余保留为省辖市。1951 年，嘉义市、新竹市、彰化市、屏东市改制为县辖市，并入同名县，计为 5 个省辖市，6 个县辖市。

1962 年，台北县三重镇改制为县辖市，为第一例因人口超过 10 万而改制为县辖市的乡镇。此后，中枥市（1967 年）、桃园市（1971 年）、板桥市（1972 年）、凤山市（1972 年）、台东市（1976 年）、丰原市（1976 年）相继循此例设立为县辖市。其中台东于改制前的 1974 年划入了原属卑南乡的 10 个村近 3 万口，以使人口达到 10 万人。

1967 年和 1979 年，台北市和高雄市先后升格为“直辖市”。

1977 年，乡镇改制为县辖市的人口要件提高到 15 万。随后有中和市（1979 年）、永和市（1979 年）、新庄市（1980 年）、新店市（1980 年）依此改制为县辖市。

1981 年《台湾省各县市实施地方自治纲要》修订，规定“县政府所在地”不受人口要件所限亦得设立县辖市。是年底增设苗栗市（苗栗县县治）、南投市（南投县）、斗六市（云林县）、新营市（台南县）和马公市（澎湖县）5 个县辖市。

1982 年，新竹市和嘉义市重新升格为省辖市。新竹县和嘉义县政府随后分别迁往竹北乡和太保乡，也因此该两乡先后在 1988 年和 1991 年改制为县辖市。比较特殊的是，新的嘉义县行政中心是建在太保乡和朴子镇边界上，包括县议会在内的一些公共设施位于朴子镇的地界内，所以朴子镇遂在 1992 年比照县政府所在地改制为县辖市。太保市和朴子市的人口皆不足 5 万，是人口最少和人口密度最低的两个县辖市。

1992 年至 1999 年间，又有 9 个乡镇因人口超过 15 万而改制为县辖市，依次为平镇市（1992 年）、永康市（1993 年）、土城市（1993 年）、大里市（1993 年）、八德市（1995 年）、太平市（1996 年）、芦洲市（1997 年）、汐止市（1999 年）和树林市（1999 年）。

1999 年，《地方制度法》实施，县政府所在的乡镇改制为县辖市的条款被废除。此后 10 年，由于台湾人口增长缓慢再无新的县辖市设立，“直辖市”2，省辖市 5，县辖市 32 的布局一直维持到 2010 年 8 月桃园县的杨梅镇才因人口突破 15 万并升格为第 33 个县辖市。

3. 2010 年五都改制

2009 年 6 月，执政当局为兑现“三都十五县”政见，裁定台北县单独升格为“直辖市”（取名新北市），台中县市、台南县市分别合并并升格为“直辖市”，高雄直辖市和高雄县合并新设高雄“直辖市”，加上原来的台北市，合为 5 个“直辖市”，俗称“五都”。改制于 2010 年 12 月 25 日正式进行。

改制将同时伴随着财政和权力下放，营业税和烟草税全数下放地方。依《地方制度法》，原台北县、台中县、台南县、高雄县所辖的全部 16 市 19 镇 63 乡悉数改制为区。依例，区长为官僚体系下遴选委任的公务员，非民选产生。由民选产生的 1400 余位市镇乡长和民代全部取消，大高雄、大台中和大台南的县市议员也几近减半。不过，在民选市长和议员缩减的同时，公务员数量将会激增。依编制上限来看，改制后理论上可增公务员 2 万 2 千人。

五都改制也使县辖市的数量大幅下降。原台北县属的板桥、三重、中和、永和、新庄、新店、土城、芦洲、汐止、树林，原高雄县属凤山，原台中县属丰原、大里、太平，和原台南县属新营、永康共 16 个县辖市，于直辖市设立时改制为区公所。是时，“直辖市”增至 5 个，省辖市降至 3 个，县辖市降至 17 个。

表 2.5　台湾的“直辖市”和省辖市列表

编号	名称	人口	面积	等级（升格年）	区数
1	台北市	2,624,257	272	“直辖市”（1967）	12
2	高雄市	2,756,775	2,947	“直辖市”（1979）	38
3	新北市	3,722,082	2,053	“直辖市”（2010）	29
4	台中市	2,499,527	2,214	“直辖市”（2010）	29
5	台南市	1,846,379	2,192	“直辖市”（2010）	37
6	桃园市	1,808,833	1,221	“直辖市”（2014）	13
7	基隆市	385,410	133	省辖市	—
8	新竹市	393,400	104	省辖市（1982）	—
9	嘉义市	264,593	60	省辖市（1982）	—

注：人口为 2000 年 12 月 16 日人口普查值，面积单位为平方公里。

这里顺便提到，原本当局是规划将大台北都会区的台北市、基隆市和台北县合并升格为新的台北直辖市，但最后却是台北县单独升格为新北市，这其中主要是基于政治考量，包括为防止因台北一家独大而出现叶利钦效应。而新北市成功升格以后，台北和新北两市合并的希望更加渺茫。

4. 新的变化

桃园大都会区是台湾5个大都会区之一，而台北、高雄、台中、台南等其他四个大都会区都已经升格为“直辖市”。桃园县各界对升格向来较为积极，2010年6月县人口破200万成功，最后终于在2014年12月25日如愿改制为直辖市。

县辖市方面，2014年桃园县的芦竹乡曾依人口超过15万而短暂设市，随后在12月因桃园县改制为直辖市而改为芦竹区。

至于桃园县以外各县，在可预见的未来，仅靠低迷的人口增长，几乎不会有任何新的县辖市设立。欲突破人口瓶颈，恐怕只有进行乡镇合并。

如彰化县员林镇，是几个大都会区以外人口最多的乡镇，但人口多年停滞在12万。长期以来都有将邻近的埔心、大村、永靖等乡并入促使升格为员林市的提议。2009年彰化县府曾规划将大村、永靖两乡并入，员林镇公认是促进员林繁荣和工商、观光、产业、文化、经济、交通、金融、教育、就业、建设等发展的大好机会。但此举遭两乡强烈反对，反对理由包括（1）台湾行政部门已经规划2011年左右全台乡镇整并，因此应该全台一并规划整并，不能单撤一两个乡；（2）合并后民意代表数量减少1/3，问政品质和监督功能下降；（3）合并后财政补助款少于合并前两乡镇之和，分配不增反降；（4）合并后导致裁员，员工上班弥远，如未妥善照顾员工生活不宜合并。① 对人事、财政和地方发展被边缘化的担忧可说是世界各地地方政府的共通之处。另外，员林镇是彰化县地方法院所在地，曾希望以此为由比照县治升格为县辖市，但也未成功。

2015年5月，台湾立法机关通过《地方制度法》修订案，将乡镇改制县辖市的门槛从原定15万人口降为10万。同年，彰化县员林镇，苗栗县头份镇改制为市。至此，县辖市总数达到14座。

唯需要说明的是，乡镇和县辖市在法律意义上，并没有本质的不同。乡镇改制为县辖市，除了名字发生变化外，其他如组织编制、财政预算、行政

① 《大员林市合并，反映两极》，台湾时报（网络版），http://www.twtimes.com.tw/html/modules/news/article.php?storyid=55079（访问时间：2009年7月16日）。

职权、建设需求等均不会发生任何改变。当然乡民变市民，对提升所在地居民的信心是有帮助的。

六、香港特区的区议会和城镇

我国于1997年7月1日对香港恢复行使主权，并设立香港特别行政区。地理和传统上，香港包括香港岛、九龙和新界3部分。

2000年1月1日，特区政府取消香港市政局和区域市政局，行政统一归于特区政府。另设特区议会为立法机关，现有议员60人。其中30人由香港岛、九龙东、九龙西、新界东、新界西5个选区每区分别选举4~8人组成。另30人由功能界别产生，也即是社会各界菁英阶层，其中经济相关的界别占一半。

特区之下分为18个区（包括港岛4个区、九龙5个区和新界9个区），各设区议会。从职能上看，区议会并没有地方立法和决定权，也无区税收，其性质为民意咨询机构，担任特区政府和市民之间的沟通桥梁。其有限的职责则主要及于区内环境、文康和社区活动。不过从议员的来源上来看，则其中主体部分（约3/4）为市民直选产生，约1/5为特区政府委任产生。此外新界的区议会还共有27位当然议员，代表27个乡事委员会。乡事委员会是新界原居民村落的组织，从事咨询性工作，套用内地的术语，此即相当于村民委员会。27个乡事委员会又共同组成新界乡议局，是1926年成立的新界700条原居民村落的咨询及协商机构，迄今仍发挥一定的作用。

除区议会以外，每区皆设立有民政事务处和地区管理委员会，代表各区的行政机关。民政事务处主要工作包括：（1）巩固政府与市民之间的沟通途径，建立及维持一个有效的联络网；（2）统筹地区上的各项政府服务以及公共设施计划的推展工作；（3）协助和推广区议会的工作；（4）鼓励市民参与小区建设活动；（5）在发生紧急事故和天灾的时候及之后，为市民提供临时庇护站，以及协调各项支持服务和善后工作；（6）协助内地及少数族裔新来港定居人士尽快融入香港社会；（7）进行地区小型工程和推行大厦管理措施；（8）为遗产受益人提供支持服务。民政事务处的主管为民政事务专员，兼为地区管理委员会主席。

在回归前，香港实行三级议会体制。第一级为全港性的立法局，相当于回归后的特区立法会。第二级为区域性的市政局，包括1936年成立的香港市政局（Urban Council）和1986年成立的区域市政局（Regional Council）。第三级为区议会。

其中两个市政局是分别为港九和新界提供清洁街道、文娱康乐设施、食品管理等市政服务的法定机构。1995年以后市政局的大部分议席由地区直选产生，少部分来自区议会和乡事委员会。回归以后，两个市政局被解散，由行政长官委任原有议员及一些新议员组成临时市政局。2000年，时任行政长官董建华以推行市政服务改革的名义解散临时市政局，两局原负责的食品环境卫生及康乐文化决策分别由新成立的环境食物局及原有的民政事务局接管，两个执行服务部门经统合后由康乐及文化事务署及食物环境卫生署取代。

在城镇布局上，香港的老城区位于香港岛北部和九龙，从1970年开始，香港政府为应付不断增长的人口，并解决老城区人口过度拥挤的状况，开始在新界规划开发新市镇（New Town），前后共发展9个。1973年屯门、荃湾、沙田、和上水/粉岭（北区）4个新市镇建设，1976年增加大埔，1977年增加元朗，1982年再增加将军澳（西贡区）。1985年，因荃湾发展过大，遂把荃湾区拆分为荃湾和葵青两个区。1987年元朗区建设天水围新市镇，成为唯一拥有两个新市镇的区。为配合香港新机场的发展，1996年在离岛区建设北大屿山新市镇（东涌）。至此新界9个区都有新市镇分布。

2006年7月15日中期人口统计值时，九龙（包括新九龙）人口201万9533，香港市区（包括中西区、湾仔区、东区）人口98万1714。新界的人口九成都集中在9个新市镇中，以荃湾75万最大，次为沙田（包括马鞍山）61万和屯门49.6万，最小的北大屿山不足10万。另外香港岛南区的中心市镇香港仔（包括鸭脷洲）人口亦达16.59万。

七、澳门特区的市镇

我国于1999年12月20日对澳门恢复行使主权，并设立澳门特别行政区。根据2006年8月19日中期人口统计，澳门特区总人口为502，113（包括水上）。

澳门的市政组织的发展，始于明万历十一年（1583年）经选举产生的澳门议事会（Senado）正式成立。议事会包括2名市议员（Vereador），2名预审法官（Juizor dinario），和1名理事官（Procurador）。议事会得到中国政府的承认，理事官（Procurador）全称为“督理濠镜澳事务西洋理事官”，作为香山县下属的二级官员。另一方面，议事会也在1596年得到葡萄牙国王颁令承认自治权力，并获得城市（Cidade）地位，被赋予与葡萄牙本土的埃武拉一样的自由、荣誉和显赫地位。崇祯十三年（1640年）葡萄牙光复后，授予澳门议事会忠贞议会（Leal Senado）的名称，以表彰其在葡萄牙被西班牙合并期间，坚持悬挂葡萄牙国旗。所以澳门议事会实际上保持对中葡两属的状态，澳门的葡萄牙社区奉行“双重效忠”。

澳门议事会最初是以商人为主对澳门葡萄牙社区进行的自治管理，是澳门的最高权力机关。虽然驻果阿的葡印总督于天启三年（1623年）任命了澳门总督，不过其只管澳门防务，名为总督，实际就是一个兵头。直到清乾隆四十八年（1783年）葡萄牙发布《王室制诰》后，总督有权否决议事会的决定，澳门的自治格局遂被削弱，权力逐步集中到代表葡萄牙国家的集军政大权于一身的澳门总督手中。相比议事会，里斯本委派的总督较不懂得居澳葡人的实际情况。

清道光年间，议事会被解散，沦为现代意义的市政厅，仅限处理市政事务，不过市政厅仍沿用忠贞议会（Leal Senado）之名，而不是Camara Municipal de Macau。鸦片战争后，为扩大对澳门的殖民干预，葡萄牙单方面调整澳门的管理体系。道光二十四年（1844年），葡萄牙以政令难行为由，将澳门脱离果阿的印度总督，与帝汶、索洛尔合设一海外省，总督驻澳门。另设一政务委员会协助总督工作，市政厅主席为委员会的委员之一。道光二十九年，驻澳中国官府被迫迁出，澳门也最终从市民自治的议事会时代，进入澳门总督的殖民统治时代。

随后，葡萄牙占领氹仔和路环两个离岛，两岛后脱离澳门市政区（Concelho de Macau）另设海岛市政区（Concelho de Ilhas），并成立海岛市政厅（Camara Municipal das Ilhas）。虽然2个市政厅的委员仍大部分由市民选举产生，但其自治程度已大不如议事会。至此，澳门虽然面积不大，但已经形成了一省二市这样的两级行政区划体系。

根据1976年颁布的《澳门组织章程》，澳门再次获得地方自治权。1999年回归后，澳门市政厅和海岛市政厅分别易名为临时市政局。后又于2002年合并为民政总署，至此澳门的地方行政权被统一到特区政府。也就是说，现在的澳门由特区政府一竿子管到底，下面并无任何具有地方自治性质的组织。至于此前位于市政区下的7个堂区（Freguesia），虽沿用至今，不过堂区并非正式的行政机构建制，不具法人地位。

第三章

东亚的市制

做为一衣带水的邻邦，我国和日本、朝鲜半岛向来交流频繁，相互影响和学习，包括市制也是如此。本章介绍的是日本、韩国、朝鲜和蒙古的市制。

一、日本的市町村及职能

日本目前全国划分为1都、1道、2府、43县合计47个一级地方行政单位。县格局形成于1890年府县制和郡制实施时，1947年4月日本颁布《地方自治法》，都道府县不再作为中央的下属机构，成为普通的一级地方政府。在北海道，因为面积大、市町村数量众多而导致的施政不便，所以在道与市町村之间还存在14个支厅，它是特殊的地方行政单位。

在县以下的基础地方政府是市、町、村。郡（介于县和町村之间）作为地方政府在1926年彻底废除，但作为地理概念一直存在到现在，并且在选举、邮政、统计等事务上仍旧起着作用。

其中市和町属于城市性质的基层政权，而村属于农村基层政权组织。长期以来，町一直是数量最多的基层政权，但经多次市町村合并后，町和村的数量都持续下降，相反市则不断增加。到2010年3月时，市的数量首度超过町。

市町村的人口分布极不平衡，神奈川县横滨市（横浜市）拥有人口超过360万，是人口最多的基层地方政府，而人口最少的东京都八丈支厅青岛村（青ヶ島村）已不足200人。市町村分别设立地方议会和市町村长，议员和地方首长均由居民直选产生。

根据人口的多寡，市又分为四个等级，即政令指定市、中核市、特例市和一般市，等级越高的市被赋予的施政权越大。日本的一般市、町、村其实都相当于中国一般意义上的乡镇，而一般市的建设，更是可与目前我国在新农村建设号召下的加强中心镇建设进行比较分析。

为扩大基础地方政府的行政权限，日本政府几次将原先属于都道府县的职权下放给市。人口越多的市由于所面临的事务增加，所以获得的权限相应的越多。如儿童相谈所（儿童咨询中心）的设置和运作本是都道府县的职责，但政令指定市目前也获得了举办儿童相谈所的权限。

日本的政策与法律，对地方政府在民政福利、卫生保健、文化教育、土木建设与环境保护、产业提振等方面的行政权限的规定有所不同。町村主要办理设置福利事务所、实施生活保护、对孕产妇和家庭提供咨询与指导、实施老年人的看护保险制度、管理墓地、管理化制场等社会事务。集中在民政福利与卫生保健政策的落实，这些措施也是最亲民的措施。

一般市与町村相比主要增加在土木建设与产业相关方面的管理权限。包括都市计划开发审查会的设置、发放土地测量及调查许可、对违反屋外广告物条例行为的处理、绿地保护、文物古迹等保护、特定商品专卖等众多产业相关事务的管理、土地改良等。

特例市与中核市，已经拥有了大多数行政事务管理的权限。不过在民政与社会福利事务方面，大多数的业务都是只有中核市或政令指定市才举办，除此两种地方以外的区域的此类业务，实际上都是由都道府县政府举办。目前日本居住在中核市或政令指定市的人口约占全国总人口的1/3，住在特例市的约占1成多。

需要提醒的是，虽然很多政策的实施主体，并不是普通的市町村，但高级地方政府的行政并不一定只在县厅所在城市（县城）设立办公点。比如在儿童援助方面，儿童福利法规定儿童相谈所的设置与管理由高级地方政府进行，被赋予此项业务管理权的基础地方政府仅有政令指定市。但是由都道府县设立并提供服务的儿童咨询中心一个县（都、道、府）内可不只1家，多的有11家（东京都、神奈川县）、10家（爱知县），少的也有2家（富山县、福井县、山梨县、滋贺县、奈良县、和歌山县、香川县、高知县、长崎县、熊本县、大分县、冲绳县），佐贺县虽然只有一家相谈所，但也在北部的唐津市设立有唐津分室。根据厚生劳动省的统计，截止2006年4月1日全日本共有191家儿童相谈所，基本上是依人口多寡由各都道府县在本辖区内进行布局。

随着近年来日本地方分权的进行，相信基础地方政府在社会政策的承担上，会越来越扮演重要角色。如2000年新实行的针对老年人的看护保险制度，就是由所有的基础地方自治体进行主办。

在财政来源上，日本各地方政府对中央财政的平均依赖程度高达约70%。

二、政令指定市和中核市

日本城镇形态地方政府包括市和町，其中市又依人口多寡分为政令指定市、中核市及普通市，等级越高的地方政府，被赋予的权力也越多。

（一）政令指定市

日本的政令指定市较类似我国的计划单列市，它在形式上隶属于所在的县，但在社会经济发展等行政权限上，又远远超过一般的市，而与县相当。政令指定市在行政上分为若干区，区不是地方自治单位，可在行政上编设区也是政令指定都市的一个特殊权限。

第一批政令指定市在1956年指定。虽然有关法律规定，人口达到50万的市可以升格为政令指定市，但在2004年以前，实际都要求提出升格申请的市人口超过80万，并且保持持续增长的强劲势头，如广岛市、仙台市和千叶市。这个标准在2004年进行修订，规定只要人口超过70万，该市即可以申请升格。根据这个原则，次年静冈市得以升格为政令指定市。此后冈山市、相模原市和熊本市等，都是得以人口超过70万升格为政令指定市。

由于日本人口自1980年以后增长就开始放缓，一个市单靠本身人口的增长来谋求升格现在几乎成了不可能的事情。所以，一些地方就只能是通过合并都市圈内邻近的市町村来突破人口瓶颈。2003年以后新增的政令指定市，无一例外都是先进行市町村合并，两三年以后再实现成功升格。如2010年3月23日，熊本县熊本市，通过植木町和城南町的并入，人口一举突破70万，随即展开升格为政令指定市的法律工作，成功获准在2012年4月1日升格，成为第20个政令指定市。

未来，有可能通过合并而成为政令指定市的地方，看来只有在东京、阪神等大都市圈，如当年的埼玉市（さいたま市）例，其他县也就沼津市、宇都宫市等屈指可数的几处。比如四国第一大市松山市，周围可合并的地方已非常有限，即使伊予市、东温市、松前町、砥部町全部并入也才65万人，几乎没有循现有体制升格为政令指定市的可能。更何况，平成大合并结束后，地方上合并的积极性已然下降。

表3.1　东京都特别区部、政令指定市及其他人口50万以上的市表

排序	都道府县	名称	市		人口集中地区		类型
			人口	面积	人口	面积	
1	东京都	特别区部	8,489,653	621	8,489,653	621	—
2	神奈川县	*横滨市	3,579,628	437	3,487,816	348	政令指定市1956
3	大阪府*	大阪市	2,628,811	222	2,628,312	222	政令指定市1956
4	爱知县*	名古屋市	2,215,062	326	2,159,379	274	政令指定市1956
5	北海道*	札幌市	1,880,863	1121	1,812,362	228	政令指定市1972
6	兵库县*	神户市	1,525,393	552	1,409,454	148	政令指定市1956
7	京都府*	京都市	1,474,811	828	1,387,532	140	政令指定市1956
8	福冈县*	福冈市	1,401,279	341	1,343,902	150	政令指定市1972
9	神奈川县	川崎市	1,327,011	143	1,316,910	132	政令指定市1972
10	埼玉县*	埼玉市①	1,176,314	217	1,080,130	116	政令指定市2003
11	广岛县*	广岛市	1,154,391	905	1,004,506	135	政令指定市1980
12	宫城县*	仙台市	1,025,098	784	905,139	130	政令指定市1989
13	福冈县	北九州市	993,525	488	888,161	157	政令指定市1963
14	千叶县*	千叶市	924,319	272	830,383	118	政令指定市1992
15	大阪府	堺市	830,966	150	794,924	105	政令指定市2006
16	新潟县*	新潟市	813,847	726	579,033	101	政令指定市2007
17	静冈县*	滨松市	804,032	1511	471,949	84	政令指定市2007
18	熊本县*	熊本市	727,978	390	556,186	83	政令指定市2012
19	静冈县*	静冈市	723,323	1421	626,745	103	政令指定市2005
20	神奈川县	相模原市	701,630	329	640,899	71	政令指定市2010
21	冈山县*	冈山市	696,172	790	454,902	78	政令指定市2009

① 日本地方行政区的名字多使用“漢字”(汉字),但也有个别市町村的正式名称采用假名书写,如埼玉县县厅所在地正式名称即为“さいたま市(Saitamashi)”而非“埼玉市(Saitamashi)”,虽然发音完全一样。

续表

排序	都道府县	名称	市		人口集中地区		类型
			人口	面积	人口	面积	
22	鹿儿岛县 *	鹿儿岛市	604,367	547	488,393	75	中核心
23	千叶县	船桥市	569,835	86	543,424	57	中核市
24	东京都	八王子市	560,012	186	491,271	60	中核市
25	埼玉县	川口市	538,434	62	524,966	54	（原特例市）
26	兵库县	姬路市	536,232	534	372,794	90	中核市
27	爱媛县 *	松山市	514,937	429	418,500	66	中核市
28	大阪府	东大阪市	513,821	62	512,289	49	中核市
29	栃木县 *	宇都宫市	502,396	417	377,045	69	中核市

注：名字前带 * 标记的为各道府县厅所在地，人口均为 2005 年 4 月 1 日普查值，面积单位为平方公里。各市的行政区域按 2011 年底，也即已经考虑 2005 ~ 2011 年间的市町村变更。

另外，东京都是一个特殊的地方政府。在 1943 年，为加强中央集权，日本废除了东京府和东京市两级政府的建制，合并为一级制的“东京都”，将县、市两级行政职能合一。今天，由 23 个特别区组成的“东京”实际上是一个统计和地理上概念，通常称为“特别区部”。东京的特别区设立自己的民选区长和区议会，但其自治程度不如一般的市町村高。目前，也有声音主张将大阪府和大阪市合并为大阪都。

（二）中核市（中文也译为“核心市”）

1995 年开始出现，当时设置中核市的一个直接因素是因应地方卫生厅（保健所）的设置，日本的地方卫生厅基本上设置在政令指定市和中核市。所以中核市与一般的市相比增加的行政权限，主要集中在民生福利和保健卫生相关方面。目前，关于下放给中核市的权力最大的争议是与公立中小学教职员相关的人事权上，现有制度规定，教职员的研修由中核市承担，但人事任免在都道府县。

中核市的设立标准，累经多次修改。

最初，升格为中核市的要件为人口在 30 万以上并且面积在 100 平方公里以上，如果人口不满 50 万则人口的昼夜比须大于 100（即日间人口多于夜间人口）。人口昼夜比的要求是为了确认该市是周边地区的中心城市。

2000年，关于人口昼夜比的要求，在地方分权推进委员会的建议下被废止，随后，横须贺市、奈良市和仓敷市因此得以升格。

2002年，为提高人口50万以上都市在保健行政上的效率，决定取消对人口50万以上都市升格为中核市的面积限制。船桥市、相模原市和东大阪市因此升格。

2006年，面积相关的要件完全废除，西宫市和尼崎市因此得以升格。而在以前，欲达到面积100平方公里的标准，各市只能通过市町村合并实现，唯有横须贺市是通过填海造陆而使面积突破100平方公里。

截至2015年4月1日，全日本共有45个中核市。即宇都宫市（宇都宮市）、富山市、金泽市（金沢市）、岐阜市、姬路市（姫路市）、鹿儿岛市（鹿児島市）、秋田市、郡山市、和歌山市、长崎市（長崎市）、大分市、丰田市（豊田市）、福山市、高知市、宫崎市（宮崎市）、磐城市（いわき市）、长野市（長野市）、丰桥市（豊橋市）、高松市、旭川市、松山市、横须贺市、奈良市、仓敷市（倉敷市）、川越市、船桥市（船橋市）、冈崎市（岡崎市）、高槻市、函馆市（函館市）、东大阪市（東大阪市）、下关市（下関市）、青森市、盛冈市（盛岡市）、柏市、西宫市（西宮市）、久留米市、前桥市（前橋市）、大津市、尼崎市、高崎市、丰中市（豊中市）、那霸市、枚方市、越谷市和八五子市。

目前鹿儿岛市、船桥市、姬路市、东大阪市、松山市、八王子市和宇都宫市的人口，分别超过50万。而函馆市和下关市在升格后人口即跌破30万。

就未来发展来看，因为政令指定市已经很难升格，所以加大对中核市下放自治权限，就成为一项备受关注的社会议题。日本社会向来有关于“道州制”的议论，所谓道州制就是参考北海道的体制，将日本现有47个都道府县合并为7~11个道，而现有的市町村则继续合并为约300个左右的市（或称州）。若道州制实行，则中核市的自治权限将会更加扩大。

1999年3月，埼玉县先行一步，决定实施“埼玉县分权推进计划”，在实施地域综合行政的背景下，进一步向满足一定条件的市町村下放权力。越谷市等人口超过20万的自治体被授予“彩の国中核都市”的称号，向其下放部分本应由人口30万以上的中核市才能取得的自治权限。

2015年4月1日特例市取消后，中核市设立的人口下限标准已下调到

20万。

（三）特例市（施行时特例市）

2000年开始出现。它负责原来由中核市才能举办的并且不是涉及全都道府县的事务，尤其是在都市建设规划与环境保护等方面。

升格为特例市的要件是人口达到20万。截至2015年4月1日共有39个特例市，即大和市、小田原市、福井市、甲府市、松本市、沼津市、四日市市、吴市（呉市）、八户市（八戸市）、山形市、水户市（水戸市）、川口市、平塚市、富士市、春日井市、吹田市、八尾市、茨木市、寝屋川市、佐世保市、所泽市（所沢市）、厚木市、一宫市（一宮市）、岸和田市、明石市、加古川市、茅崎市（茅ヶ崎市）、宝塚市、草加市、鸟取市（鳥取市）、筑波市（つくば市）、太田市、伊势崎市（伊勢崎市）、长冈市（長岡市）、上越市、春日部市、熊谷市、松江市和佐贺市。

2015年特例市取消，同时中核市的设立要件下调至人口20万，不少原特例市已开始申请。吴市和佐世保市已获批在2016年4月1日首批升格为中核市。

（四）（一般）市和町

根据日本《地方自治法》第8条第1款规定，町村升格为市的要件是：人口5万人以上，且中心市街地的户数占全地方的60%以上，且从事工商业或其他都市形态的职业人口及家属占全体人口的60%以上。

这一标准在实施时被数次放宽，2004年实行的《合并特例法》规定如果町村合并后人口达到3万的就可以新设市，不过町村若谋求单独升格为市的则仍需要最少5万人口。

东京都八王子市，人口早就突破50万，但由于市财政收支不佳，一直到2015年4月才升格为中核市。

市以外的区域编组为町（相当于我国的镇）或村（相当于我国的乡）。村升格为町的要件是人口满5000，且工商业人口达到60%以上。

早期日本的市对应大中城市，而町表示小城镇，市、町人口为城市人口，村的人口则为乡村人口。但由于设市标准被一再放宽，而町和村的自治权限又无大不同，实际上目前町与村的区别已经不明显。

有些村甚至躺到人口超过5万后等着直接升格为市，如冲绳县丰见城村（豊見城村）就是在2002年4月1日直接升格为丰见城市。又如目前岩手县岩手郡泷泽村（滝沢村），人口也早就超过5万。

另一方面，边远地区的町因为人口大量向大都市外流，很多跟村也没有什么区别。如福岛县目前31个町和15个村中，13个町和3个村的人口不足5000人，都没有一个区域被统计为人口集中地区（DID）。

三、平成市町村大合并

历代日本政府，都鼓励市町村（基础地方政府）进行合并，以减少行政开支，提高基础地方政府的施政能力，实现权力下放。设计各种类型的政令市，以及将设市的标准一降再降，都可以说是这项方针的具体体现。

市町村合并的运作流程，可以简单的归纳为报、任、法、议、告5个字。即（1）相关地方政府先“报”告合并的意向，（2）自行成立“任”意合并协议会，商讨有关事宜，（3）然后经审批成立“法”定合并协议会讨论合并相关的实质问题，（4）法定协议会的讨论结果形成正式的合并关联议案依次交市町村议会和都道府县议会“议”决，（5）最后交由中央主管市町村合并的总务省批准通过并发布官报“告”示。过程中任何一步无法通过则进入“休”止状态。经验上来看，只要是各市町村议会通过，那么都道府县议会和总务省基本上就是例行公事。顺便提到，如果是町村升格为市，或者市申请为特例市、中核市或政令指定市，则只要符合条件，几乎逢“报”必“告”。

（一）平成大合并的背景

自日本引入近代市町村制以来，在明治、昭和和现在的平成三任天皇时期，都进行了大规模地方自治团体（市町村）的合并。分别以时任天皇的年号称为明治大合并、昭和大合并和平成大合并。

最近的一次市町村调整是为平成大合并，从1999年开始推动，到2006年3月31日结束。该次市町村合并的背景包括：

1. 地方分权的推进

1999年日本通过《地方分权一括法》，确立基于自决和责任的地方行政体系。由此也加大了各地方自治团体的地域竞争，欲开展特色化和多元化的地方行政政策，也需要自治团体拥有一定的规模和施政能力（包括权限、财源和人力资源）。

2. 少子化和老龄化的加深

未来，全面的少子和老龄社会必然到来，市町村要确保服务提供的水平，也需要有一定程度的人口集聚。

3. 广域行政的需要扩大

人们的日常生活圈日益扩大，使得市町村行政的区域也需要变化，要求新的市町村单位的规模要有所增加。

4. 行政改革的推进

地方行政运行中，财政状况比较严峻，有必要进行行政改革，提高行政财政运行效率，改革公务员开支。

5. 上距昭和大合并50年，时代变化大。

表3.2 历年日本市町村的数量变化表

年月	市	町	村	合计	备注
1888年12月1日	—	71,314		71,314	近代町村开始设立
1889年12月1日	39	15,820		15,859	明治大合并实施,市町村制施行,按300~500户合并
1947年8月1日	210	1,784	8,511	10,505	是年地方自治法施行
1956年4月1日	495	1,870	2,303	4,668	昭和大合并实施,市町村新增中学设置、消防和警察事务、社会福利和保健卫生等事务
1965年4月1日	560	2,005	827	3,392	
1999年3月31日	670	1,994	568	3,232	次日,平成大合并实施
2006年3月31日	779	844	197	1,821	平成大合并结束
2010年3月31日	786	757	184	1,727	市的数量超过町

资料来源：根据日本总务省网站 http://www.soumu.go.jp/等进行整理。

50年间，日本发生了巨大变化，如交通通信手段的飞速发展，这为新的市町村扩大规模提供了技术条件。

（二）平成大合并推进的效果

日本政府全力推动的“平成大合并”，其主要推动策略并非一纸公文下的强行合并，而是动用财政干预影响地方民意，促使地方民众、议会和政府支持市町村合并。而中央政府对地方最大的财政优惠当属“合并特例债”，其内涵是每个合并后的自治体可以依照人口与土地来计算出一个举债定额，在十年内该地可以在这个上限之内举债进行建设投资，并且中央协助偿还部分款项。合并特例债的利息较低，这对财政窘困的地方政府而言是个很大的诱惑。

从积极的角度上看，大体因应了前述社会现状。在行财政方面，提高了广域行政能力和行政效率，增强了地方政府的竞争力。行政上一些经营中枢部门得到强化，如企划政策课、危机管理室等。又新设了一些专门化的组织机构，如子育支援课。在财政上短期内财政基本盘得到强化，人口未满1万人的市町村的财政力指数从平成十年的0.22提升至平成十七年的0.42①。合并多发生在同一个日常生活圈中，例如同一个盆地、岛屿等小地形区，合并提高了地方广域行政的效率，降低行政成本，方便地方生活。

当然，这种推进政策在一些地区也受到了抵制，主要是民众担心市町村合并将导致被合并地方废校、废村、废图书馆等等公共设施之措施，牺牲小村利益，从而衍生一系列的社区问题。这些问题，当地居民可以通过民主投票来否决"合并"。但由于担心国家拨给自治体的交付税预算缩减，许多如人口不到5000人，且财政困难的小市町村，多倾向于选择合并。所以合并幅度最大的，多是远离日本政治和经济中心的各县，山地地区的合并幅度要远远大于平原地区。

如熊本县的植木町和城南町，在2003年关于是否并入熊本市的公民投票中，因为熊本市当时有高达350.3亿日元债务的不良财政，两町民众投了反对票。在2009年情况出现了逆转，但逆转的根本原因并不在于熊本市财政的改善或因为合并后熊本市可以升格为政令指定都市——合并后的新熊本市人口将超过升格为政令指定都市要件的70万——因为合并升格的诱惑6年前就已存在，而是因为在中央推进地方政府合并的政策指导下，两町的地方交付税大幅缩减，对于区域整理和下水道整备等大规模事业的处理两町政府财政吃紧。为度过严峻的财政危机，以及希望通过合并促进两町发展的愿望，才最终促使两町大多数民众支持合并，可谓是一种"消极的赞成"。②

为降低被合并地区民众的不安情绪，恢复区域特性，基于住民主体的精神，在一些被合并的市町村设置了"合并特例区"以作为过渡，并设有特例区协议会和区长。根据相关法律规定，合并特例区的最长存在期限为5年。

---

① 総務省・市町村の合併に関する研究会，"'平成の合併'の評価・検証・分析"に関する報告書（PDF、概要），http://www.soumu.go.jp/gapei/pdf/080625_1.pdf。

② 市町村合併：植木、城南町の住民投票 民意は「合併」「政令市」，每日新闻（网络版），2009年6月29日，http://mainichi.jp/area/kumamoto/news/20090629ddlk43010281000c.html?inb=yt。事实上所谓的赞成合并的多数也分别只占两町人口的58.6%和53.7%。

如2008年10月6日并入熊本市的富合町，即设立富合合并特例区，该特例区将运行到2013年10月5日。

在东京、大阪等大都市区，除了埼玉县浦和等4市合并为埼玉市成为政令指定市外，越靠近东京都，合并发生的就越少。而在新潟县、大分县等边远县份，大部分市町村都参与了平成大合并。这实际上也是因为财政的缘故，盖边缘地区地方政府财力有限，更能接受本地市町村取消的事实。

在离岛地区，日本更推动实现“一岛一自治体”，包括佐渡岛、（隐岐）岛后、江田岛——西能美岛——东能美岛、屋代岛、对马岛、壹岐岛、福江岛、屋久岛、宫古岛、久米岛等离岛。目前除五大岛（及与其有桥梁交通的近岸岛屿）外，仅有利尻岛、小豆岛、种子岛、奄美大岛、德之岛、冲永良部岛等6个离岛仍为一岛多自治体。

阻碍合并推进的原因也有多种，种子岛上3个市町的态度就非常典型。种子岛南北较长，由北而南依次为西之表市、中种子町和南种子町。3市町寻求合并的努力在2003年破产，究其原因在三方对未来的市厅驻地各执一词，西之表市认为他名为市当以其为中心，中种子町主张位置他中间，南种子因有宇宙中心财政充裕。

由于合并的动力，基本上是一个“钱”字，如果地方政府无法理性的对待“钱”的问题，合并而带来的问题也是显而易见的。因过分依赖合并特例债而使合并反而成为地方负担的事件，自1999年第一个成功合并的篠山市开始便出现。不少市町村在优惠的前提下，不负责任的大举借特例债，当新的图书馆、市役所等工程建设之时，地方财政也就到了濒临破产的地步。另一方面，一些市町村在合并前把财政收入统统用光，把债务甩给新的市町村政府。

应该说，日本各界对市町村合并的趋势大多持赞同态度，所以虽然合并时出现了各种问题，但各界思考的问题不是“要不要合并”，而是“如何合并才不会犯错”。

四、统计上的人口集中地区

昭和大合并以后，市和町的区域范围已经大幅扩大，成为城乡混合型或都市组团型的地方政府。结果导致此前的市相当于大中城市，町相当于小城镇，村相当于农村这样的对应关系不复存在。于是在统计上的城镇和农村的区别，也就无法再使用市町人口和村人口来表示。

为此，在1960年（昭和35年）进行的人口普查时，日本就设定了“人口集中地区”用来在统计上表示城镇地区，简称DID，系英语Densely Inhabited District的缩写。该概念在人口普查、城乡规划、产业和交通计划、环境卫生、治安和防灾对策等相关的公共行政、学术研究或民间市场调查中，被广泛使用。

（一）人口集中地区的含义

具体而言，人口集中地区是指市区町村区域内，人口超过5000，且人口密度在每平方公里4000人以上的基本单位区（包括建成区及附属道路、河川、水道、铁道和轨道线等永久设施）所构成的互相连接的区域。同时，学校、研究所、神社、运动场等文教设施，机场、港口、工业区、仓库等产业设施，官公厅、医院、疗养所等公共和社会福利设施，这些具有明显城市倾向的基本单位区，虽然人口密度上较低，但也被统计为人口集中地区。

在市町村地域内，若一个连续的区域的人口密度达到每平方公里4000人以上，人口在3000以上但不满5000，不足以被指定为人口集中地区的区域，则称为“准人口集中地区”。

有些市内存在多个不连续的DID，类似我国所说的组团型城市。每次人口普查时就依人口多寡对其进行重新编号，分别编为01、02……。通常编号是连续的，极个别情况下才会出现空号。

在政令指定市中，包括市中心在内的面积最大的一块DID，通常横跨多个区，他们被称为“联合人口集中地区（連合人口集中地区）”，编号时直接编为“联合（連合）”。其他未连接的DID（如果有的话）按所在各区分别依人口多寡进行编号。如神户市的DID分为19部分，分别编为神户市联合（神戸市連合）、须磨区（須磨区）01、須磨区03、北区01～07、垂水区01～02、西区01～07。

如果将“人口集中地区”，视为城镇化地区的话，那么2005年日本的城镇化水平为66%。但如果使用美国的定义来统计的话，那么这一比例将达到92%。这种差异也是因为东亚国家和美国的居住形式不同，日本的这个城镇统计法，虽然严格了一点，但对于东亚国家来说可能较为科学。

（二）多个 DID 的市

通常，一个地方自治体范围内多个 DID 出现的原因，主要有两类。

一是地方政府在非中心城区新建居民区、工业区等成片城镇化区域，或火车站、高速公路出口、机场、港口等公共基础设施，或大学、市政厅等重要机构，从而带动形成新的独立居民点。比如神户市西区 07（大久保 I. C. ·新地），就是因神明第二道路（高速公路）大久保出口兴建发展，而在 2000 年开始被统计为神户市境内一个独立的 DID。

二是因为市町村合并。比如奈良县葛城市的 2 个 DID，分别就是合并前原当麻町和新庄町各自的町中心，合并后就被统计为葛城市的 2 个 DID。经过 2001 至 2006 年历时 5 年的平成大合并以后，“组团型城市”大增。

当然，由于持续发展，本来相互独立的几个人口集中地区，也会因为不断扩张最终连成一体，这样又使 DID 数量减少。如神户市铃兰台，这里是北区的行政中心，在 1990 ~ 2000 年间的三次人口普查期间，星和台、北铃兰台、广陵町 · 筑紫丘、箕谷火车站南方等相继与铃兰台连片，统计上也由多个 DID 合并成一处。

在主要城市中，兵库县首府神户市当是最有名的拥有多个 DID 的市，其城镇布局如同我们常说的一城多星式。神户市内有 19 个独立的区域在统计上被认定为人口集中地区（DID），总人口 1409，454，面积 148 平方公里。其中主城区“神户市联合”占一半有余，其他 DID 加起来占近一半。

（三）DID 的地理分布

日本人口在总体增长几近停滞的情况下，向东京、阪神、名古屋、札幌等几个大都会地区集中的进程也未中断。最终出现邻近的各市町村的 DID 前后相连，且仍不断向外蔓延。只是在统计上，并没有给这样的区域一个官方的名称。

这其中最著名的是大东京地区。东京都以及邻近的神奈川县、埼玉县和千叶县的大部分市町村的人口集中地区（DID），均前后相连，总面积 2904 平方公里，人口 28，210，439（2005 年普查），全球无出其右。而且东京的中心效应非常明显，包括横滨、川崎、千叶等百万人口的市，人口昼夜比都不足 100，也就是说，他们都在不同程度上充当东京的卧城的功能。

大阪周边各市 DID 相连的区域，也达到面积 1105 平方公里，人口

10，458，851人，也是世界最大的城镇区域之一。不过相对大东京的单一中心而言，大阪地区体现出多中心的特点，大阪和神户两市的人口昼夜比都超过100。

相反，在人口稀疏的北海道、东北、北陆等的部分地区，由于远离大都会地区，人口外流严重。城镇化在经历1960～70年代的高速发展以后，80年代增长放缓。有不少县的DID人口占总人口的比重，自1995年人口普查时达到巅峰，此后开始下降，如北海道的除石狩支厅以外的其他大部分地区、岩手县、富山县、石川县、福井县、山梨县、岐阜县、山口县和佐贺县。

人口外流也使一些在早期人口普查时的人口集中地区因人口数跌破5000而被移除。以长崎县对马为例，1960年至2000年的历次人口普查中，严原町中心区域都是一个DID。但自20世纪70年代以后，该DID连同整个对马的人口持续外流，到2005年人口普查时（当时对马6町已经合并为对马市），人口集中地区的面积和人口都萎缩，不再被统计为DID。

（四）都市圈

另外一个常见的人口统计概念是“都市圈”。日本总务省有一个被俗称为“1.5%都市圈”的统计上的地域划分，即“通勤通学圈”，是指以一个人口超过50万的中心市，且周边市町村到该中心市的15岁以上人口通勤通学比例超过本市町村常住人口的1.5%的区域。这个区域的划定，完全是以现有市町村的行政区域为依据。

这里说的人口50万的中心市，是指市总人口，不是人口集中地区。所以，虽然那霸市包括邻近的浦添等市町在内的，相互接壤的人口集中地区的总人口就达到57万（面积73平方公里），超过冈山大都市圈和松山、鹿儿岛、宇都宫等都市圈，但因为那霸市本身的人口不足50万，所以那霸圈没有被正式指定为都市圈。

根据惯例，有政令指定市所在的都市圈称为“大都市圈”，政令指定市即为中心市。而没有政令指定市的则称为“都市圈”，其中人口超过50万的市即为中心市。也就是说，大都市圈中人口超过50万的非政令指定市（如关东大都市圈的川口市、八王子市）不成为中心市。

2006～2010年间，新潟、滨松和冈山三市相继升格为政令指定都市，所以在2010年人口普查时，日本总务省就将滨松都市圈并入静冈大都市圈，改称静冈——滨松大都市圈，新潟都市圈和冈山都市圈则直接升格为大都市圈。

2010 年日本人口普查时，共设定 14 个大都市圈或都市圈。

由首都东京以及横滨、千叶、埼玉、川崎、相模原等关东平原上众多城市组成的关东大都市圈，总人口超过 3500 万，面积 1.36 万平方公里，是世界人口最多的都市圈。包括京都、大阪、神户、堺等在内的京阪神大都市圈，总人口也超过 1800 万，面积 1.17 万平方公里，也是全球最大的都市圈之一。以名古屋为中心的中京圈，人口接近 900 万，为日本第三大都市圈，面积 0.69 万平方公里。

五、韩国的市制

朝鲜半岛毗邻我国辽宁省和吉林省，总面积 22.2 万平方公里（其中朝鲜 12.27 万平方公里，韩国 9.93 万平方公里），总人口超过 7000 万。

（一）朝鲜和韩国的地方行政区划体系

虽然朝鲜半岛经历了 60 余年的分裂，不过从地方行政区划的角度来看，仍具有高度相似性。1950 年形成“道（도）——市（시）、郡（군）——邑（읍）、面（면）”三级体制。

表 3.3　朝鲜·韩国行政区划体系对照表

<table>
<tr><td>第一级</td><td colspan="5">道</td><td colspan="5">特别市（直辖市、广域市）</td></tr>
<tr><td rowspan="2">第二级</td><td colspan="2" rowspan="2">郡</td><td colspan="3">市</td><td colspan="3" rowspan="2">区/区域</td><td colspan="2" rowspan="2">郡</td></tr>
<tr><td colspan="3">区/区域</td></tr>
<tr><td>第三级</td><td>邑</td><td>面/劳</td><td>洞</td><td>邑</td><td>面/劳</td><td>洞</td><td>邑</td><td>面/劳</td><td>邑</td><td>面/劳</td></tr>
<tr><td>第四级</td><td colspan="2">里</td><td>统</td><td colspan="2">里</td><td>统</td><td colspan="4">里</td></tr>
<tr><td>第五级</td><td colspan="10">班</td></tr>
</table>

注：区在朝鲜称为区域。面在朝鲜称为劳动者区（劳）。

朝鲜·韩国的行政区划与我国的对照如下：

在第一级行政区中，道（도）相当于我国的省，为最高地方政府。但其规模约相当于我国的地级市或自治州。我国的直辖市，在朝鲜亦称直辖市，在韩国，首尔称为特别市，其他的使用广域市。

在第二级行政区中，郡（군）相当于我国的县，其规模接近于我国撤区并乡前的县辖区。市（시）与我国的市相当。区（구，韩国称为“区”，朝鲜

称为“区域”）相当于我国的市辖区。

在第三级行政区中，洞（동）相当于街道办事处，设立有洞事务所；邑（읍）相当于镇，一般不管辖农村区域，韩国设立邑的人口要求是 2 万人；面（면）（韩国称“面”，朝鲜改为“劳动者区”）相当于乡，分布于乡村地区，韩国新设面的人口要件为 6000。

第四级，统相当于居民委员会辖区，分布在城市中；里相当于村，分布在乡村区域。

第五级的班，相当于居民小组或村民小组。第四级和第五级，主要用于邮政和统计等，并不是行政区。

市制部分，朝鲜半岛可以上溯至日本占领时期。日本占领半岛后实行“府制”，但这里的府相当于当时日本本土和台湾、伪满的市，与中国清以前的府不同。

1914 年，朝鲜半岛正式施行府制，首批 12 个府为京城府（今首尔市）、仁川府、群山府、木浦府、大邱府、釜山府、马山府、平壤府、镇南浦府（今南浦市）、新义州府、元山府和清津府。随后在 1930 年至 1944 年间，又相继设立了开城府、咸兴府、大田府、全州府、光州府、罗津府、海州府、晋州府、城津府（今金策市）和兴南府。到光复时累计达到 22 个府。1945 年光复以后，南北双方各自都将日本时代的“府”改为市。

（二）韩国的市制沿革

韩国光复后将日本时代的府以及一些人口较多的邑改制或升格为市，1949 年颁行“地方自治法”实施地方自治时，除首尔特别市外，有仁川、开城（朝鲜战争后转归北方的朝鲜）、大田、全州、群山、光州、木浦、大邱、釜山、马山、晋州、丽水、顺天、浦项、金泉、清州、水原、春川、里里（现益山市）共 19 个市。

在 1950 年，韩国形成现代道（도）——郡（군）、市（시）——邑（읍）、面（면）三级体制。在当时的地方自治法中，郡不实施地方自治，所以那时的基础地方政府，是指市、邑、面。从行政级别上看，市和郡平行，邑、面则是郡以下的次级行政区域。当时设邑的要件是人口达到 2 万，人口达到 5 万且 3/5 以上居民从事工业生产的邑则可以脱离所在郡升格为市。新设面的人口要求是 6000。

1961 年，朴正熙统治开始后，军政府取消了地方自治。1963 年进行改革，取消了邑、面作为独立法人的资格，转而由郡成为基础地方政府。但邑、面作为独立法人的资格虽然取消，不过时至今日仍扮演一些行政角色。

从1954到1989年间，韩国累计新设54个市（详见表3.4），尤其是1980年代新设市最多。这实际上也是侧面反映当时的韩国社会经济累计30年高速发展后已经较为成熟。另一方面，同期郡的数量仅从140减少至137个，相对稳定。

1988年，韩国终于实现了40年来首次总统权力和平移交，进入第六共和国时期。同年，韩国修订地方自治法，真正开始举办地方自治。1991年3月和6月，相继举行基础地方政府（小市、郡、大城市的区）和广域地方政府（道、直辖市）的议会选举，1995年又举行了地方政府的行政长官选举，产生民选第一代地方政府首脑。

表3.4 1955～1989年韩国新设市一览表

年份	新设的市名	累计	升直辖市
1955	原州、江陵、庆州、济州、镇海、忠武（统营）	24	
1956	忠州、三千浦（泗川）	26	
1962	蔚山	27	
1963	议政府、束草、天安、安东	30	釜山
1973	城南、富川、安养	33	
1978	龟尾	34	
1980	东海、堤川、荣州、昌原	38	
1981	松炭、光明、东豆川、太白、井州（井邑）、南原、罗州、永川、金海、西归浦	46	大邱、仁川
1986	安山、平泽、九里、果川、三陟、公州、大川（保宁）、温阳（牙山）、丽川、尚州、店村（闻庆）	56	光州
1989	渼金（南杨州）、乌山、河南、始兴、军浦、仪旺（2007年更名义王市）、瑞山、金堤、东光阳（光阳）、庆山、密阳、长承浦（巨济）	67	大田

注：市名后面括弧的名称（除义王外），表示该市在1995年市郡合并时起用的新市名。

这之后，韩国的设市模式也发生了变化，推动市郡合并（详见本章下一节），实行整郡改市替代了以前的邑升格市，称为“都农复合形态市”。规定一郡之内如果中心街区人口达到5万，或者郡内有2个以上人口在2万以上的街区且郡的总人口达到15万，或者人口达到15万虽街区人口只有3万但该街区是国家政策开发的地区并且设立有道政府的有关机构，那么该郡就可以改制为市。此前已经设立的市即使人口不足 15 万的也不降格。

第一个都农复合形态市是 1992 年设立的京畿道高阳市，直接由高阳郡改制而成。随后 1996 年龙仁郡、坡州郡、利川郡、论山郡、梁山郡，1998 年安城郡、金浦郡，2001 年华城郡、广州郡，2003 年抱川郡、杨州郡和忠清南道鸡龙出张所，2012 年唐津郡，2013 年骊州郡相继改制为市，均为都农复合形态市。

截至 2015 年底，韩国共分为 8 道、济州特别自治道、6 广域市及首尔特别市、世宗特别自治市共 17 个广域地方自治单位。二级行政区包括 82 郡、75 市、35 区和 2 个行政市。各种类型的市合计 85 个。

目前剩下的各郡大多远离首尔、釜山等大都市区，人口增长缓慢，有望升格为市的郡已不多。

表 3.5　1992 年以后韩国市的沿革一览表

年份	沿革		累计		
	郡改制为市	其他	特别市	广域市	市
1992	高阳市		1	5	68
1995		大量市郡合并	1	5	67
1996	龙仁市、坡州市、利川市、				
论山市、梁山市		1	5	72	
1997		蔚山市升格为广域市	1	6	71
1998	安城市、金浦市	丽川市并入丽水市	1	6	72
2001	华城市、广州市		1	6	74
2003	抱川市、杨州市	鸡龙出张所升格为市	1	6	77
2010		昌原市等三市合并	1	6	75
2012	唐津市	世宗特别自治市设立	2	6	76
2013	骊州市		2	6	77

（三）特别市（특별시）和广域市（광역시）

首尔为特别市。1946 年 8 月 15 日自京畿道分离，升格为特别自由市（특별 자유시），1949 年 8 月 15 日起称特别市。

广域市包括釜山、大邱、仁川、光州、大田和蔚山 6 个。前与我国一样也称为直辖市，韩国进入全面地方自治时代后，中央集权色彩过于浓厚的直辖市一词被认为不符合地方自治精神，遂在 1994 年 12 月修改《地方自治法》，将其改称为广域市，和道平行，同为广域地方自治团体。广域市的设置，要求人口在 100 万以上。广域市内分区（自治区），区也是地方自治团体，釜山、仁川、大邱和蔚山 4 个广域市各还管辖 1 ~2 个邻近的郡。

这里特别说明一下，这里的广域市并不能理解为市的行政区域很广。实际上从该概念的发生学上来说，“广域”一词首先是用来形容道的，前文已说，韩国将道称为广域地方政府，郡为基础地方政府。而本来与道平行的直辖市，在民主化以后需要降低专制色彩另取新名时，就借用了广域之名。也就是说，广域市当理解为级别为广域地方政府的市，理解为区域面积广则是误读。

除蔚山以外，各特别市和广域市原都是道厅所在地，但在该市升格以后，道厅多另觅新址。2012 年 12 月忠清南道的道厅自大田广域市迁往洪城郡内浦新都市后，目前只有大邱广域市兼为庆尚北道道厅所在地。不过庆北道厅也有遷安东市、醴泉郡一带的规划。2009 年 8 月以后，韩国规划通过地方市郡合并成立更多的广域市，详见下文。

表 3.6　韩国的特别市和广域市表

序号	名称	人口		面积		区	郡	设市年	升格年
		总	区部	总	区部				
1	首尔特别市	9，708，483	9，708，483	605	605	25	—	1946	1946
2	釜山广域市	3，403，135	3，309，917	764	537	15	1	1949	1963
3	大邱广域市	2，444，085	2，276，408	884	457	7	1	1949	1981
4	仁川广域市	2，637，652	2，567，775	994	411	8	2	1949	1981
5	光州广域市	1，469，293	1，469，293	501	501	5	—	1949	1986
6	大田广域市	1，495，453	1，495，453	540	540	5	—	1949	1989
7	蔚山广域市	1，081，985	894，132	1，056	301	4	1	1962	1997

续表

序号	名称	人口		面积		区	郡	设市年	升格年
		总	区部	总	区部				
8	世宗特别自治市			465		—	—	2012	

注：人口为2010年11月1日普查值，面积单位为平方公里。总人口和总面积包括行政上归属该市的郡。

另外，卢武铉任韩国总统期间（2003至2008年），大力推进行政迁都计划，计划在忠清南道燕岐郡一带建设新的行政首都并命名为“世宗特别自治市”。该计划在继任者李明博时期（2008至2013年）遭到冷遇，不过最后还是在2011年3月世宗特别自治市支援委员会正式运作，并在2012年7月1日正式成立世宗特别自治市。该市的辖区包括原燕岐郡全部和邻近的其他地区，办公楼沿用原燕岐郡厅，民选第一任市长也是原燕岐郡守，市议会也是在原燕岐郡议会的基础上扩充组成。世宗特别自治市未来规划人口50万。

（四）特定市（특정시）

从1988年开始出现，韩国规定人口超过50万的市可以成为特定市，但仍隶属于道。类似于我国的计划单列市，行使部分道的权限。特定市的内部编为区，新设区的人口应超过20万。人口超过50万的市可以编2个区，超过75万可以编3个区，超过100万的可以编4个区。

2010年以前，庆尚南道的昌原市人口也超过50万，但未实行区制，而是在1997年采用“大洞制”，将辖区内的24个洞（相当于中国的街道办事处）合并为12个。2010年7月1日，昌原市和马山市、镇海市合并后，新的昌原市同时施行区制。实际上，马山市在特定市出现前曾经编为2个区，因其人口不足50万遂于2000年12月31日废止区制。

截至2010年底共有12个分区的特定市（详见下表），其中京畿道占7个。

表3.7 韩国特定市一览表

序号	名称	所属道	面积	人口	设市年	区制施行	区数
1	*水原市수원시	京畿道	121	1，064，951	1949	1988	4
2	富川市부천시	京畿道	53	847，841	1973	1988	3

续表

序号	名称	所属道	面积	人口	设市年	区制施行	区数
3	城南市성남시	京畿道	142	951，424	1973	1989	3
4	＊全州市전주시	全罗北道	206	643，079	1949	1989	2
5	安养市안양시	京畿道	59	603，184	1973	1992	2
6	浦项市포항시	庆尚北道	1，127	510，079	1949	1995	2
7	＊清州市청주시	忠清北道	940	810，599	1949	1995	4
8	高阳市고양시	京畿道	268	897，174	1992	1996	3
9	安山市안산시	京畿道	145	722，598	1986	2002	2
10	龙仁市용인시	京畿道	591	852，505	1996	2005	3
11	天安市천안시	忠清南道	636	574，022	1963	2008	2
12	＊昌原市창원시	庆尚南道	743	1，062，731	1949	2010	5
13	南杨州市남양주시	京畿道	458	523，301	1989	尚未分区	
14	华城市화성시	京畿道	689	477，241	2001	尚未分区	
15	金海市김해시	庆尚南道	463	493，643	1981	尚未分区	

注：人口为2010年11月1日普查值，面积单位为平方公里。名前带＊的为道厅所在地。其中清州市包括2014年并入的清原郡。

由于邻近首尔圈和釜山圈，人口增长快速，京畿道的南杨州市、华城市和庆尚南道的金海市也相继在2008至2010年人口突破50万，成为特定市，但尚未分区。当然南杨州市的城区其实是非常分散，中心城区渼金的人口也就10几万，和道、瓦阜、榛接、梧南等邑在地理上都相互独立，有的中间还有山体阻隔。所有人口超过50万的市的市长组成全国大都市市长协议会(전국대도시시장협의회)。

六、市郡合并和都农复合形态市的引入

1949年后，韩国长期也是跟我国一样，在地方行政上，实行城乡分离管理，将已经都市化的地区，从原来的“郡”划出，单独设立“市”建制，类似我国常说的“切块设市”。20世纪70年代以前，市的数目一直增长很有限，但到80年代出现迅猛增长。这个变化主要是由于70年代韩国经济迅速腾飞，都市中心的工业化程度提高很快。

（一）都农复合形态市设立的原因

如同世界上很多国家一样，那个时候传统的地方行政管理的思维模式，都主张把都市部分与农村部分分离以进行不同的管理。当时韩国设置市的条件，是该地域人口在5万以上，且60%以上的居民从事工业生产。

由于工业化推进，加上地方行政区域调整，不少邑脱离原来的郡升格为市，而大邱、仁川、光州、大田等大都市更是脱离所在道而升格为直辖市（1995年后改称广域市）。40年内韩国的郡的数量没有太多变化，而城乡分离型的市在80年代数量激增。

但是，随着韩国经济和社会各项事业的进步，城乡分离型的地方政府设置模式出现了一些问题，主要包括割裂城乡共同生活圈，导致行政资源浪费等。

1994年3月，临时国会改定地方自治法，并根据韩国宪法第117条“地方政府应负责处理当地居民的福利事务，管理财产，并可在法律和法规的范围内制订有关当地自治的规章制度”之规定，决定推进组建“都农复合形态市（韩字：도농복합형태의시，朝鲜汉字：都農複合形態의市）”。

根据韩国内务部报告，这次基础地方政府大合并，主要考虑到以下因素：

1. 促进地方均衡发展

本来一体的生活圈被人为的分为城市（市）和农村（郡）两个行政区域后，郡丧失了中心地区，导致人口持续外流，地域发展严重滞后。另一方面，也出现了个别市的人口不足市升格要件的5万人（如三陟市、金泉市、罗州市、店村市、密阳市等）。在合并前，有41个郡的政府驻地不在本郡辖区内。基于同一生活圈的理由，很多郡的居民都表达了并入相应市的请求。

2. 推进广域行政

由于市与郡的分割，出于各种利益的考虑，各方在都市计划、自来水安装、下水道维护、垃圾处理等涉及跨政府的广域行政事务方面，不时出现矛盾，影响地方民生。通过对地方政府进行合并，都有可能缓解这种矛盾。

3. 充盈地方财政能力

两地方政府合并后，双方在卫生和社会福利设施、水道疏浚、农村开发、公共体育场、文化艺术场馆等公共设施使用方面，都可以实现共享，降低此类项目运营成本。政府合并也可以减少很多日常性开支。从而扩大地方财政实力，提升地方政府的竞争力。

4. 整合和发扬传统文化

历史上被分割的市郡，仍旧属于同一文化圈，分离使历史遗产的保护都出现问题。而本身有共同生活圈归属感的民众由于被人为分离，等于无缘无故制造了很多的麻烦和冲突。

同时，在1995年以前，韩国地方政府实际上只是中央的行政部门，无地方自治可言。直到1998年2月，韩国成立行政自治部，负责处理政府组织管理、政府革新、电子政府建设、地方行政支援、地域均衡发展和国家灾难管理等事务。

（二）都农复合形态市的设置情况

针对都农复合形态市设置的相关问题，从青瓦台总统府、内务部，到涉及合并地区的民众，都开展了广泛的讨论。1994年3月，韩国内务部选定了可以进行合并的市郡名单，然后发表推进合并的方针：

1. 由于次年进行的地方政府首长选举，所以合并工作需在1994年内完成；

2. 选择合并的对象地域是原属同一生活圈但被人为分离的市郡；

3. 是否需要合并，要最大限度的尊重当地居民的意愿；

4. 需特别研究伴随合并而被裁减的公务员的保障和合并后新设立市的财政对策。

根据此方针，当时68个普通市中，除京畿道首都圈中周围没有相邻的郡的市外，有48市42郡为推进合并的对象地域。

随后，相关市郡纷纷就此研究对策，举办听证会，并对居民意见进行调查。最后的结果显示，大多数地方都以压倒性的优势赞成合并。1994年8月和12月，韩国相继颁布法律第4774号和法律第4948号，规定一批“都农复合形态市”的设置，并于1995年1月1日生效。1998年4月1日，全罗南道的丽水市、丽川市和丽川郡合并为新的丽水市。

此后韩国主要采用整郡升格为市的模式。规定一郡之内如果中心街区人口达到5万，或者郡内有2个以上人口在2万以上的街区且郡的总人口达到15万，或者人口达到15万虽街区人口只有3万但该街区是国家政策开发的地区并且设立有道政府的有关机构，那么该郡就可以改制为市。所谓拥有2个以上人口在2万以上的街区，大体来说就是郡内有2个邑的建制。1996年以后设立的14个市，13个为整郡改制而来，唯一的特例是忠清南道2003年设立的鸡龙市是由鸡龙出张所（形式上属于论山市）升格而成，这里是韩国三军总部所在地。

（三）1995 年市郡合并对我国的启示

韩国与我国同处东亚儒家文化圈中，虽然两国正式建立外交关系只有十几年的时间，但是从某种程度上来说，这种相似性使我们更需要去研究邻国。从韩国 1995 年的市郡合并中，有这么几方面值得我们去思考：

1. 行政策划和大众行动

当年韩国政府规划进行合并的 48 市 42 郡中，有近 10 处没有付诸实践。主要就是因为当地民众的反对，在 1994 年 4 月各相关市郡举办的就是否赞成合并的居民态度调查中，全罗南道的丽川郡支持度高达 95.6%，但丽水市却仅有 7.3%，为各市郡中最低，所以三丽合并，直到 1998 年 4 月该地区由民众倡议和自决才实现。韩国 1995 年的基础地方政府（市、郡）的合并，很大程度上还是来自中央政府的推动和鼓励，这也体现了社会政策对地方事务的指导意义。但韩国在 1995 年民选第一代地方行政首长后，加快了地方自治的步伐。

2. 城乡分治和城乡合治

在 1995 年以后，韩国也基本放弃了原来“切块设市”的模式，而采取将郡直接升格为市的办法。被合并的市郡原来就属于同一生活和文化圈，合治促使原来城市、农村对立的局面得以消减，便于双方资源共享降低行政成本。需要指出的是，在人口密度不高的非大都市区域进行的合并，可能比在汉城圈等大都市区域进行的产生的效果更明显，非大都市区域的地方政府也对合并更积极。这一点在日本以及欧美地区也都有所体现，我国目前推动的“乡镇合并”也类似。因为对于财政乏力的边远地方政府而言，通过合并解决财政问题意义更大。

3. 行政区域调整和地方政府扩权

同大多数国家进行的地方行政区域调整一样，韩国的市郡合并，也伴随着政府权力下放的同时进行。此次调整后，地方政府的行政和财政能力都有提升，以真正行使地方自治政府的权力。

（四）2010 年进行中的行政区域自行整合规划

2005 年 4 月，当时的执政党和主要在野党达成协议支持对地方政府进行改革。改革的总方向是将韩国现有的“道——郡市”两级体系整合为 60 个左右的广域市一级体系。

2009 年 8 月开始，韩国行政安全部发布政府行政区域自行整合规划，规划先行推进合并的地方包括：

京畿道，水原市、华城市、乌山市整合；

京畿道，城南市、河南市、广州市整合；

京畿道，安养市、义王市、军浦市整合；

忠清北道，清州市、清原郡整合；

庆尚南道，昌原市、马山市、镇海市整合；和

庆尚南道，晋州市、山清郡整合等；

2010 年 1 月 12 日，为鼓励地方政府自行整合，韩国国务会议通过特别法案，规定参与整合的地方政府，整合前的地方普通交付税（一般预算拨款）在 5 年内予以保障外，在 10 年内进行额外追加。同时，合并后 100 万人口以上的市，将可以增员 1 名副市长，并将部分道知事的职权下移至由市长直接处理。这些下放的权力包括发行地方债，发放 21 ~ 50 层建筑物的建筑许可证，经与道知事协商后指定房屋开发机构，决定市区重建计划，批准市立博物馆和美术馆等的设计计划等。因地方政府合并而节省的开支，将用于地方交通和社会福利等建设。

相关推进区域的整合过程目前不尽一致，昌原圈整合进程进展最快。2009 年 12 月，马山、镇海和昌原市议会相继表决通过行政安全部所提出的“昌原、马山、镇海市整合案”。2010 年 1 月，确定合并后新市名称为昌原市。3 月 2 日，国会通过整合案。7 月 1 日，合并正式实施，原昌原市分为城山区和义昌区，马山市分为马山合浦区和马山会原区，镇海市则改制为镇海区。另外城南圈各市议会也在 2010 年 1 月批准整合案。2014 年清州市和清原郡实现合并。

在相关地方，针对合并的各项社会要求涌现。城南市希望拓宽发展空间，南扬州市和九里市关于区域发展和加强交通设施建设的诉求要超过对一体化整合的讨论。由于在整合问题上存在分歧，杯葛事件也时有发生。作为一项进行中的方案，目前还需要进一步关注。

另一方面，由于涉及地区和集团利益，以及邻避效应（Nimby）等影响，也使行政区划整合案受到多方阻碍。在近来的投票中，水原圈的华城市和乌山市议会大部分议员反对合并，清原郡议会也在 2010 年 2 月 19 否决整合案。

不排除韩国政府可能会进行强行方针推动合并。

七、朝鲜的市

朝鲜在 1950 年代形成“道（도）——市（시）、郡（군）——邑（읍）、面（면）”三级体制，这一体制一直保持到现在。目前包括 9 个道和 149 个郡。平壤、咸兴和清津三个人口在 50 万以上的市各分为若干个区域（구역），相当于我国的市辖区或韩国的自治区。

朝鲜半岛光复后，原日本统治时代设立的平壤、清津、咸兴、镇南浦（改南浦市）、新义州、元山、罗津、城津和兴南共 9 府全部改为市，其中镇南浦府改为南浦市，其余的沿用原名。此外还新设了 6 个市，其中江界市（慈江道）、海州市（黄海南道）、沙里院市（黄海北道）、罗南市（咸镜北道）和惠山市（两江道）为道人民委员会所在地，松林市为钢铁工业基地。1949 年，罗津市改为郡。1953 年为纪念金策大将而把城津市改名为金策市。朝鲜战争期间，朝鲜方面占领了原属南方的开城市。所以截至 1954 年，朝鲜民主主义人民共和国一侧共设立有 15 个市。此段时间新设立的市均由邑脱离所在的郡升格而成，也就是市、郡分治。

从 1960 年开始，朝鲜开始采用整郡改市，类似我国后来的整县改市。具体包括新浦市（1960）、罗津市、龟城市、满浦市、熙川市（1967）、大安市（1978）、端川市（1982）、顺川市（1983）、德川市（1986）、安州市（1987）、价川市（1990）、会宁市、文川市（1991）和定州市（1994）。仅 1968 年设立的平城市例外，是年其由平壤市分设，并成为新的平安南道人民委员会驻地，该委员会原驻平壤。

有 3 个市的建制后来被取消，他们都被并入邻近新设的直辖市。1960 年，咸兴市、清津市升格为直辖市时，将兴南市、罗南市分别裁入。1979 年南浦市升格为直辖市时，又将大安市裁入。后兴南一度在 2001 年至 2005 年间恢复市建制。南浦直辖市取消后，原大安市的区域恢复为大安郡。

截至 1994 年，朝鲜共设 27 市，其中平壤、开城、南浦为直辖市。是年，朝鲜领导人金日成去世，国家经济调整中断，又遭遇持续多年的自然灾害。此后朝鲜也没有设立新的市建制。

此后的金正日时期，朝鲜并没有设立新的市，但是把罗先、南浦、开城 3

个位于边境的直辖市（직할시）的地位颠来倒去好几次，大概是为了吸引中国和韩国的眼球和资本，缓解国内经济和政治危机。

1994 年在联合国开发计划领导的图们江地域开发项目下，朝鲜政府设立了罗津——先锋经济贸易地带，因此而成立了罗津——先锋直辖市（2000 年起改名罗先直辖市）。

到了约 2004 年的时候，朝鲜创设了一个新的名词“特级市（특급시）”，并把除平壤以外的另外 3 个直辖市（开城、南浦、罗先）改为特级市。特级市隶属于道，又有一定的特殊性，有点像我国的计划单列市。其中开城特级市在 2006 年划入黄海北道，称开城市。

再到 2010 年时，罗先市和南浦市的地位又升格为特别市（中央直辖）。据称 2010 年 1 月朝鲜最高人民会议常任委员会决定将罗先改制为中央直辖的“特别市（특별시）”，以把罗先市打造为吸引外国资本自由投资的窗口①。同时改制为特别市的还有南浦市②。据悉南浦市升格为特别市后，其辖区除了市本部外，还将江西、大安、温泉、龙岗和千里马等 5 郡划入。这 5 个郡的总人口超过 60 万，其中城镇人口约 40 万。合计南浦特别市的总人口为 983，660（2008 年人口普查值）。另又据韩国统一部 2011 年 2 月的信息称，由于饥荒使平壤市民的配给制陷入困难，为缓解危机，朝鲜把原属平壤市管辖的江南郡、中和郡、详原郡和胜湖区域等划入黄海北道，缩小了平壤市的辖区③。

简单来说，朝鲜的直辖市（特别市）的情况是这样的。平壤在 1946 年升格为直辖市（직할시）。开城（1955 - 2003）、咸兴（1960 - 1967）、清津（1960 - 1967，1977 - 1985）、南浦（1980 - 2004，2010 至今）、罗先（1993 - 2004，2010 至今）等 5 市都曾经升格为直辖市（직할시）或特别市（특별시）。不过由于朝鲜的自我封闭性，关于这个国家的信息总是很缺乏，且难以验证。

---

① 北・自由貿易地帯羅先市を´特別市´に指定，DailyNK（日语版），http：//japan. dailynk. com/japanese/read_ certification. php？ cataId = nk00500&num = 7922&mode = timelimit

② 信息转引自韩国统一部的情报观察，http：//crd. ndl. go. jp/GENERAL/servlet/detail. reference？ id = 1000081073

③ 信息转引自韩国统一部的情报观察，http：//crd. ndl. go. jp/GENERAL/servlet/detail. reference？ id = 1000081073

表 3.8 朝鲜主要城市表

序号	名称	人口	面积	城区人口	区域	备注
1	平壤直辖市평양직할시	2,794,272	—	2,581,076	19	直辖市 1946 ~
2	罗先特别市라선특별시	196,954	746	158,337	—	直辖市 1993 ~
3	南浦特别市남포특별시	366,815	829	310,531	—	直辖市 1980 ~ 2004
4	开城特级市개성특급시	308,440	442	192,578	—	直辖市 1955 ~ 2003
5	咸兴市함흥시	768,551	330	703,610	7	直辖市 1960 ~ 1967
6	清津市청진시	667,929		614,892	7	直辖市 1960 ~ 1967/1977 ~ 1985

注：人口数据为 2008 年 10 月人口普查值。平壤市的数据不含 4 郡，仅指 19 个区域。

八、蒙古的市

蒙古是北方近邻，现在的地方行政区划分为盟——苏木——巴嘎三级，历史上的旗已经取消。外蒙古在约 1930 年将清末以来的喀尔喀四部（四盟）、科布多和乌梁海，重组为乔巴山、中央、后杭爱、扎布汗、科布多、乌列盖等 11 个盟，后逐步增至今天的 21 盟。可对比我国内蒙古自治区牧区实行的盟（地级市）——旗——苏木——嘎查四级体制。

首都乌兰巴托是目前唯一正式的建制市，为直辖市，2010 年普查时人口已增加到 124 万（占全国人口的 45%）。乌兰巴托市下分 9 个区，6 个区组成中心城区，另 1 个远郊区和 2 个飞地区的人口则都不多。

各盟下分为苏木，2000 年时有 331 个，人口中位数为 3305。其中各盟驻地所在的苏木人口稍多，从 0.9 万 ~7 万不等，通常就被认为是市。盟驻地中人口最多的为鄂尔浑盟的额尔登特市和达尔汗乌勒盟的达尔汗市，在 1996 年之前，这两市都曾一度为直辖市。

非盟驻地的苏木，仅有曼达勒苏木（宗哈拉）和哈拉和林苏木超过 1 万，其中曼达勒苏木的城区宗哈拉的人口约 1.5 万。2004 年，蒙古与我国之间的最大口岸扎门乌德（我国侧为二连浩特）设立自由贸易区，该苏木的人口成长也较快。

第四章

东盟国家的市制

东盟各国的行政区划体系其实并不一致，这里考虑东盟一体化进程的存在而合列一章。这些国家的行政区划基本情况如下表所列：

表 4.1　东南亚各国行政区划表

国家	政区名	政区数	面积中位数	人口中位数
越南	省、市	63	4740	1，127，903
柬埔寨	省、市	25	6158	482，788
老挝	省、市	17	15415	280，938
泰国	府	78	5355	649，285
缅甸	省、邦	14	36019	3，188，807
	县	74	约 8000	553，499
菲律宾	大区	17	20496	4，297，323
	省	81	3166	719，685
印度尼西亚	省	34	40379	3，542，054
	县、市	497	1894	255，637
东帝汶	县	13	1203	63，329
马来西亚	州、联邦区	16	8802	1，490，069
	县	143	1349	105，990
文莱	县	4	1235	52，298

上表中的人口为各国 2010 年前后最近的一次人口普查数，其中老挝为 2005 年，柬埔寨 2008 年，越南 2009 年，泰国、印尼、东帝汶、马来西亚、新加坡、菲律宾 2010 年，文莱 2011 年，缅甸 2014 年。

综合考虑人口和面积来看，越南、老挝、柬埔寨 3 国的省，泰国的府，缅甸的镇区（二级区划）和菲律宾的省（二级区划），规模中等较为接近。缅甸的省邦，印尼的省区和菲律宾的大区也较接近，规模较大。

市的方面，越南、柬埔寨、菲律宾、印尼的市都是隶属于省的普通地方自治单位。但泰国、马来西亚、文莱、缅甸的市则是特殊的地方自治单位，因为这些国家与市同级的县、乡等并不是地方自治单位，而是上级政府的派出机构，具体请详见本章正文。

一、越南的市制

越南位于东南亚，北与广西壮族自治区和云南省接壤，与我国同属汉字文化圈。地方行政区划为“省——县——乡”三级，每级都实行城乡分治（参见图 4.1）。一级行政区为 58 个省和 5 个中央直辖市。越南各级行政区设立人民议会（或译为人民评议会）为地方立法机构，人民委员会为地方行政机构，实行民主集中制。

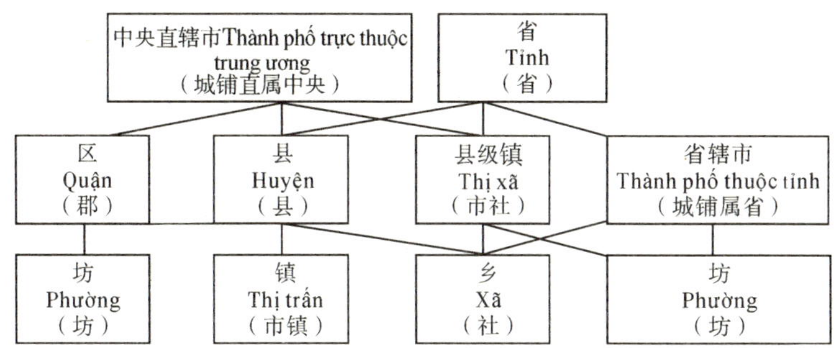

注：上图中，由上到下依次为中文意译、越南文、越南喃字。其中坊相当于我国的街道办事处，但设有人民议会和人民委员会，不是上级政府的派出机关。

图 4.1　越南地方行政区划示意图

2001 年越南开始对地方行政体制进行大规模改革。其目标包括完善法制，强化和明确公权力部门的权限，简化行政手续和增加透明度，向企业、社会团体和 NGO 放权，调整和缩小政府组织，地方分权，合理化公务员数量提高行政品质，工资改革，财政改革和行政现代化等。

2003 年修订的《人民议会和人民委员会组织法》和《人民议会选举法》规定，各级人民议会（甚至越南国会）的代表由公民直选产生，省级人民议会代表 45 ~ 75 名，县级 25 ~ 35 名，镇社级 15 ~ 25 名。2008 年 10 月，越南政府曾提议允许地方官员也由直选产生，但该方案为越南国会所否决。市镇设立和升格的标准也进行了规范。

越南历史上长期使用汉字，所以大多数越南地名都有对应的汉字书写。但也有不少地名用字并没有汉字渊源，无法找到对应的汉字。这些地名一部分来自法国统治时期的称呼，但更多是源自越南本地语言，尤其是西原地区（越南中南部少数民族聚居区）的地名，如多乐省、多农省等地的村镇，常常没有对应的汉字书写。

（一）市、镇的等级和类别

根据越南政府 2001 年 10 月 5 日通过的第 72 号政府令（Nghị định về việc phân loại đô thị và cấp quản lý đô thị, 72/2001/NĐ-CP），越南的建制市镇（Đô thị，喃字：都市）分为 6 个类别，包括行政上的：

（1）中央直辖市（Thành phố trực thuộc Trung ương，城铺直属中央）；

（2）省辖市（Thành phố，城铺属省）；

（3）县级镇（Thị xã thuộc tỉnh hoặc thị xã thuộc thành phố trực thuộc Trung ương，市社属省或市社属城铺直属中央）；

（4）镇（Thị trấn thuộc huyện，市镇属县）。

简单来说，就是Thành phố（缩写为 TP）、Thị xã（缩写为 TX）和Thị trấn（缩写为 TT），其中Thành phố又分为中央直辖市和省辖市两种。

6 个类别的划分则是依据城市的综合地位、基础设施、人口、非农业人口比重和人口密度 5 大指标。等级越高的类别，对城市的基础设施和其在全国或区域政治、经济、文化、科学技术、教育、旅游、服务、内外交通和国内外交流等方面的地位的要求越高。至于人口指标的下限可以用下表表示。

表 4.2 越南各类都市基本指标对比表

都市类	特别类	1 类	2 类	3 类	4 类	5 类
人口（人）	150 万	50 万	20 万	10 万	5 万	4000
非农业人口比重	90%	85%	80%	75%	70%	65%
人口密度（人/平方公里）	15，000	12，000	10，000	8000	6000	2000

地方政府对应的城市类别如下：

（1）中央直辖市对应为特别类或一类都市；

（2）省辖市对应为 2 类或 3 类都市（2005 年后也出现 1 类都市）；

（3）省（或中央直辖市）辖镇对应为 3 类或 4 类都市；

（4）县辖镇对应为 4 类或 5 类都市。

（二）中央直辖市（Thành phố trực thuộc Trung ương）

中央直辖市是越南等级最高的城市型地方政府，与省平行，是全国或区域的经济和文化中心。升格为直辖市需要有良好的基础设施条件和经济发展水平，并且人口众多，交通便利，且应有多家高等院校。目前共有 5 个中央直辖市，其市区（郡部）人口均在 50 万以上。首都河内市（Hà Nội）和全国经济中心和最大的城市胡志明市（TP. Hồ Chí Minh）为特别都市，其他 3 处为 1 类都市。

1975 年越南统一时，设河内市、胡志明市和海防市（Hải Phòng）3 个中央直辖市。海防市为首都河内的外港。1997 年，中部地区的中心城市岘港市（Đà Nẵng）升格为中央直辖市。2004 年，南部湄公河三角洲的中心城市芹苴市（Cần Thơ）也升格为中央直辖市。

2008 年 8 月河内直辖市辖区范围扩张，吸收原河西省的全部、永福省的迷灵县以及和平省梁山县的 4 个社后，辖区面积由 900 多激增至超过 3000 平方公里，总人口也超过 600 万，共包括 29 个郡县镇，成为仅次于胡志明直辖市的人口第二多的省级行政区。

在直辖市内部，其市区部分编为若干郡，郊区编为县。也可以管辖县级镇（TX），但仅出现过两例。一例是海防直辖市原辖的涂山镇，其已于 2007 年改为涂山郡。第二例是河内直辖市山西镇。2008 年河西省并入河内直辖市后，原河西省所辖的山西市由省辖市降为县级镇，原省会河东市则直接改为河东郡，成为河内市区的一部分。河东市和山西市均是在 2007 年由省属县级镇（Thị xã）升格为省辖市（Thành phố，3 类）的，因为法律没有规定“市管市”，所以山西市重新改为山西镇。这一点类似我国在重庆直辖市设立后不久就将原万州市、涪陵市等悉改为区。

表 4.3 越南的直辖市一览表

编号	名称	面积		人口		郡	县	市社
			郡部		郡部			
1	胡志明市	2095	494	7,162,864	5,880,615	19	5	—
2	河内市	3345	229	6,451,909	2,414,621	10	18	1
3	海防市	1508	244	1,837,302	769,739	7	8	—
4	岘港市	1256	246	887,435	770,911	6	2	—
5	芹苴市	1390	406	1,188,435	731,545	5	4	—
	边和市	264	—	701,194	—	—	—	—

注：面积的单位为平方公里，人口为 2009 年 4 月 1 日人口普查值。表中的边和市是同奈省辖市和省会，列出仅为参考比较之用，他是越南第 6 大市，也是除中央直辖市外唯一人口超过 50 万的市。

（三）省辖市（Thành phố thuộc Tỉnh）

设立于那些人口较多的都市地区，截至 2015 年底共有 67 个省辖市。根据 2001 年的规定，新设省辖市都为 3 类市，也就是理论上人口都应该超过 10 万。但种种迹象表明，升格为省辖市的要件并不仅仅限于人口多寡，还跟城市的政治和经济地位有关。如奠边府市，升格时人口尚不足 5 万，但这里是越南抗法战争的决定性一役奠边府大捷的战斗地。

1975 年以前北方设立的市除河内直辖市和海防直辖市外，有南定市（Nam Định）、荣市（Vinh）、太原市（Thái Nguyên）和越池市（Viet Tri）4 个省辖市。南方设立市的有西贡市（Sài Gòn）、顺化市（Huế）、岘港市、归仁市（Quy Nhơn）、芽庄市（Nha Trang）、金兰市（Cam Ranh）、大叻市（Đà Lạt）、头顿市（Vũng Tàu）、美荻市（Mỹ Tho）、芹苴市和迪石市（Rạch Giá）共 11 个。

1975 年南北统一后，北方体制保持不变，南方所有的市镇自治全部解散，进行行政区划重组。西贡市和嘉定省合并为胡志明直辖市，顺化市、岘港市、芽庄市、大叻市、美荻市和芹苴市改造为北方体制的省辖市。同时新设边和市，抗法战争期间大量北方难民逃难至此使这里人口大增。至此，越南共有河内、胡志明、海防 3 个直辖市和 11 个省辖市。

1986 年，恢复设立归仁市。

1991 年，恢复设立头顿市。

1994 年，新设鸿基市（后更名为下龙市Hạ Long）、清化市（Thanh Hoá）。

1995 年，新设邦美蜀市（Buôn Ma Thuột）。

1997 年，新设海阳市（Hải Dương）。

1999 年，新设龙川市（Long Xuyên）、藩切市（Phan Thiết）、波来古市（Pleiku）、金瓯市（Cà Mau）。到 2010 年底止，1999 年以前设立的市均已经升格为 1 类或 2 类都市，此后设立的市全部为 3 类都市。

2002 年，新设谅山市（Lạng Sơn）和安沛市（Yên Bái）。

2003 年，新设奠边府市（Điện Biên Phủ）。

2004 年，新设太平市（Thái Bình）、洞海市（Đồng Hới）、老街市（Lào Cai）。

2005 年，恢复迪石市（Rạch Giá），新设绥和市（Tuy Hòa）、广义市（Quảng Ngãi）和北江市（Bắc Giang）。

2006 年，新设三岐市（Tam Kỳ）、北宁市（Bắc Ninh）、和平市（Hoà Bình）和永安市（Vĩnh Yên）。

2007 年，新设藩朗——塔占市（Phan Rang – Tháp Chàm）、高朗市（Cao Lãnh）、朔庄市（Sóc Trăng）、宁平市（Ninh Bình）、河静市（Hà Tĩnh）、河东市和山西市（后 2 市次年取消）。

2008 年，新设会安市（Hội An）、府里市（Phủ Lý）、山罗市（Sơn La）和芒街市（Móng Cái）。

2009 年，新设兴安市（Hưng Yên）、昆嵩市（Kon Tum）、槟知市（Bến Tre）、东河市（Đông Hà）、永隆市（Vĩnh Long）和新安市（Tân An）。

2010 年，新设保禄市（Bảo Lộc）、茶荣市（Trà Vinh）、宣光市（Tuyên Quang）、薄寮市（Bạc Liêu）、河江市（Hà Giang）和渭清市（Vị Thanh）。恢复金兰市。

截至 2010 年底越南共设有 57 个市（Thành phố，含中央直辖市），其中特别都市 2 个，1 类都市 9 个，2 类都市 12 个，3 类都市 37 个。

2011 年 2 月又新设汪秘市（Uông Bí）。

2012 年新增锦普市（Cẩm Phả）、土龙木市（Thủ Dầu Một）、高平市和巴地市。

2013 年新设沙沥市、朱笃市、西宁市和莱州市。

2015 年新设北干市、三蝶市和公河市。

以前只有省级以上人民委员会驻地才有资格建制为市，2007 年河西省的山西市成为第一个非省会的省辖市，不过次年因河西省裁入河内直辖市，省辖山西市又被降格为县级市。

成为非省会的省辖市，通常需要在经济和文化方面具有重要的地位，包括世界文化遗产会安市，与我国广西壮族自治区东兴市交界的越南最繁忙的口岸芒街市和同样位于广宁省的汪秘市，港口城市金兰市等。

新设的省辖市都是三类市，但随着发展可以被提升等级。目前属于一类都市的省辖市有顺化市、荣市、芽庄市、大叻市、归仁市、邦美蜀市和太原市等。

不过奇怪的是，根据前述规定最有资格升级为一类市的当属边和市。边和市是越南南部的重要工业中心，2009 年普查人口 78.4 万，其中城区人口 65 万，仅次于 5 大直辖市，远高于第七大城市顺化（城区人口 30 万）。但不知是因为离胡志明市太近，还是因为人均财政收入不高等原因，该市似乎成了万年二类市。边和市的人均财政收入不及芽庄、大叻、归仁、邦美蜀等南方其他一类都市的一半，更是远远低于波来古市、下龙市和头顿市等其他二类都市。2015 年，边和市终于升格为一类市。

（四）县级镇（Thị xã）

县级镇（Thị xã）设立于省内的其他市镇化地区，与县平行，隶属于省。其规模和行政地位均低于省辖市（Thành phố）。通常是一个较大的镇，人口较为集中，以小型工商业和服务业就业人口为主。有些中文资料也翻译为“市”，为方便与前文的 TP 相区别，本书统一译为县级镇。

对应的越南的都市等级为 3 级都市或 4 级都市，按 4 级都市的最低人口限度而言应是 5 万。

近年来，由于越南革新开放后城市化进程的加快，增加了一些 TX，并有不少 TX 升格为 TP。县级镇的设立也考虑了区域平衡，如在西北部、西原等人口稀疏的地区新设的镇常常人口不多，但在湄公河三角洲等地就不一样。比如 2009 年新设的安江省新洲镇（Tân Châu），人口 18.4 万，一设立就成为仅次于土龙木的当时人口第二大县级镇。而目前人口最多的两个县级镇则是 2011 年初新设立的顺安镇（Thuận An）和迤安镇（Dĩ An），他们都位于平阳省，和该省省会土龙木市一样，都属于大胡志明市都市区的组成部分。2005

年嘉义镇（Gia Nghĩa）设立后，所有的省会都拥有县级镇（Thị xã）以上资格，虽然嘉义的人口远不到5万。

截至2016年1月，共有51个县级镇。其中包括2座省会，即同帅镇（Đồng Xoài）和嘉义镇。

这里面值得一提的是河内直辖市下属的山西市。河内直辖市的山西市原属河西省，2007年地位由省属县级市（Thị xã）升格为省辖市（Thành phố）。成为越南第一个非省会的TP。但在2008年河西省撤销整体并入河内直辖市后，山西市的地位又恢复为县级市（Thị xã），从而避免出现作为上级政府的河内，与下级政府的山西，同时都是Thành phố的情形。现在，山西市是唯一属于直辖市的县级市。历史上，海防直辖市也曾经管辖过一个县级市，即涂山市，目前已经改制为涂山郡。

区、省辖市和县级市的城内分为若干坊（Phường），城外分为乡（xã）。

二、柬埔寨的市

1994年，柬埔寨通过新宪法，1998年实现民族和解，此后国家进入和平发展时期。2008～2009年地方行政区划进行重大调整。调整后的柬埔寨，实行"省——县——乡——村"四级制。

省级方面，目前分为24个省（Khet）和1个市（Krong）。2008年12月22日，西哈努克国王签署敕令，将除金边（Phnum Pénh）以外的其他3个中央直辖市，全部改制为省，并调整部分省的边界。改制前的原3个直辖市在柬埔寨政治和经济上具有特殊的地位。西哈努克市（Preah Sihanouk）是柬埔寨唯一的国际港。1993年升格的白马市（Kep）是著名的海滨旅游胜地，在经济上有独特的地位。2001年升格的拜林市（Pailin）是前红色高棉的要塞，今天这里仍旧居住着不少前红色高棉领导人。2013年柬埔寨新设特本克蒙省。

县级方面，2008～2009年间进行了较大调整，正式实行县（Srŏk）市（Krong）分治和增设若干新的县。省会和其它重要城镇设立市，而郊区仍旧保持县制。此前除直辖市外，其他地方并没有实施市制，无论城乡一律称为县。至2009年1月，相继通过改制或新设，设立了26个市（县级），其中23个是省会所在地，其他3个为苏翁市（红色高棉时期东部大区首府，2013年成为新设的特本克蒙省省会)、波贝市(柬泰边境城市)和巴域市(柬越边境城市)。县的数量增加到159个。首都金边直辖市分为8个区(Khan),与县、市平级。

和平时期的柬埔寨重视地方政府发展,尤其是将城镇的地方自治视为地方可持续发展的一个关键要素。2002至2007年,欧盟曾支持两项城市项目以实现国家权力向暹粒(Siem Reab)和马德望(Batdambang)两个城市地方政府下放,促进当地自治的发展。暹粒和马德望是柬埔寨除金边外人口最多的两座城市。2008年3月人口普查时,暹粒市有人口23万,这里有吴哥窟和柬埔寨国王的行宫。

乡、村方面,2002年2月开始实行乡级选举。共有乡级行政区1621个,包括隶属于县位于农村地区的乡(Khum)和隶属于市、区位于城镇地区的街区(Sangkat)。乡以下分为若干个村(Phum),村级选举自2006年开始实行。

在统计上的城乡分类方面,1998年普查时规定省会所在的县和直辖市为城镇,其他为乡村。2008年普查时不再使用这种纯粹根据政治地位的统计分类,而是规定被统计为城镇的地方,需满足以下条件:

(1)人口密度达到200人/平方公里;

(2)男性劳动力中,农业就业人口比例低于50%;

(3)总人口超过2000。

所以,特别市的区和街区,并非都被认定为城区。以首都金边市为例。行政上包括76个街区和685个村,总面积290平方公里,人口1,325,681(2008年3月普查)。但只有63个街区和566个村被统计为城区,另外的属于郊区。另金边的建成区已延伸至干丹省省会达克茂(Ta Khmau)。

三、泰国的市

(一)泰国的市镇乡和地方自治

泰国一级地方行政区划分为府(Changwat)。目前分为77府和曼谷特别市,除曼谷市长由选举产生外,各府府尹由内政部任命。各府的行政驻地均与府同名,且除宋卡府(最大城市是合艾市)外,首府均为所在府的最大城市。

府下分为若干县(Amphoe)。2007年以前还有81个准县(King

Amphoe），设立于人口稀疏位置偏远，人民到县中心办事不便的地区。2007年5月，为了改善这些地区的行政，泰国将准县全部提升为县。目前泰国有县877个。府行政中心所在地的县称为首县（Amphoe Mueang）。北榄府的北榄县（首县）人口43.5万（2000年普查），是泰国人口最多的县，最小的县只有约2000人。各县县长由内政部任命，是府尹的下级官员。县下进一步分为乡（Tambon，约7255个），乡下为村（Muban，约7万个）。曼谷市下分50区（Khet），并进一步分为街区（Khwaeng）。

泰国于1933年立法引入基础地方政府（Thesaban），它设置于人口密度高的商业化的地区。与“府”不同的是，Thesaban是地方自治单位，设立地方议会和行政首长行使立法和行政权。1999年，由于原来的卫生区（Sanitary District）全部改为基础地方政府，导致其数量是年激增到1133个。

根据人口密度和收入状况，基础地方政府（Thesaban）又可分为市、镇、乡三种类型。市议会议员定额24名，镇议会18名，乡议会12名，均为直选产生，任期4年。行政首长则由议员互选产生。市和镇的行政接受府知事的指导和监督管理，乡行政接受县长的指导和监督管理。

基础地方政府（Thesaban）的业务主要集中在社会福利、医疗服务和教育等方面。因为财政能力不均，各地方的服务提供也有落差。一些规模小的地方政府，根本无力举办法律规定的如垃圾、污水处理等义务。

与大多数国家都不相同，泰国的基础地方政府的设置具有很强的独特性，并非一乡一政府。市、镇和乡地方政府（Thesaban）的辖区可以与地理划分上的乡（Tambon）不一致，既可以是乡内一部，也可以跨乡。凡是设立了市、镇或乡等基础地方政府（Thesaban）的区域，则统称为“自治区域”。

还有很多的乡（或乡的一部分）没有被任何基础地方政府（Thesaban）所覆盖，而是设立乡村管理委员会，是非民选的地方管理机关。这样的区域称为“非自治区域”。

以泰北中心清迈府为例，其分为24县（Amphoe），204乡（Tambon）和1915村（Muban）。清迈县是首县（Amphoe Mueang），面积152.4平方公里，人口248，479（2000年人口普查值），分为16个乡，并进一步分为77个村。

其中清迈市（Thesaban Nakhon Chiang Mai）的范围包括7个乡（Si Phum、Phra Sing、Haiya、Chiang Moi、Chang Khlan、Wat Ket和Pa Tan）的全

部和 7 个乡（Chang Phueak、Suthep、Pa Daet、Nong Hoi、Tha Sala、Nong Pa Khrang 和 Fa Ham）的部分。另有 3 个乡行政当局，Chang Phueak 乡政府只覆盖同名乡的一部分（另一部分属于清迈市），Mae Hia 和 Tha Sala 两个乡政府则覆盖同名乡的全部。其他地区成立 6 个乡村管理委员会。清迈市和 3 个乡政府辖区，合称为“自治区域”，合计人口 174，438，占全县的 70.2%。其他地区则为“非自治区域”，合计人口 74，041，占全县 29.8%。

下图为清迈县行政区划示意图，图中每个格子表示一个 Tambon，共计 16 个。黑粗线区域表示自治区域。

市的自治区域不但可以跨乡，还可以跨县。如林查班市即包括春武里府的挽腊茫县和是拉差县的各一部区域。

FaHam（乡管会，7村）	Suthep（乡管会，15村）	Pa Daet（乡管会，13村）	Nong Hoi（乡管会，6村）
Si Phum	Haiya	Phra Sing	Chang Moi
	Thesaban Nakhon Chiang Mai（清迈市政府）		
Chang Khlan	Wat Ket	Pa Tan	Nong Pa Khrang（乡管会，7村）
Tha Sala（乡管会，5村）	Chang Phueak（乡政府，5村）	Mea Hia（乡政府，10村）	Tha Sala（乡政府，5村）

图 4.2　泰国清迈县行政区划示意图

（二）泰国的市镇设置标准、曼谷特别市和芭堤亚自治市

前文已述，泰国的基础地方政府，包括市、镇和乡三种形态。其划分是依据人口总数、人口密度和财政收入等指标。

第一等级为市政府（Thesaban Nakhon），升格为市的要件是人口满 5 万并且人口密度达到 3000 人/平方公里，由泰王发布敕令批准。观诸各国关于设立市的标准中，泰国在人口密度方面的要求几乎是最严格的。因此，以泰国的人口数量来看，其建制市数量不多，面积不大且基本无乡村用地。

第二等级为镇政府（Thesaban Mueang），府的首府，或拥有 1 万以上人口且人口密度超过 3000 人/平方公里并且自治财源充裕足够应付业务，可以由国王发布敕令设立镇。截至 2009 年初共设立 118 个镇政府。

第三等级为乡政府（Thesaban Tambon）。设立要件是总收入达到500万泰铢，人口达到5000，人口密度达到1500人/平方公里。只需获得住民同意，不需要敕令。截至2008年8月15日共设立1456个乡政府。

1936年，泰国第一批设立了清迈市、曼谷市和吞武里市3个市，但此后半个多世纪未再有新的建制市出现。其中曼谷市和吞武里市在1972年取消，并入新设的曼谷特别市（详见下文）。

直到1994年，泰国始重新设立市建制。

表4.4　泰国的市一览表

年	新设市（Thesaban Nakhon）	小计	累计
1936	曼谷市（Bangkok）、吞武里市、清迈市	3	3
1972	（曼谷市、吞武里市取消并入曼谷特别市）	-2	1
1978	（芭堤雅市，性质为自治市）	0	1
1994	那空是贪玛叻（洛坤）市、	1	2
1995	暖武里市 、合艾市、呵叻（那空叻差是玛）市、乌隆（乌隆他尼）市、孔敬市、也拉市、那空沙旺（北榄坡）市	7	9
1999	乌汶（乌汶叻差他尼）市、彭世洛市、沙没巴干（北榄）市、佛统（那坤巴统）市、宋卡市（属宋卡府）、沙没沙空（龙仔厝）市、罗勇市、董里市、南邦市、大城（阿育他亚）市	10	19
2000	北革市	1	20
2004	普吉市、清莱市	2	22
2007	素叻他尼（万伦）市	1	23
2010	湄索市（属达府）、林查班市（属春武里府）、Om Noi市（属沙没沙空（龙仔厝）府）	3	26
2011	兰实市（属巴吞他尼府）	1	27
2012	沙功那空（色军）市、苏梅岛市（属苏拉他尼府）	2	29
2013	素拉沙市（属春武里府）	1	30

注：未经特别说明的市，均为同名府的首府。

截至2007年，泰国共有23个地方政府获准设立市政府（Thesaban Nakhon），且除泰南的商业和交通中心合艾市外，其他各市均为同名府驻地。从2010年开始，较多的非首府市才出现。其中林查班是泰国第一大海港和首都曼谷的外港。湄索毗连缅甸的克伦邦，由于缅甸政局不稳，这里生活着数万担心受缅甸军政府迫害的难民，由于达府面积广大，有以湄索为中心分设新府的规划。

此外，曼谷特别市和芭堤亚自治市拥有特别的地位。

作为泰国首都和最大城市，曼谷特别市是一个独特的行政单位，不属于任何府，它的市长由民选产生而不是如其他各府的府尹般由中央任命。该特别市于1972年由曼谷府和吞武里府合并而成，总面积1569平方公里，人口6，355，144（2000年人口普查）①。1985年《曼谷特别市行政组织法》颁布实施。在特别市成立前，也曾经存在曼谷市和吞武里市（均1936年设立）。曼谷特别市行政上分为50个区，续分为169个街区。大曼谷都市区包括曼谷特别市和沙没巴干（北榄）、暖武里、巴吞他尼、佛统（那坤巴统）和沙没沙空（龙仔厝）5府，总人口约1016万，面积7761平方公里，是世界上最大的都市区之一。

芭堤亚（Pattaya）位于春武里府的海滨，在1961年美军在此休闲度假后，这里逐渐发展成为东南亚热度极高的海滩度假胜地。1976年以后成为自治市，行政体制实行议会——经理制，1999年颁布《芭堤亚特别行政组织法》。该市面积22.2平方公里，在册人口仅约10万，但如包括非当地居民，则总人口约在30~50万，每年游客超过400万。

四、缅甸的市

缅甸联邦在东南亚西北部，与我国云南省和西藏自治区交界。2005年11月首都自仰光内迁至彬马那（Pyinmana）并更名为内比都（Nay Pyi Taw）。行政区划分为“省（Taing）、邦（Pyi - neh）——县（Kayaing）——镇区（Townships）”三级。7省是缅族主要聚居区，7邦为其他民族聚居地。

镇区以下的城市化地区建立市（镇），市（镇）下分为区；农村地区为村，各村联合为乡。截止2001年底，全国共有市（镇）312处。其中仰光市范围跨越33个镇区，其他都是在镇区的中心部分设立市（镇）建制。

缅甸军政府宣布在2010年进行自1990年以后二十年来首次中央和地方

---

① 泰国内政部地方管理司提供的2007年估计人口为5，705，061，可能是由于统计口径有差异。

选举，但选举的公正性受到普遍质疑，边境民族地区也有不少宣布抵制或其他形式消极对待选举。

仰光和曼德勒两大城市，拥有与其他地方不一样的体制。为扩大权力下放，1990 年 5 月出台的第 11/90 号法令赋予了仰光城市发展委员会与其发展目标相当的权力。委员会的目标是把仰光建成一个国际化大城市。在仰光市政范围内，委员会被授予划分和重新划分区域的权力；有独立使用委员会资金开展工作的权力；制定、修改税法，征税和收税及结合发展要求制定税率的权力；可使用因出租房产、土地或其他发展方式而获得的外汇收入的权力。这个法令规定允许仰光城市发展委员会重组成为一个独立机构。按照 7/90 条款规定，委员会升级为部级，委员会主席（市长）为部长并任命一副部长。

2014 年人口普查时，仰光的人口达到 521 万，曼德勒市和内比都市的人口也分别达到 122 万和 116 万。

五、菲律宾的市制

菲律宾共和国是东南亚群岛国家。1898 年结束西班牙 300 年殖民统治，后又为美国和日本相继占领，直到 1946 年恢复独立。西班牙和美国都对这个国家有较深的影响，圣胡安市、圣何塞市、加的斯市这些市名都充斥着西班牙的烙印，而夏都碧瑶市更是直接由美国人创建。

地方行政区划体系的序列，除国家首都大区不设省外，为“大区——省——市或镇——村”四级。现有 17 个大区（Rehiyon/Region），大区下分为 81 个省（Lalawigan/Province）。多数政府机关只设立驻大区的办公室，而非每省皆设。大区本身并非地方自治政府，除棉兰老穆斯林自治区（Autonomous Region in Muslim Mindanao）以外，棉兰老穆斯林自治区是南方穆斯林各民族的自治地方，设立有民选的大区议会和大区主席。位于吕宋岛北部内陆地区的科迪勒拉行政区（Cordillera Administrative Region）的主体居民是山地诸原住民族群，不过针对是否成立自治区的两次当地公民投票均告失败。

（一）市的设立标准

国家首都大区和各省下分为市（Lungsod/City）和镇（Bayan/Municipality），市和镇下分为村（Barangay，或译为社区）。市镇为基础地方自治体。根据菲律宾共和国 2001 年通过的第 9009 号法案，市设立的要件包括：

1. 由财政部确认的最近两年的本地生产总值至少达到1亿菲律宾比索（以2000年不变价格计算，约合人民币1500万元）；

2. 人口达到15万以上（菲律宾国家统计局确认），或不含飞地在内的土地面积达到100平方公里以上（菲律宾国土管理局确认）。

通常关于市设立的特许法案在发布之日或至少半年之内即实施，仅有为数不多的延至数年以后实施，或干脆未予实施。造成这种情况发生的主要原因是当地居民在对法案进行公投时进行了否决。

如国家首都区的塔吉格市（Taguig），该地早在1998年2月11日就通过8487号共和国法案升格为市，但因为是年4月举行的当地公民投票中反对升格法案，而延至2004年12月8日才正式设市。又如第二大区伊莎贝拉省的伊拉甘镇（Ilagan），也是在1998年被批准升格为市，但在次年的公民投票中，本地居民否决了这项升格案，伊拉甘镇在2012年最终升格为市。

至于在动议阶段公民即投票反对升格的个案则更多，如第四大区甲米地省的达斯马里尼亚斯（Dasmariñas）曾经在1997年和2000年两次提议升格为市，但两次都被镇民以压倒性多数而否决。直到2008年，镇民的态度才发生了重大变化，终于在2010年2月正式升格为市。升格时的达斯马里尼亚斯人口早已超过50万，此前长期是菲律宾人口第一大镇。此后甲米地省巴科奥尔镇（Bacoor）成为全菲律宾的人口第一大镇，2012年该镇升格为市时人口也超过了50万。

市一旦设立以后，就鲜有市特许权被废除的。但在2008年，菲律宾最高法院宣布废除16个市（均为2007年批准设立），因为他们不符合9009号法案的规定。到2009年10月，在多方努力下，菲律宾政府又恢复了这16个市的资格，其理由是这几个镇在9009号法案出台前，已经达到了原来的法律所规定的设市条件，所以他们通过共同游说终于促成最高法院追溯至1991年的地方政府法。

截至2015年12月，菲律宾共有建制市145个。

（二）市的分类和分等

1991年以前，菲律宾所有的市是“特许市”（Chartered cities），运作独立于省，实际上等同于中央直辖市。1991年地方政府法出台后，将市分为三类。

第一类为独立市，直译为“高城镇化市（Highly Urbanized City）”，脱离于省实行自治。其人口应在20万以上，并且最近一年收入超过5000万比索（以

1991 年不变价格计算）。目前共有 34 个，其中 16 个位于马尼拉国家首都大区。

由于国家首都大区下没有省的建制，所以该大区下所有的 16 个市（另有 1 镇）无论人口和收入多寡，自然就成了独立市，包括 2007 年设立的人口 12.5 万的圣胡安市（San Juan），因其无省可属。这 16 个市是马尼拉市（Manila）、奎松城市（Quezon City）、卡洛奥坎市（Caloocan）、巴石市（Pasig）、瓦伦苏拉市（Valenzuela）、拉斯皮尼亚斯市（Las Piñas）、塔吉格市（Tagig）、帕拉尼亚克市（Parañaque）、马卡迪市（Makati）、马里基纳市（Marikina）、蒙廷卢帕市（Muntinglupa）、帕赛市（Pasay）、马拉翁市（Malabon）、曼达卢永市（Mandaluyong）、纳沃塔斯市（Navotas）、圣胡安德尔蒙特市（San Juan del Monte）。

其他 18 个独立市位于国家首都大区以外，他们是：

科迪勒拉行政区的碧瑶市（Baguio，大区中心），第三大区（中央吕宋大区）的安赫莱斯市（Angeles）、奥隆阿波市（Olongapo），第四 A 大区（甲拉巴松大区）的安蒂波罗市（Antipolo）、卢塞纳市（Lucena），第四 B 大区（民马罗巴大区）的公主港市（Puerto Princesa），第六大区（西米沙鄢大区）的伊洛伊洛市（Iloilo City，大区中心）、巴科洛德市（Bacolod），第七大区（中米沙鄢大区）的宿务市（Cebu City，大区中心）、曼达韦市（Mandaue）、拉普拉普市（Lapu - Lapu），第八大区（东米沙鄢大区）的塔克洛班市（Tacloban，大区中心，2008 年升格），第九大区（三宝颜大区）的三宝颜市（Zamboanga City），第十大区（北棉兰老大区）的卡加延德奥罗市（Cagayan de Oro，大区中心）、伊利甘市（Iligan），第十一大区（达沃大区）的达沃市（Davao City，大区中心），第十二大区（中棉兰老大区①）的桑托斯将军城市（General Santos），第十三大区（卡拉加大区）的武端市（Butuan，大区中心）。

第二类为准独立市，直译为“独立组成市（Independent Component City）”。被认为是省的组成部分，但市民不参与省的选举，实际上也是独立于省之外。目前共有 5 个，即第一大区的达古潘市（Dagupan）、第二大区的圣地亚哥市（Santiago）、第五大区的那牙市（Naga）、第八大区的奥尔莫克市

---

① 中棉兰老大区（第十二大区）在 2001 年重组，新名称为 SOCCSKSARGEN，系区内 5 省市名称的头文字所组成，因难以音译，这里沿用他的旧名中棉兰老大区，音译或许可采索克萨根大区。

(Ormoc) 和第十二大区的哥打巴托市 (Cotabato City)。其中哥打巴托市较为特殊，它在地理上属于棉兰老穆斯林自治区 (Autonomous Region in Muslim Mindanao) 的马京达瑙省，又是该自治区的首府，但市本身在行政上却是属于第十二大区，成了十二大区的飞地。由三类市升格为二类市是由国会颁布一个宪章修正案，禁止该市市民参与省级选举。到目前为止，没有一个市循这条途径升格。

上述两类市都对省保持相当的独立性，合称为独立市 (Independent City)。考虑到中文的习惯和便于理解，本处将第一类市直接意译为“独立市”，而将第二类5个市意译为“准独立市”。

我不太确认的是，准独立市 (Independent Component City) 的出现，是否跟该大区没有独立市 (Highly Urbanized City) 有关。因为现存的5个准独立市所属的大区中，第一、第二、第五3个大区正是目前没有独立市，而第八大区在2008年以前也没有独立市。至于第十二大区的哥打巴托市，实际上是该大区位于棉兰老穆斯林自治区境内的一块飞地，而棉兰老穆斯林自治区恰也没有独立市。

除以上两者之外的其他为第三类市，即“非独立市”，直译为“组成市 (Component City)”，完全是省的组成部分，也就是一般的非独立市。理论上独立市可以被降格为非独立市，但要同时修改市的宪章 (主要涉及到选举) 和地方政府代码，实际上很难出现。1998年曾经颁布第8528号法案，将圣地亚哥市由准独立市改为常规的非独立市。不过这项法案在次年为最高法院所裁定为违宪，理由是市的分合置废等变更均需经过全民公决予以确认，但8528号法案缺乏公决基础①。有报道称，宿务市的一些政治人物希望能重新回归宿务省管辖，以便他们可以投票反对宿务省。②

另外，根据过去3年的平均年收入，菲律宾也将各市分为若干个收入等级，2008年7月29日起实行的等级分类标准如下：③

---

① 参见菲律宾最高法院官网，http：//sc. judiciary. gov. ph/jurisprudence/1999/sept99/133064. htm

② Cuenco ready to work for it; del Mar wants to be sure, Sun. Star Cebu. http：//www. sunstar. com. ph/static/ceb/2005/05/27/news/cuenco. ready. to. work. for. it. del. mar. wants. to. be. sure. html

③ Income Classification for Provinces, Cities and Municipalities, National Statistics Coordination Biard. http：//www. nscb. gov. ph/activestats/psgc/articles/con_ income. asp

1 等为 4 亿菲律宾比索（约合人民币 6000 万）以上；

2 等为 3.2 亿比索（约合人民币 4800 万）以上，不足 4 亿比索；

3 等为 2.4 亿比索（约合人民币 3600 万）以上，不足 3.2 亿比索；

4 等为 1.6 亿（约合人民币 2400 万）比索以上，不足 2.4 亿比索；

5 等为 8000 万比索（约合人民币 1200 万）以上，不足 1.2 亿比索；

6 等为 8000 万比索不足。

人口最多的奎松城市和首都马尼拉市则为特别等级。

菲律宾首都地区的人口聚集度非常高。包括奎松城市、马尼拉市等建成区相连各市在内的面积 636 平方公里的国家首都大区（NCR – National Capital Region）拥有人口 11，566，732（2007 年普查），占全国人口的 13%，坐拥奎松城（Quezon City）①、马尼拉（Manila）和卡洛奥坎（Caloocan）3 座百万人口的市。达沃市是大马尼拉以外人口最多的市，虽达 136.3 万，但也不及大马尼拉的 1/7。国家首都大区以外，其他人口在 50 ~ 100 万之间的还有宿务市（Cebu City）、三宝颜市（Zamboanga City）、安蒂波罗市（Antipolo）、卡加延德奥罗市（Cagayan de Oro）和桑托斯将军城市（General Santos）等。面积方面，以公主港市 2540 平方公里和达沃市 2444 平方公里为最大。

（三）市的沿革

菲律宾近代市制的建立是在美国人统治时期，马尼拉和碧瑶（Baguio）相继在 1901 年和 1909 年设市，两市分别是菲律宾的首都和夏都，今天也仍是。

菲律宾自治领（1935 ~ 1946，相当于今天波多黎各的地位）期间新设了 10 个市。1936 年宿务、三宝颜、达沃三市成立，这三市到今天也还是大马尼拉都会圈以外最大的三座城市。1937 年伊洛伊洛市设立。1938 年塔加伊泰市和巴科洛德市设立。1939 年奎松城市设立。1940 年圣巴勃罗市、甲米地市和马拉维市设立。在日本短暂的占领期间，市制无暇顾及。

1946 年美国允许菲律宾独立后，恢复设市工作。1947 年设立达古潘市、利巴市、帕赛市和奥尔莫克市。1948 年设立杜马格特市、那牙市（南甘马粦省）、奥三棉示市、甲描育市和卡巴洛甘市。1950 年设立卡加延德奥罗市、武

---

① 1998 年批准划奎松城市北部 15 个社区分设诺瓦利切斯市（Novaliches），但为次年公民投票否决。

端市、伊利甘市和甲万那端市。1951 年设立罗哈斯市。1952 年设立塔克洛班市。1956 年设立特雷塞马蒂雷斯市。1957 年设立锡莱市。1959 年设立黎牙实比市、哥打巴托市。1960 年设立圣卡洛斯市（西内格罗斯省）、托莱多市、欣奥奥格市。1961 年设立达瑙市、卢塞纳市、拉普拉普市、坎拉翁市。1962 年设立卡洛奥坎市。1963 年设立达皮丹市。1964 年设立安赫莱斯市。1965 年设立帕拉延市。1966 年设立拉瓦格市、圣卡洛斯市（班诗楠省）、巴戈市、拉卡洛塔市、奥隆阿波市、塔比拉兰市。1967 年设立加的斯市、坦古市。1968 年设立桑托斯将军城市、伊里加市、拜斯市。1969 年设立八打雁市、帕加迪安市、曼达韦市、公主港市、圣何塞市。1970 年设立第波罗市、奥罗基耶塔市、苏里高市。至此有 61 个市。

从 1971 年至 1993 年长达 22 年时间内，菲律宾没有新增过一个市。由于家族统治垄断菲律宾的政治和经济生活，菲律宾从 20 世纪 60 年代开始就从仅次于日本的亚洲第二迅速下滑，马科斯任内更是腐败横行。动荡糟糕的政治和经济大环境，市镇地方自治也无人问津。

1987 年，菲律宾通过新宪法，规定所有地方政府法律地位的改变，均需通过地方公民投票表决。所以，这也才会出现前面提到的因市民反对而未能设市的情况出现。1991 年，菲律宾通过地方政府法，规定新设市的本地生产总值必须达到 2000 万比索（约合人民币 300 万）以上。

1994 年设立曼达卢永市、圣地亚哥市。1995 年设立巴石市、马卡迪市、蒙廷卢帕市。1996 年设立萨加伊市、马里基纳市。1997 年设立拉斯皮尼亚斯市、卡班卡兰市。1998 年设立萨马尔市、塔古姆市、帕希市、圣费尔南多市（拉乌尼翁省）、塔里萨伊市、维多利亚市、卡拉潘市、乌尔达内塔市、帕拉尼亚克市、马来巴来市、基达帕万市、安蒂波罗市、打拉市、瓦伦苏拉市。1999 年设立土格加劳市。2000 年设立马阿辛市、迪戈斯市、圣何塞德芒特市、达古龙市、比斯利格市、马斯巴特市、科罗纳达尔市、穆尼奥斯市、索索贡市、巴亚万市、巴朗牙市、巴伦西亚市、塔里萨伊市。2001 年设立美岸（维甘）市、圣费尔南多市（邦板牙省）、塔纳万市、里高市、塔瓦科市、坎东市、阿拉米诺斯市、卡瓦延市、帕纳博市、埃斯卡兰特市、希马麦兰市、锡帕莱市、坦哈伊市、马拉翁市、卡兰巴市、伊莎贝拉市、加潘市。至此有 114 个市。

随着社会经济的发展，2000 万比索的规定越显过低。2000 年和 2001 年设立的市中，有半数以上在 2000 年的人口普查中不足 10 万，如第一大区的美岸（维甘）市仅4.5万，坎东市5万。遂在2001年修改了新的设市标准，本地生产总值的要件提高到1亿比索，并在次年开始实施。

这项改革使得此后每年新设的市数量，相比2000年和2001年大为减少，平均每年仅增设约1个市。2002年设立马洛洛斯市。2004年设立圣罗莎市、塔吉格市。2006年设立梅卡瓦延市。2007年设立圣胡安市、纳沃塔斯市。2009年设立达斯马里尼亚斯市。2010年设立比南市。2012年设立巴科奥尔市、伊慕斯市、卡面尧市、马巴拉卡特市、伊利甘市。2013年设立圣佩德罗市。2015年设立符里亚斯将军市。

另外，2007年设立，2008年因不够设市资格被废除，2009年又恢复的16个市是巴塔克市、塔亚巴斯市、吉胡尔岸市、卡尔卡尔市、那牙市（宿务省）、博戈市、拜拜市、博龙岸市、卡巴洛甘市、萨尔瓦多市、马蒂市、拜乌干市、丹达市、塔布克市、拉米坦市和卡巴巴来市。他们中人口最多的马蒂市也才刚过10万，但无疑他们都符合1991年的设市标准。

表4.3列举的是菲律宾2007年人口普查时，总人口超过50万的市。

表4.5　菲律宾主要的市一览表

排序	大区	名称	全市			城区	
			面积	人口	村	村	人口
1	NCR	奎松城市	171.71	2,679,450	142	142	2,679,450
2	NCR	＊马尼拉市	24.98	1,660,714	0	0	1,660,714
3	NCR	卡洛奥坎市	55.8	1,378,856	188	188	1,378,856
4	11	＊达沃市	2443.61	1363,337	182	47	785,668
5	7	＊宿务市	315	798,809	80	80	798,809
6	9	三宝颜市	1414.70	774,407	98	29	419,560
7	NCR	塔吉格市	45.21	670,309	28	28	670,309
8	4A	安蒂波罗市	306.10	633,971	16	16	633,971
9	NCR	巴石市	48.46	617,301	30	30	617,301
10	NCR	瓦伦苏拉市	47.02	568,928	32	32	568,928
11	4A	达斯马里尼亚斯市（非独立市）	90.13	556,330	75	75	556,330
12	10	＊卡加延德奥罗市	412.80	553,966	80	80	553,966

续表

排序	大区	名称	全市			城区	
			面积	人口	村	村	人口
13	NCR	帕拉尼亚克市	46.57	552,660	16	16	552,660
14	NCR	拉斯皮尼亚斯市	32.69	532,330	20	20	532,330
15	12	桑托斯将军城市	492.86	529,542	26	14	443,499
16	NCR	马卡迪市	21.57	510,383	33	33	510,383
17	6	巴科洛德市	162.67	499,497	61	61	499,497

注：人口为2007年普查值，面积单位为平方公里。NCR指国家首都大区（National Capital Region），CAR指科迪勒拉行政区（Cordillera Administrative Region）。关于城乡划分的资料来源自菲律宾国家统计协调委员会（网站：http：//www.nscb.gov.ph）。名前带*的为大区行政中心。

六、印度尼西亚的建制市

印度尼西亚共和国是世界上最大的群岛国家，面积192万平方公里，人口超过2亿，是仅次于我国、印度和美国的世界第四人口大国。目前行政区域划分为“省（Provinsi）——县（Kabupatan）和市（Kota）——区（Kecamatan）——村（Desa）和里（Kelurahan）”四级。

省一级地方政府目前有34个。其中5个省因其在政治、历史和文化上的特殊性，拥有特别的地位，即大雅加达首都特区、日惹特区、亚齐达鲁萨兰特区、巴布亚省和西伊里安省。

除大雅加达首都特区外，2004年二级行政区共有348个县和86个市，不时有所增加。县和市都是地方自治单位，其中县的自治权限通常比市更广泛。县市首长和议员由民选产生，5年一选。

县、市下分为若干区（Kecamatan，巴布亚称Distrik，相当于我国的乡镇），随后是村（Desa）和里（Kelurahan，相当于我国居民委员会）。2004年时全国共有5263个区，62806个村和7113个里。

原则上，县市担当的事务涵盖除外交、国防治安、司法、金融、宗教以外的所有领域，也就是说它实际拥有的地方自治权限比省还多。主要包括公共事业、卫生保健、教育文化、农业、运输和通信、工商业、投资、环境、土地、协同组合、劳动等。根据新的地方自治法，又新增消防、清扫、公园、都市计划等业务。

市的财政收入主要来自自主财源、国家平衡分配、融资借贷和其他。由县市政府课的税源为旅馆税、餐饮税、娱乐税、广告税、街灯税、C种资源采掘加工税、停车税。印尼资源丰富，与资源相关的税则在中央、省和县市之间进行分配。其中石油和天然气使用税主要为中央政府所有，中央政府分别收缴85%和70%，省和县、市则分别取得3%和12%，及6%和24%。森林和矿山的使用税，则采取中央、省、县市按20：16：64的比例分成。另外，县市留存部分，也并非全由资源所在县市全部所有，而是产出县市提32%，剩下的32%归省内其他县市。也就是资源税有一部分在省内各县市之间进行一次再分配。

1998年5月，在亚洲金融风暴对印尼经济产生巨大冲击和国内强烈的要求政治改革声浪的压力下，印尼总统苏哈托被迫下台。在苏哈托时代，地方政府85%的财政收入被要求上缴中央，加上雅加达政府长期忽视爪哇岛以外各省的发展，以致外省地方政府建设资金捉襟见肘，民生长期得不到改善。过度中央集权使中央与地方矛盾和分离主义加剧。因应上述问题，印尼新政府在1999年颁布新《地方自治法》（第22号法律）和《中央与地方财政均衡法》（第25号法律），推进地方自治和权力下放。新法规定省和县市政府可以自行编制地方财政预算和决定行政管理事宜，省级财政上缴中央的比例也降到40%。

2001年1月1日，《地方自治法》正式实施，印尼进入地方自治的时代。印度尼西亚大刀阔斧地进行地方分权，其幅度之大为世界瞩目。当然分权的过程也带来了一些问题，最明显的是大量中央政府的职员随着分权的推进转入地方，使地方政府的人事费用大幅增加，带来地方财政负担加重。2005年以后，地方首长开始实行民选。

另外，大雅加达首都特区面积664平方公里，现有人口900多万，在东南亚仅次于大马尼拉国家首都区。雅加达分为5个行政市（雅加达中、雅加达北、雅加达南、雅加达西、雅加达东）和1个千岛行政县（离岛，仅12平方公里，1.8万人，2001年分雅加达北行政市设立）组成。与大马尼拉不同，大雅加达的地方政府是上强下弱，各行政市和县是大雅加达的下属机关，并不是地方自治单位，不进行地方选举。

印度尼西亚新设市建制的最低人口为5万。看起来，印尼新设的市除了与其人口规模和经济社会发展有关外，还跟其所处的地理位置有关。

在人口密集的爪哇等地，新设市的人口则可能高达三四十万（如2001年新设的西爪哇省芝马墟市），甚至超过100万（如万丹省2008年新设的南唐格朗市）。2007年，中爪哇省的普禾格多（万由马士县驻地）升格为市案没有获得通过，而其人口当时已经超过20万。这是因为印度尼西亚的人口分布极不平衡，全国接近一半以上的人口都居住在面积不足全国7%的爪哇岛上的6个省区内。印尼此举可能是为了区域平衡。

印尼早期的市，可以追溯到荷兰统治时期。当时一些重要的城镇被提升为市（荷兰语：Stadsgemeente），设市议会（Stadsgemeenteraad）和市长（Burgemeester/Walikota）。印尼独立以后，荷兰语的Stadsgemeente演变为印尼语的Kotamadya（Kota）。

包括大雅加达的5个行政市在内，截至2010年底，印尼共有98个建制市（见表4.6）。另外，有三个省的省会没有建市。一为西苏拉威西省的省会马穆朱，该省是2004年设立的印尼最年轻的省，西苏拉威西省也是印尼唯一一个没有设建制市的省。另一个为北马鲁古省的省会索菲菲，它在2010年正式成为北马鲁古省省会，是印尼最年轻的省会。索菲菲在行政上为蒂多雷群岛市的一部分。第三个是西巴布亚省的省会马诺夸里，不过它已经规划设市了。

印尼市、县的格局，比较类似我国1980年代以前的市县分治格局。绝大部分市的行政区域都只包括城区和近郊区。近年来，一些包括大量乡村区域的低密度市也常有出现，如苏布卢萨兰市、杜迈市、蒂多雷群岛市等面积均超过1000平方公里，不过他们大多位于本来就人口稀疏的爪哇以外各岛，不排除日后市县分治的可能性。

表 4.6　印度尼西亚建制市一览表

岛组	省区	市名（设立年）
苏门答腊（34）	亚齐特区	＊班达亚齐市、沙璜市（以上 1956），兰沙市（2001）、洛克肖马韦市（2001）、苏布卢萨兰市（2007）
	北苏门答腊省	实武牙市、丹戎巴来市、先达市、直名丁宜市、＊棉兰市、民礼市，巴东实林泮市（以上 1956）、古农西托利市（2008）
	西苏门答腊省	＊巴东市、索洛克市、沙哇伦多市、巴东潘姜市、武吉丁宜市（以上 1956）、帕亚孔布市（1970），帕里亚曼市（2002）
	廖内省	＊北干巴鲁市（1956），杜迈市（1999）
	占碑省	＊占碑市（1956），双溪珀努市（2009）
	南苏门答腊省	＊巨港市（巴邻旁）（1959），帕加拉兰市（2001）、普拉布穆利市（2001）、卢布林高市（2001）
	明古鲁省	＊明古鲁市（1959）
	楠榜省	＊班达楠榜市（1965），美罗市（1999）
	邦加——勿里洞群岛省	＊邦加槟港市（1959）
	廖内群岛省	巴淡市（1999）、＊丹戎槟榔市（2001）
爪哇（34）	大雅加达特区	（1978 年分为雅加达中、南、北、西、东 5 个行政市）
	西爪哇省	茂物市、苏加武眉市、＊万隆市、井里汶市（以上 1950），勿加西市（1996）、德波市（1999）、芝马墟市（2001）、打横市（2001）、班嘉市（2002）
	中爪哇省	马格朗市、梭罗市、沙拉笛加市、＊三宝垄市、北加浪岸市、直葛市（以上 1950）
	日惹特区	＊日惹市（1950）
	东爪哇省	谏义里市、勿里达市、玛琅市、庞越市、岩望市、惹班市、茉莉芬市、＊泗水市（苏腊巴亚）（以上 1950），巴土市（2001）
	万丹省	唐格朗市（1993）、孔雀港市（1999）、＊西冷市（2007）、南唐格朗市（2008）
努沙登加拉（4）	巴厘省	＊登巴萨市（1992）
	西努沙登加拉省	＊马塔兰市（1993）、比马市（2002）
	东努沙登加拉省	＊古邦市（1996）

续表

岛组	省区	市名（设立年）
加里曼丹（9）	西加里曼丹省	＊坤甸市（1959），山口洋市（2001）
	中加里曼丹省	＊帕朗卡拉亚市（1965）
	南加里曼丹省	＊马辰市（1959），班贾尔巴鲁市（1999）
	东加里曼丹省	巴厘巴板市、＊三马林达市（以上 1959）
	北加星曼丹省	打拉根市（1997）、邦坦市（1999）
苏拉威西（11）	北苏拉威西省	＊万鸦老市（1959），比通市（1990）、托莫洪市（2003）、哥打莫巴古市（2007）
	中苏拉威西省	＊帕卢市（1994）
	南苏拉威西省	＊望加锡市、巴里巴里市（以上 1959），帕洛波市（2002）
	东南苏拉威西省	＊肯达里市（1995）、巴务巴务市（2001）
	哥伦打洛省	＊哥伦打洛市（1959）
	西苏拉威西省	（无建制市）
马鲁古（4）	马鲁古省	＊安汶市（1979），图阿尔市（2007）
	北马鲁古省	德尔纳特市（1999）、蒂多雷群岛市（2003，含＊索菲菲）
巴布亚（2）	巴布亚省	＊查亚普拉市（1993）
	西巴布亚省	＊苏朗市（1999）

注：市名称前带＊的为省会，括号内为设市时间。

下表是印尼 2010 年人口普查时，所有人口超过 50 万的市名单。

表 4.7　印度尼西亚主要的市

岛组	市名	面积	人口	市名	面积	人口
苏门答腊	棉兰市	265	2,109,339	班达楠榜市	169	879,651
	巨港市	224	1,452,840	巴东市	695	833,584
	巴淡市	415	949,775	占碑市	205	529,118
	北干巴鲁市	632	903,902			

续表

岛组	市名	面积	人口	市名	面积	人口
爪哇	(大)雅加达	664	9,588,198	南唐格朗市	147	1,303,569
	泗水市	460	2,765,908	茂物市	119	952,406
	万隆市	168	2,417,584	玛琅市	124	819,708
	勿加西市	210	2,378,211	打横市	472	633,704
	唐格朗市	165	1,797,715	西冷市	267	576,961
	德波市	200	1,751,696	芝马墟市	485	541,476
	三宝垄市	374	1,553,778	梭罗市	44	500,642
努沙登加拉	登巴萨市	124	788,445			
加里曼丹	坤甸市	108	550,304	三马林达市	718	726,223
	马辰市	726	625,395	巴厘巴板市	946	559,196
苏拉威西	望加锡市	176	1,339,374			

注：大雅加达包括5个行政市。人口为2010年普查值，面积单位为平方公里。

七、马来西亚、新加坡、文莱的市制

马来西亚位于东南亚，总面积329，995平方公里，人口23，274，690（2000年7月5日普查）。包括13个州（Negeri）。其中11个州（西马）位于马来亚半岛，东马的沙巴州和沙捞越州位于加里曼丹岛北部。另外还有吉隆坡、布城和纳闽3个联邦直辖区（Wilayah Persekutuan）。首都吉隆坡（Kuala Lumpur），目前联邦政府行政中心在布城（Putra Jaya）。国家元首从西马的柔佛、彭亨、雪兰莪、森美兰、霹雳、登嘉楼、吉兰丹、吉打和玻璃市9个州的世袭苏丹中轮流选举产生。各州下设立县（Daerah，吉兰丹州称Jajahan），东马在州和县之间还存在省（Bahagian，沙巴州5个省，沙捞越州11个省）。2000年人口普查时，共有139个县。

（一）马来西亚地方政府的类型

在联邦和州以下，马来西亚政府系统中最低层级的地方政府称为Kerajaan Tempatan。其职能是征税、法规创制和商业许可证发放，以及基础设施建设和垃圾清运等。

在1976年以前，马来西亚的地方政府分为6种类型，即吉隆坡市政厅（Dewan Bandaraya Kuala Lumpur）、市议会（Majlis Perbandaran）、镇议会（Majlis Bandaran）、镇管理委员会（Lembaga Bandaran）、乡区议会（Majlis Daerah Luar Bandar）和地方议会（Majlis Tempatan），合计共418处。此点与英国1973年以前的体系较为接近，请参考本书英国部分。

1976年，马来西亚对地方政府进行合并重组，也类似英国1974年的地方政府调整。调整后地方政府（Kerajaan Tempatan/ Local Government）的类型包括4种：

（1）市政局（Majlis Bandaraya/ City Council），或市政厅（Dewan Bandaraya /City Hall），是马来西亚真正意义上的市（Bandaraya），相当于英国的特许市议会（City Council）；

（2）市议会（Majlis Perbandaran/ Municipal Council），它有市（城市生活形态）之实而无市（Bandaraya）之名，相当于英国的自治市议会（Bourough Council）；

（3）县议会（Majlis Daerah/ District Council），相当于英国的区议会（District Council）；

（4）地方政府（Pihak Berkuasa Tematan/ Modified Local Authority）①，大致相当于设县市之前的过渡阶段。

截至2015年底，马来西亚共有13个市政局（或市政厅），39个市议会，98个县议会，5个地方政府（Pihak Berkuasa Tematan），合计154个地方政府。

需要注意的是，马来西亚并非如我国一个县设立一个县人民政府。通常1个县的区域由一个地方政府（市政厅、市议会或县议会）管理，但不同的情况大量存在。一些人口多和面积大的县内可能会分设多个地方政府。如雪兰莪州八打灵县（全国人口最多县），县内设立有莎阿南市政厅、八打灵再也市政厅和梳邦再也市议会3个地方政府，同时莎阿南市政厅的管辖范围还包括巴生县的一小部分区域。霹雳州的近打县、柔佛州的新山县、沙捞越州的古

① 将马来语的Pihak Berkuasa Tematan翻译为中文的“地方政府”是马来西亚华界的译法，请注意它与通常说的相对于中央政府而言的地方政府的区别，后者在马来语中指的是前文提及的Kerajaan Tempatan。本文中的中译名，多采用马来西亚华语规范理事会的统一译名。

晋县，都设立有多个地方政府。

反过来，一个地方政府（Kerajaan Tempatan）也可以管理多个县。如槟城州共分为5个县，但是只设有2个地方政府，槟岛市政局管理岛上2个县，威省市政局管理大陆上3个县。又比如吉打州的亚罗士打市政厅，2009年，波各先那脱离哥打士打县（州首府亚罗士打所在）升格为县，但截至2011年中，波各先那县在行政上仍附属于亚罗士打市政厅。

县市下分为区（巫金，Mukim）。巫金下包括甘榜（Kampung，马来人的村庄）、新村和士展区，这都是为行政方便设置的区划，并不是地方自治单位。

地方政府（地方议会）的议员目前均为委任产生，历史上曾一度实行民选。以最具代表性的乔治市（槟城）为例，1951年乔治市市议会举行马来西亚（当时尚处于英国殖民统治时期）首次民主选举，1965年乔治市市议会被指滥权（后经调查未证实贪污），加上当时马印对抗的国际形势，马来西亚废除了地方政府选举。1976实行的地方政府法，更是明文规定取消地方选举，市议会必须被州政府通过委任方式推举。

2010年，槟榔屿州和雪兰莪州曾致函选举委员会，请求在该两州执行地方政府选举，但马来西亚首相和选举委员会均拒绝了该请求。马来西亚拒绝地方选举，主要原因是城市居民中非马来人居多，因此长期执政的代表马来人利益的政党巫统，担心一旦选举将有可能使马来人利益受损从而以各种理由予以拒绝。另一方面，其他的主要政党也因为害怕担上出卖马来人利益的罪名，而在推动地方选举方面只闻楼梯响，不见人下来。没有真正的选举结果下的地方政府（地方议会），其议员名额也就被执政党拿来奖赏给一些本党的忠实党员。

（二）马来西亚的市政局

市政局（Majlis Bandaraya/ City Council），或市政厅（Dewan Bandaraya/ City Hall），是马来西亚真正意义上的市（Bandaraya）和等级最高的地方政府（Kerajaan Tempatan）类型。这一点可以参考英国的特许市（City）。

升格为市政局（市政厅）应有的条件是：

（1）必须是行政重区；

（2）拥有50万人口（2008年3月前标准为30万）；

（3）地方政府税收年逾1亿马来西亚令吉（约合2.13亿元人民币，2008年3月前为8千万令吉）；

（4）是商业贸易、工业和金融交易中心；

（5）具备学术和高等学府设施的条件；

（6）拥有多色彩文化历史，也是体育及休闲康乐设施活跃区；

（7）必须是继续拓展和发展的中心。①

不过根据1976年的地方政府法会，每个州的首府即使不符合升格要件，也可通融处理。

另外，县议会（Majlis Daerah）申请升格为市议会（Majlis Perbandaran），需要有10万人口，且每年税收规模超过1000万令吉（约合2130万元人民币）以及较完善的基础设施。批准市议会的设立属于州政府的权限。

目前除共有13个地方政府获得了市政局（或市政厅）的称号。其中吉隆坡市、古晋北市和哥打京那峇鲁（亚庇）市的地方政府是市政厅（Dewan Bandaraya），其他的均为市政局（Majlis Bandaraya）。看起来像是为了突显吉隆坡、古晋（北）、哥打京那峇鲁（亚庇）分别是马来西亚三大组成部分，即马来亚、沙捞越和沙巴的中心城市一样。不过马来西亚华文的习惯有时和马来文并不完全对应，比如Majlis Bandaraya Ipoh，就总是被译成怡保市政厅。

表4.8 马来西亚各市政局（市政厅）简表

名称	升格年	市域		州
		面积	人口	
＊槟岛市（乔治市）	1957/2015	293	708,127	槟城
吉隆坡市	1972	243	1,588,750	—
＊怡保市	1988	643	657,892	霹雳
＊古晋北市	1988	369	165.642	沙捞越
古晋南市	1988	62	159.490	沙捞越
＊新山市	1994	185	497.067	柔佛
＊亚庇市	2000	351	452,058	沙巴
＊莎阿南市	2000	290	641.306	雪兰莪
＊马六甲市	2003	314	484,855	马六甲

① Mesyuarat Pertama Penggal Keempat DUN Pulau Pinang Ke－11 T，Soalan Bertulis No. 4w－7，槟榔屿州议会网，http：//adun. penang. gov. my/QA/ViewQA. asp？QAID＝7724

续表

名称	升格年	市域		州
		面积	人口	
*亚罗士打市	2003	426	405,523	吉打
美里市	2005	4707	234,541	沙捞越
八打灵再也市	2006	97	613.977	雪兰莪
*瓜拉登嘉楼市	2008	605	337,553	登嘉楼

注：前带*的为州首府所在地。人口为2010年普查值。

自1972年以后，新成立的市政局的皇家特许权一般由马来西亚最高元首（Yang di - Pertuan Agong）授予，其中马六甲在2003年前先取得历史城市的称号。但是，怡保和新山（柔佛巴鲁）则由各自州的苏丹授予。

关于槟城州的槟岛地位到底是不是“市”曾经争议了几十年。大体情况是，槟岛地方政府于1957年1月1日获英王受颁城市特许状（City charter），称为乔治市政局，是当时英属马来亚地方第二个获得城市特许状的地方政府（第一个为1951年授予的新加坡市）。

但是，1974年，乔治市政局与槟榔乡村议会合并，称为“槟岛市政局”，其管辖范围涵盖整个槟榔屿岛，即包括东北和西南2个县的范围。根据1976年的地方政府法，原乔治市的市政局地位已经丧失。只是合并后的地方政府的中文名习惯上沿用“市政局”的名号，但是并没有委任的市长，所以严格来说，槟岛已经没有了正式的市之名分。

2008年槟州选举后，槟州议会有意推进槟岛重获正式的市政局地位（若正式取得则将改称槟岛“市政厅”）。2009年，槟岛的人口约75万，稳定的收入超过2亿令吉，均达到升格为市的标准。2015年，槟岛市政局正式获得了市政局地位，消除了多年的争议。

森美兰首府芙蓉，则希望透过地方政府合并的方式来实现正式升格为市。现时，芙蓉县分设芙蓉市议会（Majlis Perbandaran Seremban）和汝来市议会（Majlis Perbandaran Nilai）2个地方政府。2008年，马来西亚住房和地方政府部批准芙蓉市在2009年9月9日升格为市政局，为实现此目标，森州政府同意两个市议会合并以达到升格为市政局的要件。不过截至2010年中，这个过程并没有实现。森州大臣拿督斯里莫哈末哈山指出，“无论以人口还是年收入，芙蓉及汝来市议会已经可以随时合拼成为市政局，不过在此之前，市议会应该提升各种服务素质及公共安全，只有这样升格为市政局才有意义”①，“尽管芙蓉市议会与汝来市议会已符合资格升格为市政局，唯州政府不会仓促进行，当局要确保基本建设及交通获得提升，尤其是先解决交通堵塞的问题”②。

巴生是雪兰莪州皇城所在，市议会（Majlis Perbandaran Klang）本望在2008年8月8日升格为市政局，但因收入不平衡，财政赤字及交通系统欠妥善管理，许多道路缺乏规划，而失去了升格为市的机会，一切需要从长计议。③ 1977年设立的巴生市议会是历史较悠久的市议会之一。辖区人口今已突破100万。因为规模太大，市议会负担沉重，雪州政府曾建议将其一分为二，于港口地区新设一个市议会，当然分家可能会使巴生升格为市的道路更加遥远。④

彭亨州首府所在的关丹市议会本望在2008年11月25日升格为市政局，但因2008年3月受人口要件提升为50万及地方政府收入要件提升为年逾1亿马来西亚令吉的限制未能成功升格。该市2000年普查时总人口344，706（其中城区人口289，395），2010年普查时达到45万，地方政府年收入约8900万令吉。吉兰丹州首府哥打巴鲁（Kota Bharu）市议会未能升格为市政局，相当一部分原因也是因为收入不理想，该市有人口40万，其中城区25.27万。

（三）新加坡和文莱的市

新加坡共和国是一个城市国家。面积682.7平方公里，2010年普查总人口达到508万。1951年新加坡取得城市特许权（City Charter），成为当时英国在东南亚的领地中第一个获得城市特许权的地方。

人民协会是新加坡进行社区建设的指导机构，它是一个半官方的组织，从事政府不及的社区服务。下设有公民咨询委员会（Citizen Consultative

---

① 《防遭滥用·芙蓉市会冻结网咖执照》，光明日报（马来西亚报纸名）（网络版），http://www. guangming. com. my/node/70767（访问时间：2010年3月31日）。

② 《特易购开幕，大臣预测15年后隆芙将合成大都会》，中国报新闻网，http://www. chinapress. com. my/content _ new. asp? dt = 2010 - 12 - 07&sec = local&art = 1207ls05. txt（访问时间：2010年12月6日）。

③ 《巴生不能如期升格为市》，星洲互动，即时新闻，http://kooky. com. my/node/33086（访问时间：2008年7月19日）

④ 《港口纳入划分方案，巴生市会或年杪分家》，光明日报（马来西亚报纸名）（网络版），http://www. guangming. com. my/node/73196（访问时间：2010年5月2日）。

Committee)、居民委员会（Residents' Committee）和邻里委员会（Neighborhood Committee）（1500～2000 住户）等机构，还有专门针对高龄者、妇女、青年、马来人、印度族人士的活动执行委员会。

从 2001 年 11 月 24 日开始，全国分为中、东北、西北、东南和西南 5 个区，分别设立社区发展理事会（Community Development Council），开展社会援助服务，包括确定地区性社会需求，策划推动地区的社会服务，协助招募挑选合适的社会工作者，协助自愿福利团体设立服务设施。主要的工作领域包括民族融合（Connecting），生涯学习（Learning），培育居民参与的积极性（Active Citizenry），促进自立（Self－Help），抵御安全（Security）等事业。

同时，新加坡还设立有市镇理事会，隶属于国家发展部，由政府任命官员、选区国会议员和专业人士所组成，是城市公共社区和物业管理机构。它成立的目的是为了让居民能够更多地参与城市管理，让国会议员更多地施展其领导才能。市镇理事会负责新加坡城市管理中最日常的工作，在城市管理中发挥了极其重要的作用。目前有 16 个市镇理事会，负责对其所管辖的市镇进行物质环境的管理，由于政府希望体现出不同市镇城市管理的产业，因此每个市镇理事会具体的组织并不完全相同。

不过，无论社区发展理事会还是市镇理事会，都不是地方自治团体。作为一个城市小岛国家，新加坡可以说是一个中央政府管到底。

文莱达鲁萨兰国是加里曼丹岛北部一古老的绝对主义伊斯兰君主国，总面积 5765 平方公里。文莱分 4 个县（Daerah），县长负责县内的日常行政事务，由内政部办公室统筹管理。县下分为区（巫金，Mukim），首长由政府任命。巫金下分为村（甘榜，Kampung），村长由村民民主选举产生。

另有 3 个市议会（Lembaga Bandaran），各管辖一些甘榜。汶莱——穆阿拉县包括 18 个巫金，其中 13 个巫金的大部分甘榜到 2007 年都已经划入斯里巴加湾市（Bandar Seri Begawan）市议会辖区。该次扩张使斯市市议会辖区面积达到 100 平方公里，辖区总人口约 20 万。

第五章

南亚和中东各国的市制

由于历史的缘故，南亚各国的地方政府体系，无论在古代传统君主专制时期，还是近代殖民地时代，以至现代都具有很大的相似性，包括演变过程。在现代印度、巴基斯坦、孟加拉国、尼泊尔和斯里兰卡，等级制的地方政府——二或三级——主要存在于农村地区。农村地方政府的重心在各国并不相同，在印度大部分邦和斯里兰卡，区是农村地方政府体系的重点。农村最低一级的政府，没有哪个南亚国家把它放在自然村，基层政府一般要包括多个自然村，在巴基斯坦和孟加拉国，他们就叫做联合村。

在城市，存在一至四种市镇地方政府类型，且并不存在互相隶属关系，只因人口多寡而分。他们听命于市级机关，可以说和县、区这些地方政府没有什么关系。表现在其地理范围上，一个市镇可以跨越县界，包括多个县的全部或一部，如印度的孟买、海得拉巴、德里、新德里等，加尔各答则是市、县合一。我把印度、巴基斯坦、孟加拉国等级最高的市镇地方政府——Municipal Corporation 或 City Corpration——都译为市政局。这样做是为了便于和其他英语国家进行比较，这种大型城镇地方政府，其组织架构普遍采用市长议会制。

南亚地方政府被赋予了很多职能，但囿于财力不济，很多并没有被有效履行。大体而言，农村地方政府的精力主要在发展，而城市地方政府则注意提供基本的社会福利。这些职能的行使，都通过委员会或专门委员会实现。另外，马尔代夫和不丹长期没有地方选举和地方自治可言。岛国马尔代夫 1/3 强的人口，即约 10 万，居住在首都马累市（Malé），直到 2008 年，马国方有地方自治。

一、印度的行政区划和市制

印度共和国是世界第二人口大国，仅次于我国。全国设 26 个邦（Pradesh）① 和 7 个中央直辖区（Union Territory）。邦下设县，中央直辖区下设立区。

（一）地方政府概况

1956 年印度地方重组法案生效后，印度根据语言和文化的因素，将旧 27 省重组为 14 邦和若干中央直辖区，此后新增各邦也大体按照这个因素。各邦以及德里和本地治里 2 个中央直辖区由选举产生自己的政府，其他 5 个中央直辖区的行政长官由中央任命。

需要注意的是，印度的中央直辖区和我国的直辖市具有完全不同的含义，其设立的原因也是千差万别。德里中央直辖区是因为首都的缘故而设立。昌迪加尔中央直辖区是因为旁遮普邦和哈里亚纳邦分家时均想将该地争取为本邦首府而相持不下，最后改为中央直辖区。安达曼和尼科巴群岛中央直辖区及拉克沙群岛中央直辖区，则是基于地理上的独立性。另外 3 处是跟前非英国殖民地有关。本地治里中央直辖区是前法国殖民地，达德拉和纳加尔哈维利中央直辖区、达曼和第乌中央直辖区都是前葡萄牙殖民地。在邦以下的地方政府，分为城镇和乡村两种不同的形态。

1. 乡村地方政府

在乡村地区，大体而言邦下地方政府是“县（Zilla/District）——区（Tehsil）——村（Graam/Gau'n）”三级。大的邦下还分为专区（Division），包括阿萨姆邦、比哈尔邦、卡纳塔克邦、中央邦、马哈拉施特拉邦、旁遮普邦、泰米尔纳德邦、北方邦和西孟加拉邦。个别邦的县下还分为若干分县（Pargana，Anuvibhag/Sub - district），包括喜马偕尔邦、中央邦、马哈拉施特拉邦、特里普拉邦和北方邦。2001 年人口普查时，有县（包括中央直辖区下属的区）566 个。

印度的乡村地方政府，是基于南亚传统的“五老会”体系（Panchayati Raj），音译为“潘查亚特”，意为乡村五人长老委员会，是印度传统的地方自

---

① 不包括印度单方面设立的“阿鲁那恰尔邦”和“查谟和克什米尔邦”。

治组织，由民选的委员组成。这是一个三级系统，包括县、区、村三级。其中县级政府称为县议政会（Zilla Parishad）。其主要职能包括提供本地乡村居民必需的设施和服务，进行本县发展项目的规划和实施；为农民提供改良的种子，提供新技术培训，承担小规模灌溉设施建设及草场维护；乡村学校建设和运营，成人识字和图书馆建设；创办乡村基础卫生中心和医院，小村落流动医院及预防接种；路桥建设；各种姓发展；鼓励民宿、小手工业、农产品加工、牛奶场等小企业创建，落实乡村就业计划。

县下乡村地区分为区（Tehsil 或 taluk，mandal），设区委员会（Panchayat Samiti）。其主要职能包括实施农业发展计划，公共卫生和教育提供，县道路修缮，地方产业鼓励以及提供设备优良的产科病房。

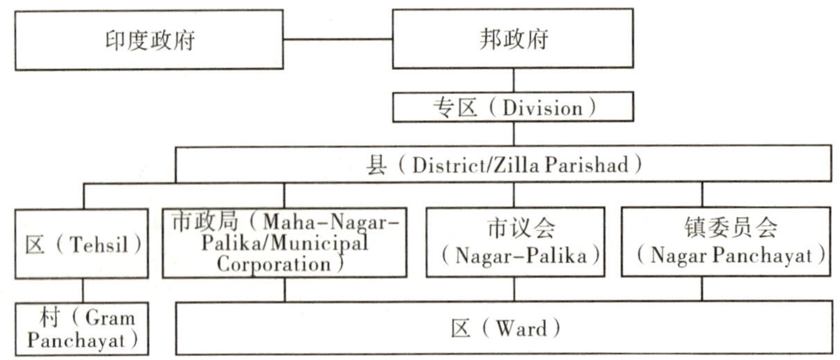

图 5. 1　印度地方政府结构图

最低的一级是村（Graam/Gau'n，Village），设村委员会（Gram Panchayat）。村委员会设立的最低人口要求是 500 人，因此有时当村的人口少于 500 人时，几个村可以联合设立村委员会。村委员会至少由 7 位民选委员组成，多的有 31 名委员。委员会的职能包括街灯维护、村道路营造和修缮，乡村市场、集市、节日和庆典管理；乡村居民出生、死亡和婚姻登记；乡村环境卫生和上下水道建设；乡村教育；实施村农业和畜牧业发展计划。2002 年时，印度约有 26. 5 万个村委员会，其中人口最多的是本地治里中央直辖区的Kurumbapet村，人口 7412（2001 年普查），是极个别被统计为城镇的村之一。

2. 城镇地方政府

印度的城镇地方政府提供基本的基础设施和服务。1950 年制定的印度宪法并没有给予城乡地方组织以更多的关注，其职能通过各种专业委员会和委员来实现。中央政府对城市地方政府给予了一定的鼓励，不过其结构和作用的实际发挥是通过邦政府进行的。与农村地方组织不同，城市地方组织在很大程度上被排斥于中央和邦计划的权限之外。

印度的地方自治可以上溯到英国统治时期，1882 年通过的关于印度政府的里普恩勋爵公务员职位法案使地方政府具有了自治性。奠定大城市自治政府的基础的是 1888 年的孟买法，进而成为一种典范。大多数的印度市政法在 20 世纪二三十年代就已产生，尽管当时的城市化进程相当缓慢。因此，西孟加拉邦、比哈尔邦以及旁遮普邦，在市议会方面仍然保留着旧有的法律。然而，喀拉拉、北方邦、阿萨姆、卡纳塔克、奥里萨及安得拉邦等，都是在独立后使其市政法律达到现代化。

有两种因素推动了这个进程。第一，在一些邦需要重新划分城市政府的边界，这需要各邦各区统一法律。第二，一些邦（如北方邦和马哈拉施特拉邦）认为他们的市政法形成于几十年前，因其不合时宜而需使之现代化。同时，独立后市政组织也经历了一段消极的发展时期，许多市政功能为邦政府所替代或者是邦政府设置了特殊的机构去直接执行。因此出现了一种日益增长的趋势，即国家将供水、电力、运输以及城市计划与发展划分为相互独立的管理机构运营，并限制城市政府合法权力的行使。

不过，城镇地方政府正式被国家认可却是要晚至 1992 年第 74 号宪法修正案的通过。在此以前，中央和各邦政府长期视地方自治政府为资源的竞争者，而不是补充者。

目前，城镇地方政府在组织形态上包括四种类型，即市政局、市议会、镇委员会和通报区委员会，另外还有一种较特殊的兵站委员会。印度对地方城市政府进行分类，以决定财政补贴款的分配。分类基于两个因素，一是市补偿金（Compensatory City Allowance），简称 CCA，二是房屋租赁金（House Rent Allowance），简称 HRA。基于前者分为 A－1，A，B－1 和 B－2 四级，后者分为 A－1，A，B－1、B－2 和 C 五级。

约 2009 年底时，两个分类的 A－1 级都是当时印度人口最多的孟买、德里、海得拉巴、加尔各答、金奈和班加罗尔六大市。两个分类的 A 级也是同样的 11 个市，包括全部 7 个人口在 200 万～400 万之间的城市艾哈迈达巴德、浦那、坎普尔、苏拉特、斋浦尔、勒克瑙和那格浦尔。其他 4 座都是南印度城市，包括工业城市哥印拜陀、重要港口维沙卡帕特南、全国第二南部最大的交通枢纽维杰亚瓦达和农业大城瓦朗加尔，且除哥市外均位于安得拉邦。

表 5.1 印度九大主要城市表

名称	面积	人口 2011 年普查	人口 2001 年普查	都市区人口 2011 年普查	邦
孟买市	603	12,478,447	11,914,398	18,414,288	马哈拉施特拉邦
德里市	1,397	11,007,835	9,817,439	16,314,838	德里中央直辖区
加尔各答市	185	4,486,679	4,580,544	14,112,536	西孟加拉邦
金奈市	181	4,681,087	4,216,268	8,696,010	泰米尔纳德邦
班加罗尔市	741	8,425,970	4,292,223	8,499,399	卡纳塔克邦
海得拉巴市	625	6,809,970	3,449,878	7,749,334	安得拉邦
艾哈迈达巴德市	475	5,570,585	3,515,361	6,352,254	古吉拉特邦
浦那市	432	3,115,431	2,540,069	5,049,968	马哈拉施特拉邦
苏拉特市	327	4,462,002	2,433,787	4,585,367	古吉拉特邦

注：面积单位为平方公里，多个市在 2001 ~2011 年间行政区域有扩张。

（二）市政局（Nagar Nigam，Municipal Corporation）

印度的市政局（Municipal Corporation，简称 M. Corp. ）如同很多英语系国家一样，设立于大型城镇，可简称为 Corporation。1992 年的第 74 号宪法修正案将市政局归类为大城市。

市政局在印度城市地方政府组织体系中居于最高位置，其权力范围及自治程度远高于市议会，直接受邦政府影响。内部可以编为若干区（Ward），并可设区委员会（ward committee）作为行政机关。不过市政局的功能与其他城市地方自治组织是相同的。人口 20 万以上的城镇可升格为市政局，不过有喜马偕尔邦的西姆拉市等 8 个市政局的人口在 2001 年普查时并没有达到这个标准。

除了范围、人口与所得税以外，所有市政局拥有以下共同特征：市政局依据邦立法机关的法律设置，组织结构以议行分开为基础，设市长其任期为一年但可以连任，市长的职位实际是礼仪性的，邦政府支配并监督自治会的活动，有权解散并接管行政机构。

市政局由议会、市长、各类委员会和都市专员组成。议会作为立法机构，议员由成年选民选举产生，其任期三到五年不等。在一些都市中议会还有参议员，他们由议员选举产生，参议员享有议员的一切特权。各市政局的议员数量各不相同，这跟人口数有关。孟买市政局议员多达 131 名，但人口最少的市政局之一的西孟加拉的金德讷格尔市政局只有 22 名议员。金德讷格尔历史上是前法国殖民地而非英属印度的一部分。

市长是议会的领袖，由议员选举产生，但他必须是参议员并且任期只有一年。市长没有任何行政权，行政责任由都市专员承担。市长有权控制议会秘书处。不过这种行政控制并不施行于整个都市。有些城市的市长能够查阅自治会的所有记录、市长也能够就都市行政事务向都市专员询问有关情况。如果有一定数量议员的请求，市长有权举行议会的特别会议。

另外有各类委员会，其委员能够调查都市的各类事务。委员会实际上分为法定机构和非法定机构两种。在各类委员会中，常务委员会最有权力并且是一种筹划指导组织，掌握着人事、行政、监察以及金融权力，一定程度上能够独立地起到议会作用。常务委员会有 6 到 16 个成员，由一定比例的议员代表以及参议员在自己中间选举产生，并互选产生常务委员会主席。常务委员会相当于市政局的行政委员会，它具有行政指导的功能，在整体上对都市专员及都市行政机构进行监督。

都市专员是市政局行政官员的首脑，其各类政务活动对常务委员会负责。依据法律，专员由邦政府任命，固定任期 3 ~6 年。一般而言，专员是高级公务员，任内工资报酬在都市财政中列支。此外专员还有权宣布紧急状态。专员的任命依据于决策与执行功能分离的原则。专员的权力大体可分为两类，一类是法律规定的权力，另一类则是议会及常务委员会授予的权力。作为都市行政首脑，专员有权对议会及其各委员会的会议讲话，但他并没有投票权。专员对都市的所有公务员拥有监督和管理权，但有关公务员的任命、晋升、惩戒之权，他要与议会及常务委员会共同掌管。财政预算责任由专员承担，新的计划实际上只能由专员提出。但关于财政以及资金从一处到另一处转让的最终决策是由议会和常务委员会作出的，议会对专员的控制权是通过限制或规定专员掌握权力的方式来行使的。专员也需要执行议会的决定。

表 5.2 印度的市政局一览表

邦	市政局名单
中央直辖区	德里（1958）、昌迪加尔（1994）、查谟（2001）、斯利那加（2001）
喜马偕尔邦	*西姆拉（1969）、索兰、达兰萨拉
旁遮普邦	卢迪亚纳、阿姆利则（1976）、贾朗达尔（1977）、伯蒂亚拉（-2001）、珀丁达、莫哈里（2011）
哈里亚纳邦	法里达巴德（1993）、古尔冈（2008）、巴尼巴德、卡纳尔、希萨尔、亚穆纳讷格尔、潘切库拉·卡拉（2010）、安巴拉、罗塔克
北阿坎德邦	*台拉登（-2001）、赫尔德瓦尔（2011）、赫尔德瓦尼（2011）
拉贾斯坦邦	*斋浦尔（-2001）、焦特布尔（-2001）、科塔（-2001）、珀勒德布尔、皮尔瓦拉、阿杰梅尔、乌代布尔
北方邦	坎普尔（-2001）、*勒克瑙（1959）、阿格拉（-2001）、瓦拉纳西（-2001）、密拉特（-2001）、安拉阿巴德（-2001）、加济阿巴德（-2001）、巴雷利（-2001）、阿里格尔（-2001）、莫拉达巴德（-2001）、戈勒克布尔（-2001）、萨哈兰普尔、占西
比哈尔邦	*巴特那（1952）、格雅（-2001）、帕戈尔布尔（-2001）、穆扎法尔布尔（-2001）、达尔彭加（-2001）、比哈尔、阿拉、贝古瑟赖、蒙吉尔、布尔尼亚、格蒂哈尔
阿萨姆邦	*高哈蒂（1969）
西孟加拉邦	*加尔各答（1876）、豪拉（1980）、阿散索尔（1994）、杜尔加布尔（1996）、西里古里（-2001）、金德讷格尔（-2001）
恰尔汉德邦	*兰契（-2001）、丹巴德（2006）、贾姆谢德布尔
奥里萨邦	*布巴内斯瓦尔（1994）、克塔克（1994）、劳尔克拉（2010）
切蒂斯格尔邦	*赖布尔（-2001）、比莱（-2001）、科尔巴（1973）、比拉斯布尔（-2001）、杜尔格（-2001）、拉杰南德冈（-2001）、赖格尔（-2001）、吉尔米里、安比加布尔、杰格德尔布尔
中央邦	印多尔（-2001）、*博帕尔（1983）、贾巴尔普尔（-2001）、瓜廖尔（-2001）、乌贾因（-2001）、萨格尔（-2001）、代瓦斯（-2001）、瑟德纳（-2001）、勒德兰（-2001）、布尔汉布尔（-2001）、穆尔瓦拉（-2001）、辛格劳利（-2001）、雷瓦（-2001）、肯德瓦（-2001）
古吉拉特邦	艾哈迈达巴德（1950）、巴罗达（1950）、苏拉特（1966）、拉杰果德（1973）、贾姆讷格尔（1981）；包纳加尔、朱纳格特（2003）、甘地讷格尔（2011）

（续表）

邦	市政局名单
马哈拉施特拉邦	＊孟买（1888）、浦那（1950）、那格浦尔（－2001）、塔纳（1982）、卡延（1982）、纳西克（1982）、平钦（1982）、绍拉布尔（1964）、戈尔哈布尔（1972）、奥兰加巴德（1982）、新孟买（1992）、阿姆劳蒂（－2001）、乌尔哈斯讷格尔（－2001）、桑格利（1998）、楠德德（1997）、比万迪（2002）、米拉巴扬达尔（2002）、马莱冈（2002）、杜莱（2002）、艾哈迈德讷格尔（2003）、瓦赛韦拉尔（2009）、阿科拉、贾尔冈
果阿邦	帕纳吉（2002）
安得拉邦	＊海得拉巴（1950）、维沙卡帕特南（1979）、维杰亚瓦达（1981）、瓦朗加尔（1994）、贡都尔（1995）、拉贾蒙德里（－2001）、卡努尔（－2001）、蒂鲁伯蒂（2001）、内洛尔（2004）、卡达帕（2004）、埃卢鲁（2005）、卡林纳加（2005）、尼扎马巴德（2005）、卡基纳达（2005）、阿嫩达布尔（2005）、拉马贡丹、坎曼（2011）、翁戈尔（2011）、奇图尔（2011）
卡纳塔克邦	＊班加罗尔（1949）、胡布利－塔尔瓦尔（1962）、迈索尔（1977）、门格洛尔（1980）、古尔伯加（1981）、贝尔高姆（－2001）、贝拉里（2004）、达文盖雷（2007）、杜姆古尔（2009）
喀拉拉邦	＊特里凡得琅（1940）、科泽科德（1962）、科钦（1967）、科隆（－2001）、德里久尔（2000）
泰米尔纳德邦	＊金奈（1919）、马杜赖（1971）、哥印拜陀（1981）、蒂鲁内尔维利（1989）、蒂鲁吉拉伯利（1994）、塞勒姆（1994）、韦洛尔（2008）、蒂鲁布尔（2008）、杜蒂库迪（2008）、埃罗德（2008）

注：名字前带＊的为各邦首府，括号中的数字为该市政局设立的年份。囿于种种因素凡设立时间不详的，在2001年人口普查以前设立的标注为（－2001），以后设立的不标注。

2001年人口普查时，共有102个地方政府为市政局（M. Corp.），此后不时有新的市政局设立，目前其数量不下160处。新的市政局的设立，大部分是由市议会直接升格，并且不少同时合并了邻近的若干个市镇和村庄。如2006年恰尔汉德邦的丹巴德（Dhanbad）市议会升格为市政局时，将邻近的Jharia、Sindri、Chhatandih和Katras等4个通报区全部并入。2009年获准成立的马哈拉施特拉邦的瓦赛韦拉尔市政局，则是由瓦赛、纳拉索帕拉、瑙加尔——马尼科布尔和韦拉尔4个市议会以及53个毗邻的村委员会合并而成。也就是说，目前很多新的市政局的设立，实际上伴随着市镇合并，这当然是跟印度快速城镇化，城区不断蔓延及至溢出边界同步的。

合并同样存在于原有的市政局中。相比2001年，2011年人口普查时班加罗尔和海德拉巴两个市政局的辖区人口都几乎翻了一倍。主要原因就是在2007年，这两个市政局分别进行了一次较大幅度的拓界。12个市议会和8个镇委员会并入了大海得拉巴市政局，7个市议会、1个镇委员会和111个村并入了大班加罗尔市政局。

（三）市议会（Nagar - Palika，Municipality）

市议会这种形式存在于所有各邦，受各邦市政法的规范，这些法大都制定于20世纪20年代早期及30年代。在50年代，一些邦通过了新的法案以消除突出不适应的规定并适应邦边界重新划分的需要。城市地方政府的市议会形式一般是适应于中等城市的市政建设压力的需要，不过市政问题的复杂程度并不能成为改为都市的依据。

需要建立市议会的人口数量在各邦并不相同。在比哈尔邦和奥里萨邦，最少5，000人，而在古吉拉特则需要3万人。除了人口，有的邦规定新设市议会必须达到相关的收入标准。例如在北方邦，建一个市议会需要有2万人口，且年平均收入要达到4万卢比。

不但如此，市议会的名称各邦也有所不同，Municipality（简称M）和Municipal Council（简称M. Cl.）使用最为广泛，此外还有卡纳塔克邦的City Municipal Council（简称C. M. C.）、北方邦等的Municipal Board（简称M. B.）以及Municipal Committee（简称M. C.）。一些邦内同时使用两种称呼，主要是西北部的古吉拉特邦、哈里亚纳邦、喜马偕尔邦、旁遮普邦。

同一个称谓，在不同的邦也可能含义不同。如在古吉拉特邦，唯一的M. C. 的人口超过50万，其余人口从2万至20万的城镇全部称为M。但在哈里亚纳邦，人口超过5万的可以设立M. Cl.，而5万以下的则设立M. C.。在喜马偕尔邦，虽然同时使用M. Cl. 和M. C.，但从人口规模上来看，并没有显著区别。

市议会作为人民议会而在市政法的框架内制定地方法规。市议会议员由具有选举权的成年人选举产生，议员数量的最大和最小幅度范围由市政法所限定，各邦规定也有不同，但都为低种姓和妇女保留席位。议会的任期在3~5年之间。议员互选产生议长或主席，主持市议会会议。与礼仪性的市长职位形成鲜明对照的是，市议会的议长赋有行政权。他掌管着市政府的财政和全面的行政权，还拥有紧急处置权，在一些邦，他还有一种上诉权以反对执行官的行动。议长有权调查市政的所有记录并能就市行政管理的问题提出各种质询。

在一些邦，执行官由议会任命。在泰米尔纳德、卡纳塔克以及奥里萨，执行官则由邦政府任命；然而，如果议会 3/4 多数通过不信任案，他就要被免职。目前，市议会的执行官并不享有市政局中都市专员所拥有的各种法定权力，实际上附属于议长或主席。

实行于市政局的委员会制度同样适合于市议会。此外，法律规定在这些委员会中的任何一个人都应有足够的资格。

市议会辖区内也可以编为若干区（Ward）。2001 年人口普查时，有市议会 1755 个。其中辖区人口最多的，是拉贾斯坦邦的比卡内尔市议会，人口达到 52.9 万，面积 270 平方公里。首都新德里的地方政府也是市议会，人口 29.48 万，面积 43 平方公里，施政范围包括德里中央直辖区的新德里区、中区、南西区和南区 4 个区的各一部分。

（四）镇委员会（Nagar Panchayat，Town Committee）

这类地方政府大部分都是小镇，如喜马偕尔邦 28 个镇中大多人口不足 5 千，北方邦数量最多。由邦政府通过的一些法案支配着镇委员会，但在阿萨姆，这种委员会的功能则由 1956 年的市政法规定。有些邦则只有市政局和市议会两等，没有设立镇委员会，如喀拉拉邦。

地区税务兼行政长官对于镇委员会的功能有着多方面的控制权。这类委员会的成员一部分由选举产生，一部分则由委任产生。镇委员会的功能是有限的。一些邦具有一种明显趋势要在镇委员会所在地建立镇潘查亚特。

（五）通报区委员会

通报区（Notified Area，简称 N. A.）是印度一种规划未来继续开发的区域，主要存在于北印度各邦，如比哈尔邦、恰尔汉德邦和西孟加拉邦，在古吉拉特邦则称工业通报区（Industrial Notified Area，简称 INA）。通报区的行政机关通常为通报区委员会（Notified Area Committee，简称 N. A. C）等，如奥里萨邦、卡纳塔克邦、古吉拉特邦和切蒂斯格尔邦。

通报区委员会是一种特殊类型的委员会，这类委员会所在地没有达到足够的条件以组建市议会但在其他方面却比较重要。通报区委员会通常环绕着新兴镇而发展。邦政府通过政府公报而通报有关信息，因而得名于此。该委员会所履行的功能由市政法所审定，拥有市议会的所有权力，政府在其他法案中也可以授予其可行使的权力。不同之处是市议会是一个由选举产生的组织，而委员会则完全是一个委任产生的组织。通报区委员会的成员包括主席在内都是由邦政府任命。简单来说，通报区委员会就相当于我国的开发区管理委员会，行使地方政府的职能，但是上级政府的派出机关。

2001 年人口普查时，此类地方政府中规模最大的是恰尔汉德邦的贾姆谢德布尔（Jamshedpur），人口达到 57 万，若它是一个“市”的话，将列印度第 60 大。奥里萨邦的劳尔克拉工业区（Raurkela Industrialship）人口 20 万余，是规模第二大的“通报区”，这里有印度最大的铁矿区和钢铁生产基地。工业区虽然地处劳尔克拉市，但行政上并不属于劳尔克拉市议会，而是由劳尔克拉钢铁厂管理，或者说是一个印度式的大型单位社区。劳尔克拉市议会则管辖劳尔克拉老城区 22 万人（2010 年底，该市议会获准升格为市政局）。

在邦首府所在地中，古吉拉特邦的首府甘地讷格尔（Gandhinagar），其地方政府曾长期是通报区委员会（N. A. C），直到 2010 年才正式升格为该邦第 8 个市政局。

（六）兵站委员会（Cantonment Board，简称 C. B.）

兵站委员会在南亚各国普遍存在，其源自历史上的临时军队宿营地，今天已经成为永久性的设施，但仍保留兵站的名称。如大海得拉巴的组成部分的塞康德拉巴德（Secunderābād），就是一个永久兵站，拥有人口 20 多万。2001 年印度人口普查时，共有被统计为城镇的兵站 56 处，以北方邦、乌塔拉坎德邦、喜马偕尔邦等印度北部各邦数量最多。

关于城市地方政府当选官员的社会和经济背景，有充分研究证明，如同乡村的潘查亚特体系一样，也是由地方精英占居优势，而穷人、妇女、低种姓者以及其他少数民族则只有很少代表，这些人大多数只受过中等或初等教育。显然，所有这些具有着相反的意味，即他们不仅是属于动员的资源而且也是承担项目的群体并处于执行的位置。

对于城市地方机构而言另一个重要的问题是，就应该像孟买市政专员那样任命执政官，或者是应有一个政治执行官例如经市长或是在议会中设市长。由于任命市政专员的制度一直具有巨大的压力和重负，以及在城市地方政府机构的执政官与当选官员两者之间现在还存在着严重差异，这就成为一个特别困难的问题。

（七）统计上的城镇和都市区

除前述之市政局、市议会、镇委员会、通报区委员会及兵站委员会外，符合下述条件的地方，也被统计为“城镇”，称为人口普查镇（Census Town，简称 C. T.)，即：

（1）人口在5000 人以上；

（2）3/4 以上的人口从事非农业；

（3）人口密度大于400 人每平方公里的地区。

2001 年印度人口普查时，这样的人口普查镇共有1349 处，广泛存在于印度各地。有很多是大城市的卫星城或新市镇。其中规模最大的两处是恰尔汉德邦的波卡罗钢铁城（Bokāro Steel City，人口 394，173，183 平方公里）和北方邦的诺伊达（Noida，人口 293，908，203 平方公里)。后者得名于其全称“New Okhla Industrial Development Authority（新奥哈拉工业发展区)”的英文首字母缩写，与天津的“泰达”可谓殊途同归。诺伊达是首都德里的卫星城，人口成长迅速。另外 7 处人口超过 10 万的人口普查镇，均位于德里中央直辖区，但没有被编入德里市政局或新德里市议会的辖区范围。

包括各级城镇地方政府、兵站和人口普查镇在内，合计共有 5161 处地方于2001 年人口普查时在统计上被列为城镇。其中有423 处人口超过10 万，也就是统计上说的城市（City)。

都市区（Urban Agglomeration）则包括城镇和与之毗邻的其他居民点，如铁路站点、大学、港区等。都市区须至少有一个拥有法定地位的城镇，且包括毗邻郊区在内的总人口不少于 2 万。为协调都市区内相关市、镇、村的协作发展，不少都市区会设立了“都市区发展委员会（Metropolitan Development Authority)”作为统筹机构。如加尔各答都市区于 1970 年设加尔各答都市区发展委员会（Kolkata Metropolitan Development Authority)。2001 年人口普查时 KMDA 包括加尔各答、豪拉和金德讷格尔 3 个市政局，38 个市议会，72 个镇和 527 个村，面积 1026 平方公里，人口 13，216，546。根据该发展委员会的报告显示，此后都市区发展委员会涉及的范围不断增加，2005 年该委员会称总人口已超过 1500 万，面积达到 1854 平方公里，是仅次于孟买的第二大都市区。顺便提到，加尔各答都市区存在多个地方机关，加尔各答市政局和加尔各答警察局等的行政辖区范围也并不完全相同，加尔各答市政局本身和加尔各答县合一。

二、南亚其他国家的市制

(一) 巴基斯坦的市和都市县

巴基斯坦位于南亚次大陆西北部。面积 796，095 平方公里，人口 132，352，279（1998 年 3 月 1 日普查）。首都伊斯兰堡（Islāmābād）。

巴基斯坦的行政区划总体上分为“省——县（Zila 或 District）——区（Tehsil，信德省称 Taluka）——联合村（Union）”4 级。共分俾路支省、开伯尔——普赫图赫瓦省（2010 年前称西北边境省）、旁遮普省和信德省 4 个省，以及联邦直辖部落地区和伊斯兰堡首都区。联邦直辖部落地区包括 7 个部落特区（Tribal Agency），以及 6 个边区（Frontier Region）。各级行政区的数量常有增加，2005 年巴基斯坦举行地方选举时，4 个省下共设立有 110 县（包括 8 个都市县）。县下的区共 332①，都市县下辖的镇 62。联合村共 6125。联合村是最基层的地方政府，大约代表 1.5 ~2.5 万人口。

部落特区相当于县，下分区，边区因人口较少不设乡。另外巴基斯坦在其控制的克什米尔，划分为联邦管辖的北部地区和自由克什米尔。该两地的人民持巴基斯坦护照，享有对该地政府的选举权，不享有对巴中央政府的选举权。自由克什米尔为准国家。

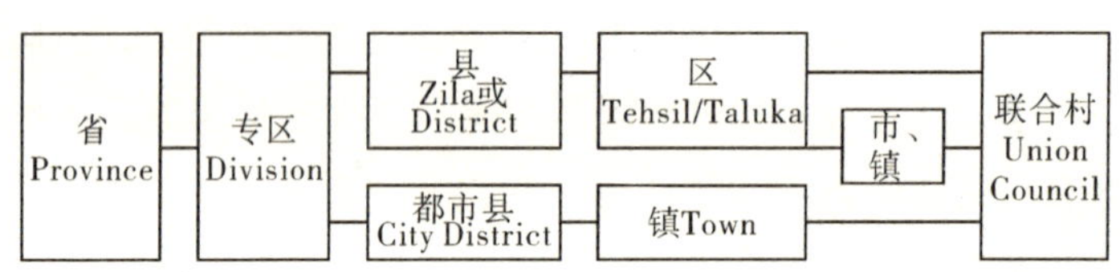

图 5.2 巴基斯坦行政区划体系示意图

在地方政府的产生上，巴基斯坦经历了多次反复。2000 年，执政的穆沙拉夫总统宣布对地方政府进行改革。首先在当年进行联合村委员会委员民选。2001 年地方政府法颁布后，原省和县之间的 26 个专区（Division）取消（后又于 2008 年恢复），权力下放到县，并进行县议员民选。

---

① 其中信德省的特达县（Thatta）有 2 个村不属于任何区（Taluka），该 2 村的村委员会（Union Council）也就行使区议会（Taluka Council）的功能，所以有时也把他们统计为一个“区”，这样合计就是 334 个区。

是年巴基斯坦还将公民有投票权的年龄从 21 岁降到 18 岁，以提高年轻人参政的积极性，同时还保证女性委员占 1/3 以上席次。1983 年时，联合村的女性委员只占 10%。巴基斯坦虽然出过女性总理，但是基层女性委员的数量还是很稀少，尤其是在最基层的联合村委员会中，妇女当选的几率甚低。1/3 的保障席次足够产生 2 名以上的妇女委员，这一点非常重要，因为如果只有 1 名妇女的话她也不会参加委员会的讨论。

1. 城镇地方政府形态

1998 年人口普查时巴基斯坦的城市化率为 32.5%，7 个城区人口超过百万的城市占全国人口的 16.2%。当时“都市县”尚未引入，城镇形态地方政府与印度相似，包括 5 种类型。

（1）大都市市政局（Metropolitan Corporation），仅有卡拉奇和拉合尔两个大都会的地方政府使用这一名称，是最高等级的城镇形态地方政府。2000 年“都市县”的概念引入后，大都市市政局的概念为都市县所取代。

（2）市政局（Municipal Corporation），1998 年人口普查时有 17 处（此后有增加），均为同名县的县城。除后来升格为都市县（City District）的白沙瓦、奎达、费萨拉巴德、拉瓦尔品第、木尔坦、古杰兰瓦拉和海德拉巴等 7 处外，还有旁遮普省的萨戈达（1981）、锡亚尔科特、巴哈瓦尔布尔、章、谢胡布尔、古杰拉特、卡苏尔、拉希姆亚尔汗、萨希瓦尔、奥卡拉、德拉加齐汗和信德省的苏库尔（1980）、拉尔卡纳等。1998 年人口普查时，除德拉加齐汗人口只有 18.8 万外，其他人口均超过 20 万。

（3）市委员会（Municipal Committee），设立的人口要件是满 3 万，时有 153 处。类似印度等国的市议会。

（4）镇委员会（Town Committee），设立的人口要件是满 1 万，时有 303 处。

（5）兵站（Cantonment），时有 340 处。

（6）伊斯兰堡首都区（Islamabad Capital Territory）。合计 515 个市（镇）。

地方政府可随人口增长进行升格。如第一大城市和经济中心卡拉奇，于 1853 年设立市委员会（Municipal Committee），1933 年升格为市政局（Municipal Corporation），1976 年再升格为大都市市政局（Metropolitan Corporation）。2001 年又改制为都市县（City District）。

市（镇）地方政府在国家行政区划体系中的地位界于区（Tehsil/Taluka）

和联合村（Union）之间。前面已说，非都市县下分为区（Tehsil/Taluka），再分为村，但位于同一建成区的联合村则可能组成一个市（镇）。形成“县——区——联合村”和“县——区——市（镇）——联合村”并存的局面。

以旁遮普省萨戈达县（Sargodha District）为例。该县分为萨戈达区（Sargodha Tehsil）等5个区。萨戈达区包括62个联合村，其中22个联合村共同组成萨戈达市，地方政府为萨戈达市政局（Sargodha Municipal Corporation）。

2. 巴基斯坦的都市县

2000年引入了“都市县（City District）”的概念并写入次年颁布的地方政府法。首都伊斯兰堡和卡拉奇、拉合尔、白沙瓦、奎达4个省会被第一批授予都市县称号，2005年后旁遮普省的费萨拉巴德、拉瓦尔品第、木尔坦、古杰兰瓦拉和信德省的海德拉巴5个大都市所在的县升格为都市县。这10个市正是巴基斯坦的前十大城市。

作为地方自治法人，都市县拥有比其他县更多的省级行政权限①，这一点比较类似我国的计划单列市或副省级城市。都市县的官员、雇员和资产相当部分来自于省政府的分流。都市县的行政部门相当完整，包括县厅、农业、社区发展、教育、金融和规划、卫生健康、信息技术、扫盲、税收、道路和能源等基础设施、公共交通、企业和投资促进等各个领域均有相关的职能部门。因经济和社会发展情况的不同，各个都市县之间也有所差异。

在市政管理方面，都市县主要承担的业务有水资源开发、污水处理、防洪等自然灾害防御、固体垃圾处理、工业和医疗垃圾处理、环境控制、土地使用规划、城市设计、住房建设和古迹保护、区域市场和商业中心建设、公园景区森林等休闲设施建设、博物馆、美术馆、图书馆和社区文化中心的建设以及历史和文化资产保护等。

都市县下不再设区（Tehsil/Taluka），而是设立若干个镇（Town）。镇（Town）实际相当于我国的市辖区，是地方自治单位。镇下也设联合村（Union），设立联合村委员会。

以卡拉奇都市县为例（卡拉奇是巴基斯坦经济中心和第一大商港），2001

① City District: Overview of City District Government, National Reconstruction Bureau, Government of Pakistan , http://www.nrb.gov.pk/city_district/overview.htm

年撤销原卡拉奇专区和所辖 5 县，合并设立卡拉奇都市县。下分 18 个镇（Town），设镇议会（Town Council）。每个镇包括 7 ~ 13 个联合村（Union）。1998 年人口普查时，这 18 个镇（市辖区）的人口从 29 万到 73 万不等，中位数 52 万。2011 年，恢复卡拉奇专区和 5 县，仍采都市县体制，沿用 18 个镇的建制。

表 5.3 巴基斯坦的都市县一览表

序号	都市县名	都市县				城区		省
		面积	人口	镇	指定年		人口	
1	伊斯兰堡	906	805,235	5	2001		529,180	伊斯兰堡首都区
2	卡拉奇	3527	9,856,318	18	2001		9,339,023	信德省,省会
3	拉合尔	1772	6,318,745	9	2001		5,143,495	旁遮普省,省会
4	白沙瓦	1257	2,019,118	4	2001		982,816	开伯尔——普赫图赫瓦省,省会
5	奎达	2653	759,941	2	2001		565,137	俾路支省,省会
6	费萨拉巴德	5856	5,429,547	8	2005		2,008,861	旁遮普省
7	拉瓦尔品第	5286	3,363,911	8	2005		1,409,768	旁遮普省
8	木尔坦	3720	3,116,851	6	2005		1,197,384	旁遮普省
9	古杰兰瓦拉	3622	3,400,940	7	2005		1,132,509	旁遮普省
10	海德拉巴	1870	1,494,866	5	2006		1,166,894	信德省

注：面积单位为平方公里，人口为 1998 年 3 月 1 日普查值。

（二）孟加拉国的市和市政局

孟加拉国位于印度洋北岸。面积 147，570 平方公里，人口 124，355，263（2001 年 1 月 23 日）。首都达卡（Dhaka）。行政上分为 8 个专区（Bihag），下设 64 个县（Zila/Jela）。再分为分县（Upazila/Upojela），较接近印度或巴基斯坦的区（Tehsil/Taluka），分县的前身是警察区（Thana）。根据 1983 年修正的地方政府条例，警察区（Thana）升格为分县。2001 年人口普查时，共有分县 508 个，2007 年时减少为 481 个。

<table>
<tr><th></th><th>第一级</th><th>第二级</th><th>第三级</th><th>第四级</th><th>第五级</th><th>第六级</th></tr>
<tr><td rowspan="2">城镇地区</td><td rowspan="3">专区</td><td rowspan="3">县</td><td colspan="2">市政局</td><td rowspan="2">街区</td><td rowspan="2">里</td></tr>
<tr><td rowspan="2">分县</td><td>市议会</td></tr>
<tr><td>乡村地区</td><td></td><td>联合村</td><td>村</td></tr>
</table>

图 5.3 孟加拉国城乡行政区划序列示意图

1. 一般市镇

孟加拉国的乡村地区，在分县下分为联合村（Union），再分为村（Mauza）、分村（village）。2001 年人口普查时，共有 4466 个联合村，59，229 个村，89，320 个分村。除大达卡地区外，联合村的人口均不足 9 万。从行政等级上来看，联合村（Union）和街区（Ward）平行，村（Mauza）和里（Mahallah）平行。

城镇地区，在分县下设立市议会（Paurashava/Municipality），再分为街区（Ward）、里（Mahallah）。依 1977 年城镇法，设市议会（Paurashava/Municipality）的标准为总人口满 1.5 万，主要从事非农业，且人口密度不低于每平方英里 2000 人（约合每平方公里 772.2 人）。市议会作为地方自治团体，于分县和联合村没有直接关系。一些人口较多的市，其辖区可以跨越多个分县，如迈门辛、库米拉等市议会，当然还包括人口更多的达卡、吉大港、库尔纳、拉杰沙希等市政局。

虽然孟加拉国全国人口众多，人口密度很高，但因为该国总体城镇化水平不高，且市的建制严格限定在城镇地区，加上达卡和吉大港两个大都会吸纳了大量城镇人口，所以各市议会的人口并不多。2001 年人口普查时，共有 217 个市议会和 6 个市政局（City Corpration），2300 个街区，7698 个里。从普查结果来看，各市议会的辖区人口从 5 千到 30 万不等。很有意思的是 196 个市议会都分为 9 个街区。

根据财力大小，市议会分为 3 个等级。收入在 600 万孟加拉元以上的可以成为一等，200 万以上的可以为二等，三等都在 200 万以下。

分县、市议会、联合村被赋予较多的民事、社会福利和地区发展的职责。就市议会而言，法律规定其必须履行的职责包括道路、桥梁和下水道修缮，垃圾收集和清理，街灯、道旁树等管理，城市用水，公共市场的兴建和管理，公共卫生和流行病防治，人口出生、死亡、婚姻登记，屠宰场、火葬场、墓地等修建维护，公共交通等。选择性履行的职责包括灾荒救济，公园花园、公厕、福利院、公共图书馆等公共设施的兴建维护，道路命名，全国性节庆，组织志愿服务，及为初级教育机构提供奖学金等。不过由于地方政府长期少征税或不征税，上级政府拨款又不足，不少职责（如公共图书馆和阅览室的建设与管理等）实际并未实施。

2. 孟加拉国的市政局

1983 年后，规模较大、且具有特殊政治经济地位的市议会（Paurashava/Municipality）被批准升格为市政局（City Corpration）。显然从广泛的角度来看，他们跟印度和巴基斯坦的市政局（Municipal Corporation）具有某种历史的联系。孟加拉国独立初期沿用东巴基斯坦省时期的 4 个专区的行政区划格局。继达卡（Dhaka）和吉大港（Chittagong）以后，库尔纳（Khulna）和拉杰沙希（Rajshahi）两个专区的同名驻地也在 1980 年代相继升格为市政局。1993 年和 1998 年，分别析库尔纳专区和吉大港专区设立巴里萨尔（Barisal）专区和锡尔赫特（Sylhet）专区后，两个专区的首府亦随之升格为市政局。2010 年 1 月，拉杰沙希专区北部 7 个县划出单独新设朗布尔专区后，其首府朗布尔（Rangpur）的设市工作随即被提上日程①。

表 5.4 孟加拉国的市政局一览表

序号	市政局名	面积	人口	街区数	升格年	备注
1	达卡市	153.84	5,333,571	90	1983	达卡专区首府,首都
2	吉大港市	168.07	2,023,489	41	1983	吉大港专区首府
3	库尔纳市	59.57	770,498	31	1984	库尔纳专区首府
4	拉杰沙希市	96.68	388,811	35	1987	拉杰沙希专区首府
5	巴里萨尔市	19.99	192,810	30	2000	巴里萨尔专区首府
6	锡尔赫特市	26.50	263,197	27	2001	锡尔赫特专区首府

注：面积单位为平方公里，人口为 2001 年 1 月 23 日普查值。

2011 年，纳拉扬甘杰、库米拉 2 个市议会升格为市政局，达卡市政局分为达卡南和达卡北两个市政局。2012 年朗布尔市议会升格为市政局。2013 年加济布尔市议会扩并升格为市政局。至此共有 11 个市政局。由于迈门辛专区已在 2015 年设立，所以相信近期迈门辛升格为市政局也不远了。

① Rangpur to become city corporation, the Daily Star, 2011. 1. 9, http://www.thedailystar.net/newDesign/news-details.php?nid=169338

（三）尼泊尔的市

南亚北部内陆山国尼泊尔现分为 14 个专区（Anchal），他们分别属于 5 个发展区。专区下设立 75 个县（Jilla），县下包括若干市镇议会和村议会。在北部山区，一个村议会辖区的人口大约是 1000 人，在其它地方则约 2000 人。2008 年 5 月政体改为联邦民主共和国。

尼泊尔共有 58 个建制市镇，设自己的议会，其辖区人口必须在 1 万以上。根据规模大小，市议会可以分为 9 ~ 33 个行政分区。市议会虽然与村议会同级，构成上也相似，但掌握更多的财源同时履行更多的社会福利职责。其中最重要的职能是污水、污物和垃圾处理，供水和道路的维修、建设与照明。

加德满都市（Kathmandau）面积 50.77 平方公里，人口 671，846（2001 年普查）。此外再无一市人口超过 20 万。作为尼泊尔唯一的大都会，加德满都被称为加德满都广域市（Kathmandu Metropolitan City），有一位任期 5 年的民选市长和一位副市长。市长、副市长、35 个区的主席以及 2 位推荐议员共同组成加德满都市政局（Metropolis Board）①。大加德满都都市区包括“加德满都三镇”在内的加德满都县全部，总人口 1，081，845（2001 年普查），面积 395 平方公里。

（四）斯里兰卡的市

印度洋北部岛国斯里兰卡现划分为 9 个省（Palata），再分为 25 个县（Distrikkaya）。各县下分为各种基础地方政府，其中包括市议会。1987 年斯里兰卡新设了 9 个省的建制，并选举产生省议会进行管理，以实行权力下放。为安抚泰米尔人，斯有意将泰米尔人聚居的北方省和东方省合并，以利自治。

图 5.4 斯里兰卡地方政府结构示意图

市议会的设立，可以追溯至 1865 年英治时代。当时通过的条例规定在城

① 参见 Administrative Structure of KMC，Kathmandu metropolitan city（网站），http：//www. kathmandu. gov. np/index. php? cid = 8&pr_ id = 8

市地区设立市政议会。随后，科伦坡、康提、加勒自治市通过多数赞成票宣告成立。1931 年以后，斯里兰卡的地方权力机关分为 4 种类型，即市议会（Municipal Council）、城区议会（Urban Council）、镇议会和村委员会（后改村议会），可参照英国在同时期的自治市（Municipal Borough）、市区（Urban District）和乡区（Rural District）。

1980 年，镇议会、村议会的法定地位消失，其职能多移交给县委员会。1987 年“行政区条例”颁布后，原县的职能和资产又移交给更小的区政府（相当于我国的乡镇），同时在村保留村行政所。目前共有 320 个行政区（Divisional Secretariat），或者可以比照印度和巴基斯坦的区（Tehsil/ Taluka）或孟加拉国的分县（Upazila/Upojela），但比他们要小。

城区议会与市议会被授予许多职能，如：（1）公共道路的修建、分界线、保养、照明与清洁；（2）公共卫生与环境保护工作；（3）提供公共事业服务，如供水、供电、社会活动中心与图书馆、市场与消费、墓地、公共浴池、住宅供应。如有可能，还包括休息室、公共食堂、公共图书馆、免费医疗、各种卫生和娱乐文化场所等等。在较大的市，这些职责由各常务和专门委员会来履行。

目前斯里兰卡共设有 23 个市议会，以首都科伦坡市（Colombo）最大，面积 37 平方公里，人口 64. 71 万（2001 年 7 月 17 日普查）。虽然相比印度、巴基斯坦和孟加拉国 3 个人口大国，斯里兰卡大城市较少，因此并没有引入专为至少 20 万人口以上的大城市而设的市政局（Municipal Corporation/ City Corpration）的概念。不过在地方组织架构上，科伦坡等市议会也采用了市长议会制。

三、中东国家的市制

本书这里说的中东国家，是指土耳其以南，阿富汗以西，利比亚以东，埃塞俄比亚以北的广大区域。笔者对这些国家市制的研究有很大局限，仅择其要者一二，附于地理上邻近的南亚一章之后。

（一）伊朗和阿富汗的市

伊朗是西亚人口最多的国家之一。全国行政区划为“省（Ostān）——县（Shahrestān）——区（Bakhsh）——乡（Dehestān）”四级。

其中乡一级设市（Shahr）建制，县城可以当然的设市。这一点也可以从县（Shahrestān）的波斯文中看出端倪，该单词本身即由市（Shahr）和省（Ostān）两个单词合成，意即县是隶属于省的以一个市为中心的区域。市是伊朗的基层行政单位，但乡下面则还设有村。

<table>
<tr><td rowspan="2">伊朗</td><td rowspan="2">30
省（Ostān）</td><td rowspan="2">324
县（Shahrestān）</td><td rowspan="2">865
区（Bakhsh）</td><td>2378乡
（Dehestān）</td><td>村</td></tr>
<tr><td colspan="2">982市（Shahr）</td></tr>
<tr><td rowspan="2">阿富汗</td><td rowspan="2">34省
（Velayat）</td><td rowspan="2" colspan="2">398县（Shahrestan）</td><td colspan="2">乡</td></tr>
<tr><td colspan="2">市</td></tr>
</table>

图 5.5　伊朗和阿富汗行政区划体系示意图（2005 年）

1950 年时伊朗整理为 10 省，此后不断增设。2004 年最大的呼罗珊省三分后，省的数量增加到 30 个。截至 2005 年 3 月，伊朗共设 324 个县，865 个区，2378 乡和 982 个市。可见，除省对县的管辖幅度达到 1：10.8 稍适中外，县对区，区对乡的管辖幅度分别只有 1：2.67 和 1：3.88。以伊朗的国家规模而言，显然层级偏多。

很多时候，一县之内大部分人口都集中在中心市，伊朗的城镇化程度目前不会低于 2/3。根据 2006 年 10 月 25 日的人口普查结果显示，首都德黑兰的人口为 779.75 万，是世界人口最多的城市之一。此外主要的市还有马什哈德（242.7 万）、伊斯法罕（160.2 万）、大不里士（139.8 万）、卡拉季（138.6 万）、设拉子（122.7 万）、阿瓦士（98.56 万）和库姆（95.9 万）等。

阿富汗方面，根据 2005 年 6 月内政部确认资料，阿富汗分为 34 个省（Velayat），398 个县（Shahrestan）。这里的县，较似伊朗的县、区两级合一的组织。每县下包括县城 1 市和数乡。各省省长由内政部长任命，各县县长由省长任命，唯有首都喀布尔市市长例外，其由总统任命。喀布尔市是喀布尔省 15 个县之一（即县级市），2005 年后市内由 11 个区调整为 18 个区。阿富汗因局势长期动荡，已超过 30 年没有进行人口普查，一般估计喀布尔市目前的人口在 200 万以上。

（二）土耳其的市和广域市

在土耳其，省（İl）是地方最高级行政区，省长由委任产生。土耳其共和国在成立初期将原来奥斯曼帝国时期遗留下来的 20 个省（Vilayet）重新改组为63个省（İl）。1999年底时增加到81个省，此后至今维持不变，各省省会均与省同名。

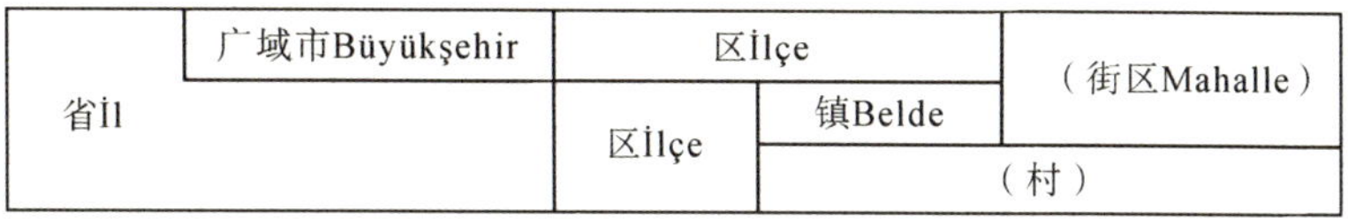

<table>
<tr><td rowspan="3">省İl</td><td>广域市Büyükşehir</td><td colspan="2">区İlçe</td><td rowspan="2">（街区Mahalle）</td></tr>
<tr><td rowspan="2"></td><td rowspan="2">区İlçe</td><td>镇Belde</td></tr>
<tr><td colspan="2">（村）</td></tr>
</table>

图5.6 土耳其行政区划体系

土耳其的地方自治政府（Belediyesi）原包括3种，即广域市、区和镇。设民选行政首长和地方议会。81省下分957个区（İlçe，2010年），区的职能虽较有限，但其属性仍为地方自治政府。在区以下，分为镇和村两种，但只有镇设立地方自治政府，人口不到2000的居民点（村）的地方业务完全由区负责。城镇的街区和农村的村，都有一个委任的首长和一个参事会，街区的参事为4人，村参事依人口多寡可增至6人。如同我国的城镇居民委员会和村民委员会一样，土耳其的村实际权力也要比街区大得多，所以也被认为是政府主体。2014年以后，各省省会所在区的性质单列为省会区。

"市"这个概念在土耳其并没有法定的定义。2000年人口普查时的规定是省会或人口超过2万的城镇为市，当时有181座市。但现在已经废止这一规定。

2004年7月10日通过的《广域市自治法》（Büyükşehir Belediyesi Kanunu，第5216号法律）规定在部分大都市地区设立广域市（Büyükşehir Belediyesi），实行"市——区"两级体系，以更好的举办广域行政事务。广域市在都市规划、道路和公共建设、文教卫生、文物保护、公共交通、水资源利用、殡葬、社会福利服务、灾害预防等各方面拥有广泛的权力。广域市在人事和组织安排上，设立选举产生的市议会和市长，并组建一个市政委员会。自治法还在财政上保障了广域市的财税来源。广域市的区下直接分为若干街区，但不是地方自治单位。

在此之前，大都市地区由几个区各自行政，不利区域协调。设立广域市议会和市长后，原来的几个规模较小的区成为广域市的下级行政区，根据规定，广域市的范围至少应该包括3个此前的区（İlçe）。实际上，有两个广域市的范围，是囊括了全省所有区域，即伊斯坦布尔和科贾埃利。

有些地方为了能达到广域市必须要有3个区的要件，所以就先进行拆分区，然后寻求设立广域市，如安塔利亚、迪亚巴克尔、埃尔祖鲁姆和埃斯基谢希尔。如果不分区那就是不能升格为广域市，如尚利乌尔法（Şanliurfa）区，面积3791平方公里，人口65万，城区人口38.6万，所有数据都超过萨姆松、埃尔祖鲁姆和萨卡里亚3个广域市。话说回来，广域市的设立，本来就是为了跨区广域行政的需要，既然尚利乌尔法区已经拥有处理整个都市区需要的权责，自然没有必要设立广域市。

5216号法律对广域市的边界进行了规定。①半径50公里内聚居的超过200万的人口；②半径30公里内聚居的100至200万的人口；③半径20公里内聚居的100万以下的人口，这样的区域可以被包括在广域市的范围中，总人口则应超过75万。不过从现在的16处广域市来看，根据土耳其官方2008年的资料，至少有4处广域市的人口不足75万（参见表5.5）。

2012年，所有的广域市的范围，都扩大到所在省的全部，广域市与省合体。而在此前，只有伊斯坦布尔广域市和科贾埃利广域市如此。同时规定只要一个省的总人口超过75万就可以设立广域市。当年一下子就增加13个广域市。

2013年，土耳其对地方政府进行重大调整（法律6360号）。主要内容包括：

（1）大量削减镇。原先第三级自治体“镇”的数量被大量削减，只保留非广域市的省境内的非区政府所在地的镇。

（2）增设“省会”建制。或称中心区。没有改制为广域市的省的省政府驻地的区的地位改为“省会”（il merkezi)），省会政府以原来的省政府为基础，同时服务省会所在的区。

（3）简化广域市设立的标准。取消原来的复杂的半径划分，明确规定人口满75万的省就可以设广域市。

2009年的时候土耳其共有地方自治政府2947个，其中广域市16处。2014年地方选举完成后，6360号法律正式实施，土耳其的地方自治政府数量下降为1394个。具体包括30个广域市、51个中心区、919个区政府（其中519个在广域市，400个在省）和394个镇政府（只限其他省的非区政府所在地）。

表 5.5　土耳其的广域市一览表

排序	名称	设立年	区	面积	人口
1	安卡拉市	1984	25	24，521	4，868，418
2	伊斯坦布尔市	1984	39	5196	13，565，798
3	伊兹密尔	1984	30	12，012	3，952，036
4	阿达纳市	1986	15	13，915	2，102，375
5	布尔萨市	1986	17	10，422	2，640，128
6	加济安泰普市	1986	9	6819	1，739，569
7	科尼亚市	1986	31	38，873	2，033，227
8	开塞利市	1988	16	17，043	1，251，907
9	安塔利亚市	1993	19	20，723	2，035，563
10	迪亚巴克尔市	1993	17	15，058	1，561，110
11	埃尔祖鲁姆市	1993	20	25，323	781，626
12	埃斯基谢希尔市	1993	14	13，842	778，421
13	科贾埃利市	1993	12	3612	1，595，643
14	梅尔辛市	1993	13	15，485	1，660，522
15	萨姆松市	1993	17	9083	1，250，598
16	萨卡里亚市	2000	16	4838	886，382
17	艾登市	2012	17	7851	999，131
18	巴勒克埃西尔市	2012	20	14，299	1，155，216
19	代尼兹利市	2012	19	11，692	940，532
20	哈塔伊市	2012	15	5828	1，472，282
21	卡赫拉曼马拉什？市	2012	11	14，346	1，052，336
22	马拉蒂亚市	2012	13	11，776	749，225
23	马尼萨市	2012	17	13，096	1，337，731
24	马尔丁市	2012	10	8806	758，181
25	穆拉市	2012	13	12，851	837，804
26	泰基尔达市	2012	11	6313	824，223
27	特拉布宗市	2012	18	4664	757，857
28	凡城市	2012	13	19，299	1，059，734
29	尚利乌尔法市	2012	13	18，765	1，701，127
30	奥尔杜市	2013	19	5952	712，998

注：面积单位为平方公里。

（三）以色列

以色列总人口约718万（2007年）。行政区划依次划分为6个省（Mahoz），15个区（Nafa）。建国时中央政府在特拉维夫（Tel Aviv），1950年迁往耶路撒冷（Yerushalayim）。绝大多数同以有外交关系的国家仍把使馆设在特拉维夫。

以色列治理下的基础地方政府分为3种。人口在2万以上的城镇型地方政府可以升格为市（Iriya），设市议会为地方行政当局。小型居民点设镇委员会（Moatza Mekomit）进行管理，人口通常在2000以上，现有约120处。乡村社区设乡委员会（Moatza Azorit），分别管理3～54个村庄，人口通常在2000以下，2007年时共有53个乡。这个分类可以上溯至英国委任统治时期。

内坦亚在1948年12月3日设市，是以色列立国后第一个正式设立的市，当时有9000人。截至2008年，以色列共有76个市。耶路撒冷市（Yerushalayim）无论人口（73万）还是面积（125平方公里）都是各市中最大的。但大特拉维夫（Gush Dan）是第一大都市区，包括特拉维夫省和中央省的全部及南部省的一部分，目前人口约300万，行政上分属特拉维夫——雅法市（Tel Aviv－Yafo）等30余市。

而在巴勒斯坦，省下设立的基础地方政府由民选产生地方议会。根据人口多寡，地方议会分为A、B、C、D四个等级。A等设立于各省省会和其他主要城镇，目前有14个，议员额定13人。B等要求人口满8千或在以色列控制下时长期作为镇存在，议员额定13人，今有41处。C等要求人口满4～8千，议员额定11人，今有47处，大部分是近年来核定。D等要求人口满1千，议员额定9人，今有220处。大体上，A等相当于市，B、C等可比镇，D等就是村。此外还有官方或非官方的难民营。

（四）各阿拉伯国家的市

埃及各省中，开罗、亚历山大、塞得港和苏伊士4个是都市省，本身就是1个市。各省下至少设立有一个市（省会），且多有一个同名的县，实行城乡分治。市在行政上分为若干区（Kism），区下进一步分为若干社区（Sheyakha），社区是基于有效的传递社会服务（如疫苗接种等）的最理想的规模来设计。长期以来，埃及的省长由总统任命，省下的县长由总理任命。省下的市，和县下的乡，首长由省长任命。

在教派纷争重重的阿拉伯北部，能实现教派妥协是一件值得庆幸的事情。比如黎巴嫩首都贝鲁特，这个不大的区域内设立有贝鲁特省和贝鲁特市。虽然是一省一市，但省和市并未合一。为平衡多元文化，传统上贝鲁特省的省长为马龙派天主教徒，市长为逊尼派穆斯林，副省长则为希腊正教会人士担任。伊拉克首都巴格达市由一个 37 名成员组成的临时顾问委员会管理。各区和街区也都设有顾问委员会。

阿拉伯地区的地方自治和地方选举发展较晚。科威特算是另类，1961 年刚独立的科威特就开始举办公民选举。卡塔尔在 1999 年首次举行地方市政选举，受其影响下巴林埃米尔恢复议会民主，并在 2002 年 7 月将全国行政区划重组为 5 个省，设立省议会，实行议员普选。2005 年，沙特阿拉伯举行有史以来第一次也是唯一的一次地方选举。2006 年阿联酋的半数国民议会议员开始由选举产生。在关于允许从地方政府代表中选举省长的《地方政府法》修正案通过后，2008 年 5 月 18 日，也门举行了萨那市长和地区省长的有史以来第一次选举。

沙特阿拉伯王国分为 13 个埃米尔辖区，王室成员被分封为埃米尔，区内的具体事务则归内政部领导。埃米尔区的行政中心由一个委任市长（Amin）领导下的市政厅（Amanah）管理，非区行政中心的麦加区的吉达、塔伊夫和东部区的哈萨（即胡富夫）3 个较大的市也设立市政厅，合计 16 处。市政厅的业务由沙特阿拉伯城乡事务部领导。

阿联酋也有市政组织，但现在也不是地方自治机关。早在英国保护国时期的 1927 年，沙迦就已经成立市政厅。这里以迪拜为例来说明市政组织。1954 年迪拜市政管理处成立，1961 年埃米尔拉希德发布命令，成立迪拜市政厅。从 1965 年开始由迪拜王储哈姆丹亲王任市政厅主席至今。1974 年起，市政厅的管辖范围扩大到整个迪拜埃米尔国，它由秘书长、副秘书长、五位秘书长助理和十二个局、四个室、两个处、一个中心组成，管理城建、交通、卫生、园林、绿化、市场等市政事务。1996 年，市府预算为 5.45 亿美元。在因油暴富以后，城市建设的扩张已经使迪拜、沙迦和阿治曼连成一个人口约 200 万的庞大都市区。2007 年 5 月，阿布扎比埃米尔国成立市政事务部成立，以整合境内的城市体系，领导、协调和监督阿布扎比、艾因和西区三个市政厅。市政事务部作为监管部门，提供市级服务和运作。

（五）埃塞俄比亚的市

埃塞俄比亚联邦民主共和国是本地区唯一的内陆国家。1994 年 12 月 8 日，制宪会议通过的埃塞第四部宪法，规定埃塞为联邦制国家。各民族平等自治，享有民族自决和分离权，任何一个族的立法机构以 2/3 多数通过分离要求后，联邦政府应在三年内组织该族全民公决，多数赞成即可脱离联邦，这部宪法使埃塞动荡的局势趋于稳定。现全国根据民族划分为 9 个州（Kilil/Region），以及 2 个特别市（āstedader），各州可以本族语言为州工作语言。州下分为 68 个区（Zone），区下设县（Woreda）。个别县直接隶属于州，为特别县，如南方州的孔索特别县。2002 年开始，县的权力得到扩张。2008 年增至 529 县。县下设乡（Kebele），是基础地方政府。

埃塞俄比亚今天还是一个农业国家，根据埃塞俄比亚中央统计处的统计，2007 年人口普查时共有 927 个地方建制为镇（市），合计市镇人口仅占全国总人口的 16.45%，余为乡村人口。927 个镇的人口中位数仅 4481 人，最少的只有 65 人。

其中人口超过 10 万的城市仅 8 个。以首都亚的斯亚贝巴（Adis Abeba）2，739，551 人为最多，亚都面积 530 平方公里，为州级的特别市，分为 6 区（Zone）28 县（Woreda）。第二大城市德雷达瓦（Dire Dawa）的人口仅 23 万，它在 1998 年升格为特别市。

第六章

欧陆国家的市制

从莱茵河到白令海峡这漫长的地区，以德国和俄罗斯为代表的广大地区，市制具有较高的一致性，这里归为一类。因主要分布于旧欧亚大陆内部，且其他地区较少采用，这里称之为“大陆型”。

此类国家的市制与拉丁型（法国为代表）、海洋型（英、美等国）相比，最明显的不同是实行城乡分治，且市的等级清晰，大市和小市拥有不同的行政等级。德国和俄罗斯两者，除了地方政府组织形态和地方自治权限外，在名称上德国没有市和镇的区别，但俄罗斯有。德国周边的奥地利、捷克、波兰、瑞士等国，受德国的市制影响较深，乌克兰、白俄罗斯以及中亚五国等则与俄罗斯较一致。当然，不少国家都有自己的特点，比如北欧各国和低地三国，已经从城乡分治走向城乡合治。

一、俄罗斯等国的市制

原苏联的俄罗斯、乌克兰、白俄罗斯以及位于中亚的哈萨克斯坦、吉尔吉斯斯坦、乌兹别克斯坦、塔吉克斯坦和土库曼斯坦 8 个国家的行政区划体系大体继承了苏联时代的传统，其基本格局是“州——区——镇村”三级。在统计上，市和镇为城镇地区，村则为乡村地区。

具体可以分为共和国市区域、普通区域、民族区域三种类型，如下表所示。仅有的例外是塔吉克斯坦有 13 个区直属中央不属于任何一州，地图上将这片地区称为“中央直辖区”，位于首都周围地区。当然，虽然名称同为“州”，但其意义在各国自有不同，俄罗斯是个联邦制国家，所以各“州”是联邦的组成部分，在法理上权力较大；但其他国家的州只不过是单一国家内的最高地方政府。

表 6.1　俄罗斯、乌克兰、白俄罗斯和中亚五国的行政区划体系比较表

<table>
<tr><td></td><td colspan="2">中央直辖市区域</td><td colspan="5">普通区域和民族区域</td></tr>
<tr><td>第一级（州级）</td><td colspan="2">共和国市或联邦市</td><td colspan="5">州（民族地区称为共和国、自治州等）</td></tr>
<tr><td>第二级（区级）</td><td rowspan="2">区</td><td rowspan="2">市、镇、村（可无）</td><td colspan="2">市</td><td colspan="3">区</td></tr>
<tr><td>第三级（村镇级）</td><td>区（大市）</td><td>镇、村（可无）</td><td>市</td><td>镇</td><td>村</td></tr>
</table>

（一）中央直辖市

俄罗斯、乌克兰、白俄罗斯及中亚五国这 8 个前苏联内规模最大的国家地方行政区划都实行“州——区——村镇”三级制，相应的市也分为三级。最高一级相当于我国的直辖市，在俄罗斯称为联邦市（Город федерального значения），其他国家则称共和国市，这里统称为中央直辖市或直辖市。直辖市设立的标准主要是基于政治因素，与人口、经济和社会发展程度等关系不大，虽然除哈萨克斯坦外首都都是第一大市。

1. 首都

目前 8 国的首都均为直辖市，且除哈萨克斯坦外，首都均为国内最大的城市。哈萨克斯坦最大城市是前首都阿拉木图，新都阿斯塔纳的人口在 1999 年该国人口普查时仅排第 5，但自 1997 年成为首都后人口增长迅速，到 2009 年再次普查时已超过什姆肯特、卡拉干达和塔拉兹，成为哈国第二大城市。

2. 前首都，或官方正式认定的“第二首都”

这一类直辖市共 3 个，包括前俄罗斯帝国时期的首都暨目前俄罗斯联邦的经济中心与最大港口圣彼得堡市，哈萨克斯坦的前首都和第一大城市阿拉木图市，以及吉尔吉斯斯坦南部中心城市奥什市。奥什市在 2000 年庆祝建城 3000 周年纪念时，被吉尔吉斯斯坦政府正式指定为第二首都，随后升格为直辖市。

3. 其他政治和军事基地

乌克兰的塞瓦斯托波尔市是唯一与“首都”无关的直辖市，他是黑海舰队的主要基地，苏联解体后俄罗斯继续使用该基地，这个特殊的原因促成该市脱离克里米亚自治共和国成为中央直辖市，这一情况至少会维持到 2017 年俄罗斯租界该基地的协议期满为止。塞瓦斯托波尔市在乌克兰的人口只能排到第15位（2001年普查）。

（二）俄罗斯的市

俄罗斯联邦横跨欧亚两大洲，是世界上领土面积最大的国家。2008年3月1日以后包括83个联邦主体，即21个共和国（республика）、9个边疆区（край）、46个州（область）、2个市（город）、1个自治州（автономная область）和4个自治区（автономный округ）。其中3个自治区属于二级行政区，同时隶属于其它的联邦主体。2004年别斯兰人质事件后，普京政府趁势取消了联邦主体首长的选举，改由总统提名或任命。2000年5月13日，普京政府为加强中央集权，设立7个联邦区（федеральный округ），由总统任命全权代表，监督各联邦主体。2010年新增北高加索联邦区。

1. 设市的条件

市（Город）、镇（Посёлок городского типа，直译为城镇形态的居民点）、村（сельсовет），构成俄罗斯的基础地方政府。根据俄罗斯现行立法，人口超过1.2万、非农人口占85%以上的居民点可设为市，人口3000人以上的可以设为镇。不过现今5000人不到的市和几百人的镇也比比皆是。

除了人口总数和就业构成以外，行政意义、产业和文化、生活设施网络的发展程度也是市镇设立时的考虑因素。一个极端的个案是2000年建设的印古什共和国的新首都马加斯市，2002年人口普查时仅275人，是因行政需要而设市的典型。

除莫斯科市和圣彼得堡市拥有州的地位，是联邦构成主体外，其他各市因人口多寡分为“联邦主体直辖市”和“区辖市”两个等级。截至2009年1月1日共有1099个市，1318个镇。最大的区辖市是莫斯科州的梅季希市（Мытищи）和柳别尔奇市（Люберцы），2002年人口普查时达15万余，分列全俄第111和116位。

2. 市的发展历史

如同我国古代一样，俄罗斯最古老的城市主要沿通航河道分布，是封建时代古老的商业据点。莫斯科大公国的崛起使俄罗斯由封建时代进入到绝对主义时代，大公们出于防御目的建立的城堡逐渐成为新的城市中心。彼得大帝时代，又在波罗的海和乌拉尔开辟了新的城市。

到了18世纪，女沙皇叶卡捷琳娜二世进行行政改革，以当时300多座大小城市为依托缔造了现代俄罗斯行政区划的基础，又将165个居民点提升为市。

19 世纪俄罗斯总共出现 50 个城市，数量远小于 18 世纪，工业革命带来的经济发展成为这段时期新市设立的重要因素。如莫斯科附近的伊万诺沃村和沃兹涅先斯克镇由于出现了大的纺织工业，于是改制为伊万诺沃——沃兹涅先斯克市。跨西伯利亚大铁路的建成使西伯利亚和远东出现了一批新城市。

第二次世界大战使乌拉尔地区城市出现大发展，为防止被德国法西斯占领，俄罗斯西部地区的许多工厂连同职工和家属都迁往乌拉尔。我国在 1964 开始的三线建设，当是受此启发。二战期间，俄罗斯的许多城市受到重创乃至毁灭，如著名的斯大林格勒，圣彼得堡的郊区。战后，俄罗斯进行了城市重建。

3. 市辖区

人口在 30 万以上的市内部可以分为若干个行政区（район 或 округ）。不过这也不是绝对的，如分设 6 个区的印古什共和国前首府纳兹兰市（Назрань）目前人口已经跌破 10 万，即使在 1995 年刚实行区制时，人口也只有十余万。纳别烈日内耶切尔内市（Набережные Челны）的人口超过 50 万，但还没有分区。2008 年，远东的共青城市（Комсомольск - на - Амуре）由于人口早已跌破 30 万而取消分区，所以现在共有 67 个市下分区。其中科米共和国的瑟克特夫卡尔市（Сыктывкар）较为特殊，该市仅在部分地区设 1 个行政区，人口 5. 57 万，其他部分则由市直辖并不设区。

行政区的俄语名称有 3 种。圣彼得堡等 54 个市内的行政区使用 район，鄂木斯克等 12 个市使用 округ，只有首都莫斯科市最为特殊，它的区称为 административный округ。使用 район 还是 округ 与人口没有关系，也没有实质上的差异。比较麻烦的是，这个市内部的行政区（район），和市外农村地区设置的区（район），俄语中并无特别区分。而农村的区下又可以管市，这可能容易搞混。

中央或联邦主体直辖市，除了市直辖区域外，在行政上也可以管辖若干个镇或村。甚至还可以管市，这个下位市的地位就相当于区辖市。如俄罗斯首都莫斯科直辖市内，原来还设立有泽列诺格勒市（Зеленоград），直到 2002 年改为泽列诺格勒区。2002 年以后大量市行政区内的其他（低级别的）市、镇、村编入（高级别的）市本身。截至 2010 年初，市管辖下位市的个案仅存 10 例，其中弗拉基米尔州 1 处，沃洛格达州 1 处，斯维尔德洛夫州 5 处，伊尔库茨克州3处。

（三）俄罗斯市镇的近来变化

市镇的数量历年都有变动，苏联解体后，俄罗斯人口流失严重，尤其是中小城镇的人口数下降迅速，同时城镇数量也趋减少。在1989年人口普查时，有市1037，镇2193，合计3230处。到2002年人口普查时，有市1098，镇1842，合计2940处。此后市的总数保持平稳，镇的数量退减较多，到2009年1月1日时有市1099，镇1318，合计2417处。

俄罗斯2002年人口普查后的市镇村变化主要有以下几种情况。

1. 市镇村为上位市吸收实现合并

如前下述，俄罗斯的直辖市和区级市在行政上可以管辖其他邻近的小型市、镇、村，合称从属于市行政的居民点（город и подчиненные его администрации населенные пункты）。

这些由市管辖的下位市镇村近来频频被上位市所吸收合并。2002至2009年间，共有6个市因为被上位市吸收而取消，至少镇村则为数更多。如莫斯科市在2002年以前还管辖泽列诺格勒市和3镇，2002年泽列诺格勒市废除改为莫斯科的市辖区，其他3镇则就近编入各市辖区。

此外，还有个别村镇本不属于某市行政范围，但因为区域邻近近年也有不少被市吸收合并。如2004年莫斯科州的希姆基区管辖的部分地区（1市3镇和数村）取消行政建制，并入希姆基市（区级的州辖市，但并不属于希姆基区），2005年，更是废除希姆基区，其全部行政区域均为希姆基市吸收。此类似我国的市县合并。

2. 市、镇降格为村

原属城镇区域的市和镇建制改组为农村区域的村，实际上进行了降格。2002年人口普查后至2009年1月1日，共有4个市被降格为村。降格的主要原因是因为俄罗斯边疆地区人口下降，尤以远东最为严重，4例市降格为村全部发生在远东。

2002年人口普查时，萨哈林州尚有18市30镇共48个城镇型行政区。由于人口流失严重，2004年将其中3个人口不足1万的市，以及25个人口不足5000的镇全部降格为村，使该州城镇型行政区的数量大幅降至目前的15市5镇共20个。另外一例降格为村的市发生在2004年的堪察加州（2007年整并为堪察加边疆区）。

市降格为镇的目前仅有一例，即加里宁格勒州的 Приморск，2005 年前为波罗的斯克市管辖的一个村镇级市，2005 年因为人口仅有 2100 余人而降格为镇。

3. 镇、村升格为市

由于目前俄罗斯人口增长缓慢，镇村升格为市的案例也很少。2002 至 2008 年，俄罗斯仅有 11 镇 1 村升格为市。新设的市以位于莫斯科州 5 处为最多，次为邻近莫斯科的卡卢加州 3 处，2 处位于人口自然增长迅速的以穆斯林为主的鞑靼斯坦共和国，还有 1 个位于石油和天然气产区亚马尔——涅涅茨自治区，最后一处位于别尔哥罗德州。

4. 区辖市（镇村级）升格为州辖市（区级）

如 2003 年卡巴尔达——巴尔卡尔共和国的巴克桑市（Баксан），因人口超过 5 万，由区辖市升格为州辖市。

5. 州辖市（区级）降格为区辖市（镇村级）

2004 年原勘察加州（今勘察加边疆区）直辖的埃利佐沃市（Елизово）被降格为埃利佐沃区辖市。降格的主要原因也是人口减少，被降格的市的人口通常人口在 5 万以下，但也不是总是执行的那么严格。如罗斯托夫州的萨利斯克市（Сальск）2005 年被降格为区辖市时的人口有 6 万余，而该州目前人口最少的州辖市人口仅 2 万余。

下表为全俄所有人口超过 50 万（2010 年 10 月 14 日人口普查为准）的 35 座市基本情况，其中人口超过 100 万的共 13 座。这里市的统计范围不包括行政上隶属于该市的其它市、镇、村。名前带 * 的表示该市为联邦主体的首府。

表 6.2　俄罗斯分区的市一览表

市名	面积	人口	区数	市名	面积	人口	区数
中央联邦区							
*莫斯科市（直辖市）	1081	11,514,330	10	*伊万诺沃市	105	409,277	4
*沃罗涅什市	590	889,989	6	*特维尔市	147	403,726	4
*雅罗斯拉夫尔市	205	591,486	6	*别尔哥罗德市	153	356,426	2
*梁赞市	234	525,062	4	*斯摩棱斯克市	166	326,863	3
*利佩茨克市	318	508,124	4	*卡卢加市	171	325,185	3

续表

市名	面积	人口	区数	市名	面积	人口	区数
* 图拉市	188	501,129	5	* 奥廖尔市	111	317,854	4
* 布良斯克市	186	415,640	4	* 坦波夫市	153	280,457	3
* 库尔斯克市	190	414,595	3	* 弗拉基米尔市	308	226,091	3
西北							
* 圣彼得堡市(直辖市)	606	4,848,742	18	* 加里宁格勒市	216	431,491	5
* 阿尔汉格尔斯克市	294	348,716	9	* 摩尔曼斯克市	154	307,664	3
* 瑟克特夫卡尔市	152	235,006	1				
南方							
* 罗斯托夫市	354	1,089,851	8	* 克拉斯诺达尔市	841	744,933	4
* 伏尔加格勒市	565	1,021,244	8	索契市	3502	343,285	4
* 阿斯特拉罕市	500	520,662	4	新罗西斯克市	835	241,788	4
北高加索							
* 马哈奇卡拉市	468	577,990	3	* 格罗兹尼市	305	271,596	4
* 斯塔夫罗波尔市	242	398,266	3	纳兹兰市	80	93.357	6
* 弗拉季高加索市	220	311,635	4				
伏尔加河沿岸							
* 下诺夫哥罗德市	411	1,250,615	8	* 伊热夫斯克市	316	628,116	5
* 萨马拉市	466	1,164,896	9	* 奥伦堡市	300	546,987	4
陶里亚蒂市	315	719,514	3	* 奔萨市	289	517,137	4
* 喀山市	425	1,143,546	7	* 基洛夫市	757	473,668	4
* 乌法市	754	1,062,300	7	* 切博克萨雷市	233	453,645	3
* 彼尔姆市	800	991,530	7	* 萨兰斯克市	722	97,425	3
* 萨拉托夫市	393	837,831	6	奥尔斯克市	584	239,752	3
* 乌里扬诺夫斯克市	622	613,793	4				
乌拉尔							
* 叶卡捷林堡市	491	1,350,136	7	* 秋明市	235	581,758	4
* 车里雅宾斯克市	530	1,130,273	7	下塔吉尔市	298	361,883	3
马格尼托格尔斯克市	376	408,401	3	卡缅斯克市——乌拉尔斯基市	144	174,710	2

续表

市名	面积	人口	区数	市名	面积	人口	区数
西伯利亚							
* 新西伯利亚市	507	1,473,737	10	* 克麦罗沃市	282	532,884	5
* 鄂木斯克市	573	1,153,971	5	* 托木斯克市	295	522,940	4
* 克拉斯诺亚尔斯克市	348	973,891	7	普罗科皮耶夫斯克市	228	210,150	3
* 巴尔瑙尔市	321	612,091	5	* 乌兰乌德市	377	404,357	3
* 伊尔库茨克市	300	587,225	4	* 赤塔市	538	323,964	4
新库兹涅茨克市	424	547,885	6	布拉茨克市	428	246,348	3
远东							
* 海参崴市	561	592,069	5	* 伯力市	372	577,668	5

注：面积单位平方公里。名字前带 * 标记的为各联邦主体首府。人口为 2010 年 10 月 14 日人口普查初步值。

（四）中亚五国、白俄罗斯、乌克兰和外高加索的市

中亚五国、白俄罗斯、乌克兰此 7 个前苏联境内的中大型共和国，行政区划和市制体系与俄罗斯如出一辙。

1. 中亚五国

中亚五国的市（哈萨克语：калалар，吉尔吉斯语：шаары，乌兹别克语：Shahri，塔吉克语：шаҳр，土库曼语：şäher）除 7 个直辖市外，其他的城镇类型的地方政府包括区级市、区辖市、镇。

区级市从分布上看，以中亚人口第一的乌兹别克斯坦为最多，2002 年时设区级市约 54 个。2009 年时，哈萨克斯坦设区级市 40 个，吉尔吉斯斯坦 20 个，塔吉克斯坦 16 个。土库曼斯坦情况不详，1995 年时约为 16 个。

就人口规模而言，吉尔吉斯斯坦的区级市设立通常只需要 2 万人口。在人口相对较多的哈萨克斯坦，区级市的人口多在 5 万以上，尽管个别的只有 1 万多，但有一批人口三四万的市仍保持区辖市的地位。

中亚人口在 30 万以上的较大的城市主要分布于乌兹别克斯坦和哈萨克斯坦两个地区大国。包括哈萨克斯坦的卡拉干达、什姆肯特、塔拉兹、厄斯克门、阿克托别和巴甫洛达尔，及乌兹别克斯坦的纳曼干、撒马尔罕和安集延等。

苏联解体后，中亚不少城市也经历了一段时间的人口流失，在大城市中最为典型的是哈萨克斯坦的卡拉干达。卡拉干达直到 1999 年人口普查时都是

哈萨克斯坦的第二大城市，但由于斯大林时代被强迫迁移至此的10余万德意志人陆续返回，人口从1989年普查时的61万直跌至1999年的43.7万，2009年时也只缓慢增长到46万。相反，由于石油产业迅速发展的带动，什姆肯特市的人口增长快速，已成为哈国继老首都阿拉木图和新首都阿斯塔纳后的第三大城市（参见表6.3）。

表6.3 中亚五国的直辖市和人口50万以上的市一览表

城市名	面积	人口	统计时间	国家	备注
塔什干市	256	2,192,700	2008.7 登记	乌兹别克斯坦直	辖市,首都
阿拉木图市	325	1,365,632	2009 普查	哈萨克斯坦	直辖市,前首都
阿斯塔纳市	710	613,006	2009 普查	哈萨克斯坦	直辖市,首都
什姆肯特市	300	603,499	2009 普查	哈萨克斯坦	州府
比什凯克市	127	835,300	2009 普查初步	吉尔吉斯斯坦	直辖市,首都
奥什市	50	258,100	2009 普查初步	吉尔吉斯斯坦	直辖市,第二首都
杜尚别市	300	724,000	2010 普查	塔吉克斯坦	直辖市,首都
阿什哈巴德市	470	871,500	2005.7 估计	土库曼斯坦	直辖市,首都

注:面积单位为平方公里。

2. 白俄罗斯

白俄罗斯共和国分为6个州（вобласць）和1个市（город）。州下分为127个区（раён），区下设市、镇、村（сельсовет）。

在白俄罗斯语中，有两个词汇表示市，即горад和места，前者意为筑有要塞的城镇，后者则指近代城镇。很显然，这两个词汇说明白俄罗斯处在东西方文化的交流要冲上。“镇”则称为паселішча гарадскога тыпу，意为城镇形态居民点，或非正式的使用历史称呼мястэчка。

除首都明斯克（Мінск）为直辖市外，35个较大的市直属于州（人口通常在2万以上），其它的隶属于区。如维捷布斯克州，下分5市21区，区下包括19个市、26个镇和249个乡，各行政区设地方苏维埃（议会）。

3. 乌克兰的基础行政区

乌克兰（Україна）位于欧洲东南部黑海北岸，亦是欧洲第六人口大国。乌克兰的地方行政区划体系和市制沿用苏联时代，所以和俄罗斯基本一致，最大的不同是名称的拼写改为乌克兰语，并且有部分区划名称改为乌克兰固有语，如市，俄罗斯语为 Город，乌克兰语则为 місто，后者显然与波兰语、捷克语、斯洛伐克语、斯洛文尼亚语等的市同源。

首都基辅市（Київ）和黑海舰队基地塞瓦斯托波尔市（Севастополь）是2 个特殊地位的市（Місто Зі Спеціальним Статусом），拥有特别法律地位，与自治共和国（Автономна Республіка）和 24 州（Область）平行。

州以下的次级地方政府为区（район）和州辖市（Місто Обласного Значення）。各区下分为区辖市（Місто Районного Значення）、镇（селище міського типу）、村（сільський населений пункт，село）。截至 2006 年，乌克兰共有共和国直辖市 2 个，州和克里米亚自治共和国直辖市 176 个，区辖市 279 个，合计各级各类市共 457 处，镇 886 处，村 28，552 处。

4. 外高加索三国的市

阿塞拜疆、格鲁吉亚和亚美尼亚 3 国在上世纪末苏联解体后实现国家独立。地方行政除受前苏联影响外，独立后也进行了一些调整。

阿塞拜疆将全国分为 66 个区（阿塞拜疆语：Rayon）和 12 个市（Şəhər），其中 1 市 7 区位于纳希切万自治共和国。最大的 3 个市是首都巴库市（Bak1，2130平方公里，1，788，854 人）、占贾市（Gəncə，110 平方公里，299，342 人）和苏姆盖特市（Sumqay1t，83 平方公里，283，184 人，1949 年升格为市），7 个区级市的人口在 5 ~ 10 万之间，位于纳卡地区的舒沙和油田城市纳夫塔兰人口不足 2 万。

亚美尼亚共和国独立后于 1995 年对行政区划进行重组，划分为 10 个州（亚美尼亚语罗马化转写：Marz）和 1 个市（Kaghak，即埃里温市），各州长由中央任命。首都埃里温（Yerevan）是州级市，行政上分为 12 个半自治的区。面积 227 平方公里，人口 1，103，488（2001 年 10 月 10 日人口普查），约占全国的 1/3。各州以下为基础行政区，包括 1 个或多个居民点，实行地方自治。约 2007 年，亚美尼亚分为 915 个基础行政区，其中 49 个地位为市（镇），866 为村。除埃里温外最大的是久姆里市（Gjumry，36 平方公里，150，917 人，1840 年设市）和瓦纳佐尔市（Vanadzor，107，394 人，1924 年设市）。最小的镇人口不到 300 人。

格鲁吉亚 1995 年通过新宪法，取消南奥塞梯的自治州地位，全国行政区划分为 2 个自治共和国、1 个直辖市和 9 个州。在共和国和州下，分为 67 个区和若干市。市的人口一般在5万以上。除阿布哈兹和南奥塞梯外，目前有5个区级市。阿布哈兹和南奥塞梯未在第比利斯有效管理下。1个直辖市即首都第比利斯市，面积726平方公里，人口1，081，679（2002年1月7日人口普查），是格鲁吉亚最大的城市。此外人口在10～20万的还有库塔伊西市、巴统市和鲁斯塔维市，余皆不足10万。

二、德国的市制

德意志联邦共和国是除俄罗斯以外的欧洲人口最多的国家。分为16州（Länder），有4州下再分为行政区（Regierungsbezirk），截至2008年7月巴符州、拜恩州、黑森州和北威州4州分为行政区，共设19个行政区。德国实行小县小乡镇制。

<table>
<tr><td>第一级行政区</td><td colspan="4">州Länder</td></tr>
<tr><td rowspan="2">第二级行政区</td><td colspan="3">（行政区Regierungsbezirk）</td><td rowspan="4">（柏林、汉堡、不来梅3个城市州）</td></tr>
<tr><td colspan="2">县Kreis</td><td rowspan="3">自由市
kreisfreie Städte</td></tr>
<tr><td rowspan="2">第三级行政区</td><td>（办事处Ämter）</td><td rowspan="2">镇
Gemeinden</td></tr>
<tr><td>镇Gemeinden</td></tr>
</table>

注：行政区和办事处仅在部分州出现，非必须。

图6.1　德国的行政区划体系示意图

（一）基础行政区（乡镇）

县下分为基础行政区（Gemeinden）。统计上自由市也被视为一个Gemeinden。截至2009年9月1日，德国共有12，011个，其中有2073个取得了市（Städte）的称号。

1. 市镇的名称和分类

因为中文中的“市”和“镇”两个概念，在德文中一概使用“Städte”，所以就出现德国人口不足1万的市（Städte）比比皆是，甚至还有仅5人的市Wiedenborstel。

考虑到中文的习惯，除了与县平行的kreisfreie Städte翻译为“自由市”外，那些从属于县，地位是基础行政区（Gemeinden）的Städte可以翻译为“镇”，或者人口超过10万的Städte（无论是否是自由市），可以翻译为“市”，因为人口超过10万的Städte，习惯上也被称为主要城市（Großstadt）。

而那些没有 Städte 称号的 Gemeinden 则可以翻译为乡。

根据人口的多寡，各州对基础行政区进行一些分类，包括主要城镇、中等城镇等。“主要城镇”在不同的州的德语术语是 Große Kreisstädte、Große kreisangehörige Stadt 或 Große selbständige Städte。“中等城镇”为 Mittlere kreisangehörige Städte 或 Mittelstädte。不过在行政上，主要城镇、中等城镇和普通镇区别不大。

在巴登——符腾堡州和萨克森州，县城或人口 2 万以上的镇被称为主要城镇，图林根州则没有提及县城。莱茵兰——普法尔茨州的主要城镇需要人口满 2.5 万。石荷州有 1 个主要城镇。

在北莱茵——威斯特法伦等州，同时存在主要城镇和中等城镇。成为主要城镇至少需要 6 万居民，中等城镇的人口在 2.5 ~ 6 万之间。北威州人口在 10 万以上的市镇是各州中最多的，共有 7 个主要城镇的人口在 10 万以上，即诺伊斯（Neuss）、帕德博恩（Paderborn）、雷克灵豪森（Recklinghausen）、默尔斯（Moers）、锡根（Siegen）、贝吉施格拉德巴赫（Bergisch Gladbach）、维滕（Witten）。北威州以外，只有巴符州的罗伊特林根（Reutlingen）和下萨克森州的希尔德斯海姆（Hildesheim）2 个主要城镇人口超过 10 万。

勃兰登堡州有 1 个主要城镇和 12 个中等城镇。萨尔州不设主要城镇，只有中等城镇，要求人口满 2 万，目前有 2 个。黑森州不使用主要城镇或中等城镇，7 个人口在 5 万以上的镇被授予特例镇（Sonderstatusstädte）的称号。

2. 市镇乡的组织形式

市镇乡（即基础行政区）作为德国最基层的地方自治单位，它不是州政府的下属行政单位，而是地方自治团体，依其自治条例自由处理本地事务。另一方面，市镇乡也必须接受来自上级政府的监督，并办理上级政府的委托事务。

市镇乡设立民选的议会（小型乡镇则为市镇乡民大会）和市镇乡长。但具体来说各地又主要有四种组织形式。

一是，议会 + 总监制，即有民选市镇乡议会，民选或任命的虚位市镇乡长，具体行政事务则交由市镇乡总监处理，类似美国的市经理制，主要分布在德国北部。

二是，行政 + 议会制，即分别民选产生市镇乡长和议会，相互制约，主要分布在德国南部。

三是，市镇乡长和议会合一制，即由民选产生的市镇乡长同时领导民选产生的议会，是议会的当然主席，这在西部的莱茵河流域分布较多。

四是，议会主导制，即民选产生地方议会，议会选举市镇乡长并监督其行政工作，市镇乡长不是议会的领导人，这种在全德都有分布。

（二）自由市

行政区和不分区的州下分为 301 个县（Kreis）和 111 个自由市（Kreisfreie Städte）。自由市源自中世纪时期的自由市，拥有自己的市宪章（Gemeindeordnung），今天来看，就相当于我国的县级市。

柏林、汉堡和不来梅 3 个自由市同时也是联邦一州。汉堡州和不来梅州的全称就是汉堡自由汉萨市和不来梅自由汉萨市①。不来梅市比较特殊的是，作为一个联邦州，其境内还包括另外一个自由市，即不来梅港市（Bremerhaven，面积 79 平方公里，人口 116，045），港市是市本部位于西北的一块港口飞地，形成“市管市”的格局。

1. 自由市的设立和废除

升格为自由市的标准，各州不一。拜仁（巴伐利亚）州规定人口满 5 万的城镇可以升格为自由市，萨安州则要求 9 万。巴符州、北威州等并没有明确规定。

由于规定的人口要件较低，因此巴伐利亚的自由市数量最多，达 25 个。但其中有 17 个自由市的人口都不足 10 万，甚至有 9 个市的人口现不足 5 万。

战后历史上，曾经发生 8 起因为市县合并，而失去了自由市的地位的个案。

1964 年，下萨克森州的格丁根（Göttingen）自由市并入格丁根县。

1974 年萨尔州的首府萨尔布吕肯（Saarbrücken）自由市并入同名县，这使该州成为德国唯一没有自由市的州。

2008 年 7 月 1 日萨克森州进行行政区划重组，将茨维考（Zwickau）、普劳恩（Plauen）、格尔利茨（Görlitz）和霍耶斯韦达（Hoyerswerd）4 个人口不足 10 万的自由市取消，并入邻近的县降为一般市镇。

以上都可以认为是简单的自由市并入县，但另外 2 次市县合并情况则要

① 自由汉萨市是一个历史遗留的名称，今天更多是一种身份的象征，表示该市是曾经的汉萨同盟的成员，当地的市民和商人在中世纪已经从教会手里取得了城市自治权。目前名字中还保留自由汉萨市头衔的自由市，除汉堡和不来梅外还有吕贝克、罗斯托克、施特拉尔松德和维斯马。

复杂一些。

2001 年 11 月汉诺威市（人口 52 万）和汉诺威县合并，新成立的地方政府称为汉诺威地区（Region Hannover），在下萨克森各县中，汉诺威地区具有独特的法律地位，除了是因为该州首府，合并后的汉诺威地区的人口（110 万）也远远超过德国任何一个县，列第二位的北威州雷克灵豪森县（Recklinghausen）为 65 万人。汉诺威地区设自己的议会和行政首长，议员每 5 年选举一次，行政首长每 8 年选举一次。汉诺威地区的独特性在于，它既不是县，也不是市，而是县和市的合体，它既代表整个汉诺威地区，也直辖原汉诺威市的区域，原县属的各市镇乡则照旧运作。这一点显然与格丁根这样合并后还保留自己的市议会是不同的。

2009 年 10 月，北威州的亚琛市和亚琛县也效法汉诺威进行市县合并，成立亚琛城镇地区（Städteregion n Aachen）。

2. 现有的自由市

除上述已经合并的八个外，目前其他的 111 个自由市名单如下。

巴登——符腾堡州（9）：斯图加特市（Stuttgart）、曼海姆市（Mannheim）、卡尔斯鲁厄市（Karlsruhe）、弗赖堡市（Freiburg）、海德堡市（Heidelber）、海尔布隆市（Heilbronn）、乌尔姆市（Ulm）、普福尔茨海姆市（Pforzheim）和巴登——巴登市（Baden - Baden）；

拜恩（巴伐利亚）州（25）：慕尼黑市（München）、纽伦堡市（Nürnberg）、奥格斯堡市（Augsburg）、维尔茨堡市（Würzburg）、雷根斯堡市（Regensburg）、因戈尔施达特市（Ingolstadt）、富尔特市（Fürth）、埃朗根市（Erlangen）、拜伊罗特市（Bayreuth）、班贝格市（Bamberg）、阿沙芬堡市（Aschaffenburg）、肯普滕市（Kempten（Allgäu））、兰茨胡特市（Landshut）、罗森海姆市（Rosenheim）、施韦因富特市（Schweinfurt）、帕绍市（Passau）、霍夫市（Hof）、施特劳宾市（Straubing）、安贝格市（Amberg）、魏登市（Weiden）、考夫博伊伦市（Kaufbeuren）、科堡市（Coburg）、梅明根市（Memmingen）、安斯巴格市（Ansbach）和施瓦巴赫市（Schwabach）；

黑森州（5）：法兰克福市（Frankfurt am Main）、威斯巴登市（Wiesbaden、卡塞尔市（Kassel）、达姆施塔特市（Darmstadt）、奥芬巴赫市（Offenbach am Main）；

莱茵兰——普法尔茨州（12）：美因兹市（Mainz）、路德维希港市

(Ludwigshafen am Rhein)、科布伦茨市（Koblenz)、特里尔市（Trier)、凯撒斯劳滕市（Kaiserslautern)、沃尔姆斯市（Worms)、诺伊施塔特市(Neustadt an der Weinstraße)、施派尔市（Speyer)、弗兰肯塔尔市(Frankenthal（(Pfalz))、皮尔马森斯市（Pirmasens)、兰道市（Landau in der Pfalz)、茨韦布吕肯市（Zweibrücken)；

北莱茵——威斯特法伦州（23)：科隆市（Köln)、多特蒙德市(Dortmund)、埃森市（Essen)、杜塞尔多夫市（Düsseldorf)、杜伊斯堡市(Duisburg)、波鸿市（Bochum)、武珀塔尔市（Wuppertal)、比勒费尔德市(Bielefeld)、波恩市（Bonn)、盖尔森基兴市（Gelsenkirchen)、明斯特市(Münster)、门兴格拉德巴赫市（Mönchengladbach)、克雷费尔德市(Krefeld)、奥德豪森市（Oberhausen)、哈根市（Hagen)、哈姆市（Hamm)、黑尔讷市（Herne)、米尔海姆市（Mülheim an der Ruhr)、索林根市(Solingen)、勒沃库森市（Leverkusen)、波特洛普市（Bottrop)、雷姆沙伊德市（Remscheid)；

下萨克森州（9)：不伦瑞克市（Braunschweig)、奥斯纳布吕克市(Osnabrück)、奥尔登堡市（Oldenburg)、沃尔夫斯堡市（Wolfsburg)、萨尔茨吉特市（Salzgitter)、威廉港市（Wilhelmshaven)、代尔门霍斯特市(Delmenhorst)、埃姆登市（Emden)；

不来梅州（2)：不来梅市（Bremen)、不来梅港市（Bremerhaven)；

汉堡州（1)：汉堡市（Hamburg)；

石勒苏益格——荷尔斯泰因州（4)：基尔市（Kiel)、吕贝克市(Lübeck)、弗伦斯堡市（Flensburg)、新明斯特市（Neumünster)；

柏林州（1)：柏林市（Berlin)；

勃兰登堡州（4)：波茨坦市（Potsdam)、科特布斯市（Cottbus)、勃兰登堡市（Brandenburg)、奥德河畔法兰克福市（Frankfurt（Oder))；

梅克伦堡——前波莫瑞州（6)：罗斯托克市（Rostock)、什未林市(Schwerin)、新勃兰登堡市（Neubrandenburg)、施特拉尔松德市（Stralsund)、格赖夫斯瓦尔德市（Greifswald)、维斯马市（Wismar)；

萨克森州（3)：莱比锡市（Leipzig)、德累斯顿市（Dresden)、开姆尼茨市（Chemnitz)

萨克森——安哈特州（3)：哈雷市（Halle)、马格德堡市（Magdeburg)、德绍市（Dessau）；

图林根州（6）：爱尔福特市（Erfurt）、格拉市（Gera）、耶拿市（Jena）、魏玛市（Weimar）、爱森纳赫市（Eisenach）和苏尔市（Suhl）。

3. 大城市的内部分区

一些大型城市在行政上分为若干个区（Bezirke）。如柏林分为 12 个区，下再分为 96 个分区。汉堡分为 7 个区，不来梅分为 5 个区。分区仅在规划和统计上使用，但因为其源自历史上的独立村镇，所以市民的认知度上反而很高。

以柏林为例，二战后西柏林恢复了魏玛共和国时期的“市——区”二级制，并取得了联邦德国相当于一个州的地位，这使得柏林拥有巴黎、伦敦等其他国家同类城市无法比拟的内部事务和经济自主权，将市州两级权力比较容易的集中起来。两德统一后，德国着力集中较大的力量，整合原被两个政权分治过的一个城市，并渡过当时极大的财政困难。2001 年，柏林将原来的 23 个区合并成 12 个区，每区得到了较大的自主权。这样做强化了区的地位，减省了行政开支，协调起来比较容易。柏林的调整是为了在集权和分权之间寻求新的平衡点。

（三）基础行政区合并与联合

德国采用小乡镇、小县制度，人口聚集者为州辖的自由市，例如拜仁州的慕尼黑市、北威州的杜塞尔多夫市等。但大多数还是农村型或小型工商生活型的乡镇，其规模也相当于我国的村，或界于我国的乡镇和村之间的规模。基础行政区的平均规模较小，平均面积为 29.36 平方公里，平均人口为6845 人（2007 年 12 月 31 日），中位数 3599 人。

除 3 个城市州以外，基础行政区平均规模最大的是北威州，平均 86.08 平方公里，45，446 人。最小的是莱法州，平均仅 8.61 平方公里，1754 人。

由于基础地方政府的规模太小，部分地方政府就联合起来举办一些共同事务，以提高行政效率。联合的形式包括邻近联合（engerer Gemeindeverband）、目的组合（Kommunaler Zweckverband）和大联合（höherer Gemeindeverband）。

邻近联合相当于几个小型乡镇合署办公，并从各镇首长中选出一个名誉负责人对外统一代表各镇。

目的组合是为了举办特定事务而举办，如垃圾处理、消防急救业务、学校运营（类似我国农村的联合小学）、上下水道、道路事业等。

大联合的意思是由相关市镇的首长和议会组建联合议会，作为决定机关。共同决定的事物包括如区域开发计划、地域整备计划、社会福利事业、垃圾处理、区域下水道、综合交通计划和公共交通等。

德国各州曾在 1960 年进行乡镇合并与功能的改革（Gebiets - und Funktionalreform），否则乡镇的规模更微小薄弱，经过该此改革，市镇乡的功能（即所承办的业务和管理权限）得到扩张，例如早先乡镇规划工作由县政府负责，之后改归乡镇。不过，权力的下放的负面效应也出现，比如增大了地方政府的负担，加重市镇乡的财政压力。

近年来，德国部分州的基础行政区合并的幅度也很大，尤其是原东德各州。如勃兰登堡州，市镇的数量从 1995 年的 1696 个逐减至 2009 年的 419 个，缩编 3/4 以上。萨克森州也有减少 43%。这些应该都是为了降低财政开支，以减轻东德加入后德国政府所背负的巨大财政包袱。

三、中欧和中东欧各国市制的特征

这里所说的中欧和中东欧国家泛指德国、瑞士以东，波罗的海以南直到巴尔干的各国，既包括德国、奥地利等老牌资本主义国家，也包括苏东剧变后的大部分东欧国家。历史上，德国对中东欧国家的政治影响颇深，虽然经历冷战时期的割裂，但仍旧拥有很多相似的特征。下面简述市制方面的一些共同性。

从文化和历史渊源上看，如今这些国家很多城镇所取得的城镇权利，可以上溯到神圣罗马帝国时代的“马格德堡权利（Magdeburger Recht）”，中世纪日耳曼最重要的城镇法律。中东欧很多君主通过了该权利，使它成为该地区城市化的一个里程碑，并引发了大量城镇的发展。该权利主要是规范城市的商业和手工业贸易，保护城市手工业者和商人的利益。权利主要影响的范围，包括今日的德国、波兰、立陶宛、斯洛伐克等地，甚至白俄罗斯、乌克兰和弗里斯兰。

（一）各国市制的一般特征

1. 实行城乡分治

中东欧国家大多沿袭传统的城乡分治的格局，地方政府较严格的区分城镇和乡村形态，各国的基本行政区划模型如下图 6.2 所示。这个模型因各国规模不同，具体表现上有所不同，但基本格局大体如此。德国因有些州规模过大，在州和县市之间，设立有行政区，但行政区并不是必要的。匈牙利、奥地利等欧洲中等国家基本上采用上述模型。捷克在2003年后有所调整。波兰、斯洛伐克、立陶宛目前没有设立特别市。瑞士的县为非必要，有10个州不设县级。拉脱维亚和爱沙尼亚因规模稍小，可以认为不设省州，下面的行政区划从县级开始起编。

<table>
<tr><td>第一级行政区（省级）</td><td colspan="3">州或省</td><td rowspan="3">特别市、直辖市、城市州（首都）</td></tr>
<tr><td>第二级行政区（县级）</td><td colspan="2">县（或区）</td><td rowspan="2">法定市、自由市（大城镇）</td></tr>
<tr><td>第三级行政区（基础级）</td><td>乡村</td><td>市镇（小城镇）</td></tr>
</table>

图6.2　中部欧洲各国行政区划的基本模型示意图

也就是说，在大多数时候，一个城镇，无论其规模多大，本身都作为一个基础行政区。即使取得了直辖市的地位，其市辖区也只是市政府的行政单位，不作为地方自治团体。不过，也有几个例外，塞尔维亚、马其顿和波黑的几个人口在20万以上的城镇，每市都包括多个基础行政区，实行两级自治，设立有市行政当局，如同我国的“市——区”两级制。具体包括塞尔维亚的贝尔格莱德市和尼什市等，马其顿的斯科普里市和波黑的萨拉热窝市等。

2. 实行小县小乡镇制，基础行政区数量多规模小

尤其是瑞士、匈牙利、斯洛伐克等国，基础行政区的人口中位数不足1000人。即使是近来已经经过市镇乡整并过了的波兰和斯洛文尼亚，其基础行政区的人口中位数，也只有五、六千。德国、克罗地亚、罗马尼亚、希腊和阿尔巴尼亚等国则在3000～5000之间。又如爱沙尼亚的基础行政区（Omavalitsus），基本仍延续历史上的堂区，所以总体规模更小，2/3的基础行政区的人口都在3000以下。

只有“保加利亚——塞尔维亚——黑山——马其顿——波黑”这一块地区的基础行政区（波斯尼亚语：Opština，塞尔维亚语、马其顿语：општина，黑山语：општине，保加利亚语：община）才普遍较大。在最近一次（2000～2003年之间）上述五国的人口普查中，基础行政区的人口中位数最低的保加利亚为13，830人，但这一数据仍远远高于其他国家，包括2009年已经进行了地方政府合并后的拉脱维亚。

表 6.4 中部欧洲各国地方行政区划比较表

国家	高级行政区		中间级行政区		基础行政区		
	直辖市	省州区	县	法定市等	合计	人口中位数	其中：市数
德国	16		301	113 自由市	12,011	3599(2007)	2073
奥地利	—	9	84	15 法定市	2357	1554(2001)①	199
瑞士②	—	26	—	—	2636	959(2006)③	226
匈牙利	1 特别市	19	173	23 县级市	3152	848(2008)④	328
捷克⑤	1 特别市	13	76	23 法定市	6160	估计约 600	不详
斯洛伐克	—	8	79	—	3021	629(2006)⑥	138
波兰	—	16	379	65 县级市	2479	6557(2008)⑦	306
立陶宛	—	10	60	—	546	估计约 3000	103
斯洛文尼亚	—	—		—	210	5185(2002)⑧	11
克罗地亚	1 直辖市	20		—	556	3335(2001)	127
爱沙尼亚	—	15		—	227	1811(2000)⑨	34

① 数据来源：奥地利统计局网站（德文），2001 年人口普查，http://www. statistik. at/web_de/statistiken/regionales/regionale_gliederungen/NUTS – Einheiten/index. html

② 瑞士在州与基础地方政府之间由各州自行设置，所以各州无论在结构还是名称上都有所不同，大体可以统称为县（德语 Bezirke，法语 district，意大利语 Distretto）。2003 年后有 10 个州不设县，如格拉鲁斯州。

③ 数据来源：wikipedia（英文），这里根据 2006 年 2740 个原始数据的分组数据统计，由于此后进行了合并，估计目前的中位数可能突破 1000，http://en. wikipedia. org/wiki/Municipalities_of_Switzerland

④ 资料来源：Geohive（英文）转引自匈牙利统计局网站（马扎尔文），http://www. xist. org/cntry/hungary. aspx

⑤ 2003 年捷克基础行政区进行大幅重整，新的数据暂缺。

⑥ 资料来源：斯洛伐克统计局网站（斯洛伐克文），这里是按照 2006 年年底 2927 个原始数据统计，http://portal. statistics. sk/files/Sekcie/sek_600/Demografia/Obyvatelstvo/Obce2006. pdf

⑦ 资料来源：波兰统计局网站（波兰文），这里按照当时 2478 个 Gmina 的人口分组后的数据进行统计，http://www. stat. gov. pl/cps/rde/xbcr/gus/PUBL_L_ludnosc_stan_struktura_31_12_2008. pdf

⑧ 数据来源：Stadoids（英文），这里按照当时 193 个原始数据统计，http://www. statoids. com/ysi. html

⑨ 数据来源：Stadoids（英文），按照 2000 年普查时 241 个基础行政区（Omavalitsus）的数据统计，http://www. statoids. com/yee. html

续表

国家	高级行政区		中间级行政区		基础行政区		
	直辖市	省州区	县	法定市等	合计	人口中位数	其中：市数
罗马尼亚	1 直辖市	41		—	2841	估计约 3800	255①
摩尔多瓦	3 直辖市	32		—	982	估计约 2000	65②
阿尔巴尼亚	—	12		—	374	估计约 4000	65
希腊	—	13	52	—	1034	4662(2001)	不详
保加利亚	1 直辖市	27		—	264	13,830(2001)	—
塞尔维亚(除科索沃)	1 直辖市	24		—	165	27,890(2002)	24
科索沃	—	5		—	30	54,545(1991)	—
黑山	—	—		—	21	21,604(2003)	—
马其顿	—	—		—	84	14,101(2002)	—
波黑	10(穆克联邦)+7(塞族共和国)				143	估计约 1 万 8	—

注：波黑的 143 个基础行政区为两个政治实体之合，其中有几个因为被两者分治而被重复统计，如萨拉热窝、莫斯塔尔、多博伊、帕来、福查、库普雷斯等，也就是说，战争爆发前波黑的基础行政区的人口中位数当更高。

3. 多数国家无市和镇的区分

这些国家的基础地方政府，普遍区分为“市”和“村”，但中文中的“市”和“镇”在这些国家的官方语文中，大多是同一个单词。

在德文中的 Städte，泛指一切城镇形态的地方政府，既指中文的市，又指镇。所以就出现德国人口不足 1 万的市（Städte）比比皆是的情况，甚至还有仅 5 人的市 Wiedenborstel。

匈牙利语中为 város，捷克语为 město，斯洛伐克语为 Miest，斯洛文尼亚语为 Mesto，克罗地亚语为 Gradovi，波兰语为 Miasta，爱沙尼亚语为 Linn，拉脱维亚语为 Pilsētas，阿尔巴尼亚语为 Bashkia，希腊语为 Δήμος。

---

① 包括 103 个市(municipiu)和 152 个镇(Oraş)。

② 包括 5 个市(municipiu)和 60 个镇(Oraş)。摩尔多瓦市的设置除了人口更多的是基于政治考虑。蒂吉纳(Tighina,俄语宾杰雷 Бендеры)和蒂拉斯波尔(Tiraspol)两市位于德涅斯特河沿岸地区,后者还是该地区首府,摩政府并未实际控制。另一个是加告兹自治区首府科姆拉兹(Comrat),它只有 2 万余人口。

仅有3个国家例外，即罗马尼亚、摩尔多瓦和立陶宛。在立陶宛语中，中文的“市”和“镇”分别对应Miestas和Miestelis。罗马尼亚——摩尔多瓦语中，则分别是municipiu和Oraş。

没有市和镇的区别使这些国家设市标准普遍较低，或者可以理解为我国的设镇标准。

4. 当市人口达到一定规模时，可以升格为拥有特别地位的市

表6.5 部分中东欧国家基础行政区和市的名称对照表

国家	基础行政区	市	特别地位的市
德国	Gemeinden	Städte	自由市 Kreisfreie Städte
奥地利	Gemeinden	Städte	法定市 Städte mit eigenem Statut
匈牙利	Települések	város	县级市 megyei jogu város
波兰	Gminy	Miasta	县级市 Miasta na Prawach Powiatu
捷克	Obce	město	法定市 statutární město
斯洛伐克	Obce	Miest	
斯洛文尼亚	Občine	Mesto	
拉脱维亚（2009前）	Pagasti	Pilsēta	共和国市 Republika pilsēta
克罗地亚	Općine	Gradovi	
波黑	Opština	Gradovi	官方市 Službeni Gradovi
塞尔维亚	општина	градови	官方市 Службени градови

注：表上三者中，前者在外延上包括后者。

如德国的自由市（Kreisfreie Städte），奥地利的法定市（Statutarstadt，或Städte mit eigenem Statut），捷克的法定市（statutární město），匈牙利的县级市（megyei jogu város），波兰的县级市（Grodzkie或Miasta na Prawach Powiatu），塞尔维亚的法定市（Службени градови）及波斯尼亚和黑塞哥维那的法定市（Službeni gradovi）。

根据中文的习惯，也有中文文献把这些拥有特别地位的市——即当地语言在“市（镇）”一词上追加一堆修饰语——直接译为市，而把没有这些修饰语的译为镇。

5. 市镇地方自治历久悠久，但又必须接受上级政府的监督

以德国为代表。德国地方自治历史悠久，甚至可以追溯到中世纪自由城邦的特权。今天还有“自由市”这一名称的沿用。德国基本法保护地方政府

在上级政府对本地区作出重大决策时行使否决权，防止无端干扰，维持地方稳定，保护地方利益。与此同时，市镇乡地方政府也必须接受上级政府的监督。

就法律地位而言，基础地方政府，无论其规模差异多大，或者有没有取得市的地位，在自治权限上均无差异，不存在互相隶属的问题。

（二）中欧和中东欧国家设市（镇）的标准

关于基础行政区中，正式取得市（镇）称号的标准，各国不一。在很多时候，取得市镇称号后，拥有比原来的乡村更多的地方自治权限，这主要是因为人口增加所带来的事务繁多，需要设立专门的机构处理。

立陶宛规定人口超过3000且至少2/3居民从事工业或服务业的地理区域可以设立市（Miestas），取得城镇自治权。如果人口不足3000，但超过500，且至少一半居民从事非农产业，这样的地方可以设立镇（Miestelis）。不过目前不少市和镇，其地位是由历史上沿袭下来。市、镇通常有一个教堂，有些还有自己的纹章。一般来说，取得市自治权后，该地位不会因其人口下跌而被取消，不过也有例外，在2002年和2003年，就有3个市，Juodupė、Kulautuva、Tyruliai被降格为镇。所以目前共有103个市。

瑞士规定人口超过1万的基础行政区（德语Gemeinden，法语Commune，意大利语Comuni）可以升格称为市（德语Städte，法语Ville，意大利语Città）。另一方面，虽然人口不足1万，但历史上获得过城市自治权或经商权，且延续至今没有被取消的，也仍旧被认为是市，这样的城镇不下100处，其中人口最少的仅90人。合计瑞士总共有226个市。

斯洛伐克在1990年以后规定，一个基础行政区（Obec）当它是区域经济、行政、文化或旅游中心，能为周围各村居民提供良好服务，拥有完善的交通体系，且居民数达到5千时，经过全体居民公决，可以自动成为市（Miest）。如果其他条件都符合，那么人口要件可以被降低，目前共有138个市，其中最小的莫德里卡门（Modry Kameň）不足1500人。人口最多的首都布拉迪斯拉发市（42.87万）和科希策市（23.6万）较为特殊，分别包括5个县和4个县，并设立有市行政当局。

拉脱维亚2009年行政区划调整前的法律规定，拥有良好的基础设施和公共事业的文化和产业中心，且至少拥有2000人口的乡（Pagasti），可以被授予市（Pilsētas）的称号。

斯洛文尼亚现有 11 个基础行政区（Občine）拥有市（Mesto）的资格，其中人口最少的斯洛文尼格拉代茨市（Slovenj Gradec）约 1.7 万人。

克罗地亚在县（županija）以下设立基础行政区（Općine），共约 556 个。当基础行政区符合（1）县行政中心；（2）人口超过 1 万；或 3）其他例外情况时，可以被授予市（Grad）。至 2006 年，正式取得市地位的基础行政区有 127 个，包括首都萨格勒布市，它拥有县级地位。

波兰的基础行政区（Gmina）分为 3 种类型，截至 2010 年 1 月 1 日时有 306 个市（Gmin miejskich），597 个镇（Gminy wiejsko - miejskie）和 1576 个乡（Gmin wiejskich）。其中前两者合称为城镇（Miasta），合计 903 个。

罗马尼亚在县（Județ）下设立有市（Municipiu）、镇（Oraş）和乡（Comune），构成罗马尼亚的基础行政区。市（Municipiu）根据人口多寡分为 3 个等级。首都布加勒斯特为特等市（直译为“0 等市”），也是直辖市。人口在 20 万以上的为一等市，其中巴克乌市曾经在 1992 年人口普查时一度突破 20 万，虽然因为人口外流再跌至 20 万以下，但其仍旧保留一等市地位不变，所以目前有 11 个一等市。其他的则是二等市，除伊尔福夫县（它是布加勒斯特直辖市的郊区）没有市建制外，其他各县的行政中心都设立市，通常市的人口都在 2 万以上。

塞尔维亚规定基础行政区升格为市（градови）的要件是人口达到 2 万，称为官方市（塞尔维亚语：Службени градови）。2008 年 1 月洛兹尼察（Лозница）升格为官方市后，塞尔维亚本部和伏伊伏丁那自治省范围内共有 24 个地方取得了该地位。首都贝尔格莱德和尼什等较大的官方市分别包括多个基础行政区。

官方市（波斯尼亚语：Službeni gradovi）也同样为波黑所采用，目前共有 4 个。除了人口数量和城市化水平外，波黑的官方市的设立通常考虑政治因素或行政和法律上的标准。波黑两个政治实体穆克联邦和塞族共和国各自的行政中心——萨拉热窝市（Sarajevo）和巴尼亚卢卡市（Banja Luka/Бања Лука）都取得了官方市地位。而东萨拉热窝市（Istočno Sarajevo/Источно Сарајево），虽然被授予法定市地位，但总人口不多，城市化水平也不高，其升格的原因在于波黑内战前它是首都萨拉热窝的组成部分，而现在他属于波黑塞族共和国一方管辖，与属于穆克联邦的萨拉热窝市（Sarajevo）在行政上分离。

表 6.6 部分欧洲国家乡村升格为市要件简表

国家	市的本地语言	最低限度人口	其它
斯洛文尼亚	Mesto	20，000	
塞尔维亚	градови	20，000	
罗马尼亚	Municipiu	20，000	
瑞士	Städte/Ville/Città	10，000	或历史上获得过城市自治权或经商权且延续至今没有被取消
克罗地亚	Gradovi	10，000	或县行政中心，或其他例外
斯洛伐克	Miest	5000	区域经济、行政、文化或旅游中心，能为周围各村居民提供良好服务，拥有完善的交通体系
立陶宛	Miestas	3000	且至少 2/3 居民从事工业或服务业

（三）特别地位的市

欧洲大陆不少国家，当市人口达到一定规模时，可以升格为拥有特别地位的市。如德国的自由市（Kreisfreie Städte），奥地利的法定市（Statutarstadt，或 Städte mit eigenem Statut），捷克的法定市（statutární město），匈牙利的县级市（megyei jogu város），波兰的县级市（Grodzkie 或 Miasta na Prawach Powiatu）及波斯尼亚和黑塞哥维那的官方市（Službeni gradovi）。

1. 奥地利的法定市

奥地利截至 2001 年，基础地方政府（Gemeinden）共有 2359 个，其中 194 个被授予“市（Städte）”的称号。市之中，又有 15 个被授予法定市（Statutarstadt，或 Städte mit eigenem Statut），与县（Bezirke）平行。

根据奥地利法律，人口满 2 万的市可以经州政府和联邦政府批准升格为法定市，拥有市章。但也有一些人口没有达到 2 万的市因历史原因而成为法定市，比如布尔根兰州的艾森施塔特（Eisenstadt）和鲁斯特（Rust）两市。布尔根兰州历史上属于匈牙利王国，在 17 世纪已经成为匈牙利王国内的自由市。奥匈帝国解体后，该州于 1921 年归属奥地利，随即这两座自由市的地位被改制为法定市，尽管他们的人口都不足 2 万，后者甚至不足 2 千。

最早出现的法定市是首都维也纳市（Wien）和克恩顿州的克拉根福市（Klagenfurt），为 1850 年授予。最近一次是上奥地利州的韦尔斯市（Wels）在 1964 年获得法定市的资格。由于法定市出现的 1850 年奥地利以奥匈帝国的名义统治捷克、斯洛伐克、斯洛文尼亚等地，所以这一概念也不同程度的影响至这些国家，尤以捷克为最。

另外，福拉尔贝格州州府所在的布雷根茨是唯一没有升格为法定市的州首府，他的人口约2.4万。该州目前没有法定市建制。

首都维也纳是法定市，同时它也单独成为一个州。

2. 捷克共和国的法定市和特别市

捷克允许授予人口在5万以上的基础行政区（Obec）以法定市（Statutární Město）的地位。法定市在行政上拥有县的权力，实施地方自治。当然，人口最多的布尔诺（Brno）、俄斯特拉发（Ostrava）和比尔森（Plzeň）3个法定市，在2000年县（okres）没有因重组而成为州（Kraj）政府的派出机构以前，这3市均正式的单独为一县。

1990年首批授予13处法定市，2000年和2004年各追加3处，2006年追加4处，共23座法定市。目前所有的州政府驻地都已经取得法定市资格。

捷克的法定市与奥地利较为接近，实际上，该概念就是源自奥地利。1850年，处于奥匈帝国统治下的捷克的布拉格和利贝雷茨，摩拉维亚的布尔诺和奥洛穆茨，与奥地利的维也纳和克拉根福等一起被授予法定市。法定市在纳粹占领期间被取消，二战结束后的1945年至1948年间曾短暂恢复。

需要说明的是，首都暨最大的城市布拉格，目前并不是正式的法定市，而是称为特别市（hlavní město），拥有州的地位和权力，位阶高于法定市。

3. 匈牙利的县级市和特别市

匈牙利规定，州首府或人口满5万的市（város）可以升格为拥有州赋予的权力的市（megyei jogu város），通常可译为“县级市”，与县（kistérségek）平行。

该概念在1971年以前称为Törvényhatósági Jogú Városok。1971年改称Megyei Város，是年增加5个，1989年又新增3个。1990年再改为现名，并规范设立的标准。此年后仅新增一处，即2006年新增的佩斯州的埃尔德市（érd）。目前共有23处县级市，包括18个州的州府（佩斯州的州府在布达佩斯）。有些文献将匈牙利此本身就会认为“直辖市”，或许比较像我国计划单列市。

另外，匈牙利首都布达佩斯（Budapest）的地位是特别市（Föváros），相当于我国的直辖市，不属于县级市。

4. 波兰的县级市

人口众多的市（Gmin miejskich）的地位，可以由基础行政区（Gmina）升格为与县（Powiat）平级，称为县级市（Grodzkie 或 Miasta na Prawach Powiatu）。截至2008年共有65个县级市。根据2002年人口普查，65个县级市的人口均在4万以上。另外下西里西亚的瓦乌布日赫在2003年放弃县级市的地位，成为唯一一个人口超过10万的县辖市。2013年，瓦乌布日赫，仍恢复为县级市。

波兰曾经还设立有5个直辖市，即华沙市、罗兹市、克拉科夫市、弗罗茨瓦夫市和波兹南市全部5个人口在50万以上的市。但在1999年行政区划重组过程中，直辖市建制被取消。顺便提到，上西里西亚是波兰和华沙相当的大都市区，不过，其长期以来由多个市分治。2006年时上西里西亚都市联盟计划联合区域内各市合并为“西里西亚市”，一个将拥有200万人口的波兰第一大市。但合并最终没有实现。

表6.7　匈牙利、奥地利、捷克、波兰4国的市一览表

国家	名称	数量	名单
匈牙利	特别市	1	布达佩斯
	县级市	23	德布勒森、米什科尔茨、塞格德、佩奇、杰尔、尼赖吉哈佐、凯奇凯梅特、塞克什白堡、松博特海伊、索尔诺克、陶陶巴尼奥、考波什堡、贝凯什乔包、维斯普雷姆、佐洛埃格塞格、埃格尔、埃尔德、肖普朗、多瑙新城、瑙吉考尼饶、霍德梅泽瓦、绍尔戈陶尔扬、塞克萨德
奥地利	法定市	15	维也纳、格拉茨、林茨、萨尔茨堡、因斯布鲁克、克拉根福、菲拉赫、韦尔斯、圣珀尔滕、施泰尔、维也纳新城、多瑙河畔克雷姆斯、伊布斯河畔魏德霍芬、艾森施塔特、鲁斯特
捷克	特别市	1	布拉格
	法定市	23	布尔诺、俄斯特拉发、比尔森、奥洛穆茨、利贝雷茨、捷克——布杰约维采、赫拉德茨——克拉洛韦、拉贝河畔乌斯季、帕尔杜比采、哈韦洛夫、兹林、克拉德诺、莫斯特、卡尔维纳、弗里代克——米斯泰克、奥帕瓦、卡罗维发利、杰钦、特普利采、霍穆托夫、伊赫拉瓦、普热罗夫、姆拉达波莱斯拉夫

续表

国家	名称	数量	名单
波兰	县级市	65	华沙、罗兹、克拉科夫、弗罗茨瓦夫、波兹南、格但斯克、什切青、比得哥什、卢布林、卡托维兹、比亚维斯托克、格丁尼亚、琴斯托霍瓦、索斯诺维茨、拉多姆、凯尔采、托伦、格利维采、扎布热、比托姆、别尔斯科——比亚瓦、奥尔什丁、热舒夫、鲁达、雷布尼克、特切、达布罗瓦戈尼察、瓦乌布日赫、奥波莱、普沃茨克、埃尔布隆格、大波兰地区戈茹夫、弗沃茨瓦韦克、塔尔努夫、绿山城、霍茹夫、卡利什、科沙林、莱格尼察、格鲁琼兹、斯武普斯克、亚斯琴别——兹德鲁伊、雅沃兹诺、耶莱尼亚古拉、新松奇、科宁、彼得库夫、谢德尔采、米什洛维采、希米亚诺维采、苏瓦乌基、海乌姆、普热梅希尔、扎莫希奇、卓利、沃姆扎、莱什诺、希维托赫洛维采、比亚瓦波德拉斯卡、奥斯特罗文卡、塔尔诺布热格、斯凯尔涅维采、克罗斯诺、索波特、希维诺乌伊希切

（四）基础行政区合并

为改善规模过小所带来的施政效率低下等问题，自 1960 年以来，瑞士、北欧、低地各国都鼓励对基础地方政府进行合并，并且大多数取得了成功。如瑞士基础行政区（德语 Gemeinden，法语 Commune，意大利语 Comuni）的总数从 1960 年的 3095 个，直降到 2009 年的 2636 个，并且合并的速度在加快中，如 1990 ~ 2000 年间，累计消减 122 个地方政府，2000 ~ 2009 年间减少 263 个，尤其是 2004 年和 2008 年分别有 52 个和 79 个地方政府被合并掉。不过即使这样，瑞士的基础行政区，也仍旧是欧洲最小的之一。

希腊规定新的基础行政区设立，人口要达到 1500 人（虽然目前有 88 个村的人口数在 1000 以下，最少的仅 28 人），有稳定的行政和财政能力，且获当地 3/4 居民支持。当 6 成地方议会议员或半数居民同意，相邻的市或村可以选择合并。

东欧民主化以后，一些原社会主义国家也开始对基础行政区进行整并。有些是逐步合并，如爱沙尼亚，1993 年以后，零星的基础行政区合并在不断的进行，2002 年有 14 个村被合并。有的是深度规划，一朝通改，如立陶宛（1994 年和 2000 年）、捷克（2003 年）、拉脱维亚（2009 年）等。这种趋势目前仍在持续发展。

以立陶宛为例，经过 1994 年和 2000 年两次整合后，目前实行“一级自治，三级管理”体制。一级地方行政区域分为 10 个县（Pskritis），县长由中央任命。县下为 60 个自治单位（Savivaldybė），包括 8 市（Miesto Savivaldybė）、9 镇（Savivaldybė）和 43 区（Rajono Savivaldybė），在地方行政中，这一级地方政府所承担地方自治功能最强。在 2000 年以前，立陶宛共有 108 个市（Miestas）和 44 个区，2000 年合并为 60 个，这其中含有与西方国家接轨的意思。60 个自治单位（Savivaldybė）下为 546 个社区（Seniūnija），是一个非常小的区域，它通常包括几个村、一个小镇或一个较大的市的一部分，有点类似我国的居民委员会或村民委员会辖区，其面积和人口规模根据地理和自然环境差异很大。虽然社区是目前立陶宛的最低一级的基层行政区，不过其只负责少量地方事务管理，如步道修缮、家庭登记等，但在社会生活中被广泛使用。这是基于社区和高级地方政府不同的，有时间和每位有需要的社区居民进行对话这个前提。

捷克从 2003 年 1 月 1 日开始，对基础行政区进行整并，各州共分为 204 个扩权区（Obce s Rozšířenou Působností），俗称“小县”（Malé Okres）。原来的县不再作为地方政府，但仍保留一些行政功能。一些扩权区下又设分区管理委员会（Obce s Pověřeným Obecním Úřadem）。以卡罗维发利州为例，该次调整，将该州原 3 个县分为 7 个“小县”和 14 个分区。

拉脱维亚于 2009 年 7 月 1 日，行政区划由原来的两级体制整合为一级制。将原第一级的 7 个共和国市（Republika pilsēta）和 26 个区（Rajoni），第二级（基础级）的 77 个镇（Pilsēta）和 509 个乡（Pagasti），全部废除，合并为 9 个共和国市（Republika pilsēta）和 109 个区（Novadi）。调整前，拉脱维亚规定人口满 5 万，且有发展良好的工业，交通运输，公共设施和文化系统，或者是重要的文化和社会服务的中心的镇（Pilsēta）可以升格为共和国市，由于拉脱维亚没有省州级行政区，所以这里的共和国市，实际类似于奥地利、捷克、波兰、匈牙利等国的法定市（或县级市）。2009 年区划调整时新增 Valmiera 和 Jēkabpils 两处为共和国市，该两市的人口在 2.5 ~3 万之间。

马其顿则是在独立后先将基础行政区划小，其数量由独立前的 34 个在 1996 年时调整为 123 个。这是因为前南斯拉夫的基础行政区规模普遍较大，参看前表塞尔维亚可得知。2004 年时，马其顿又将 123 个市镇合并调整为 84 个。

下面是中欧和中东欧地区所有人口在 50 万以上的市。

表 6.8 中欧和中东欧地区人口在 50 万以上的市一览表

国家	市名	面积	人口	普查时间	备注
德国	* 柏林市	892	3,292,365	2011.5.9	联邦州
德国	汉堡市	755	1,706,696	2011.5.9	联邦州
德国	慕尼黑市	310	1,348,335	2011.5.9	巴伐利亚州首府
德国	科隆市	405	1,005,775	2011.5.9	
德国	法兰克福市	248	667,925	2011.5.9	
德国	斯图加特市	207	585,890	2011.5.9	巴符州首府
德国	杜塞尔多夫市	217	586,291	2011.5.9	北威州首府
德国	多特蒙德市	280	571,143	2011.5.9	
德国	埃森市	210	566,201	2011.5.9	
德国	不来梅市	325	542,707	2011.5.9	联邦州
德国	汉诺威	204	506,416	2011.5.9	指原汉诺威市部分
德国	莱比锡市	298	502,979	2011.5.9	
德国	德累斯顿市	328	512,354	2011.5.9	萨克森州首府
波兰	* 华沙市	517	1,671,670	2002.5.20	1999 年前为省级市
波兰	罗兹市	293	789,318	2002.5.20	1999 年前为省级市
波兰	克拉科夫市	327	758,544	2002.5.20	1999 年前为省级市
波兰	弗罗茨瓦夫市	293	640,367	2002.5.20	1999 年前为省级市
波兰	波兹南市	262	578,886	2002.5.20	1999 年前为省级市
立陶宛	* 维尔纽斯市	401	539,000	2011.3.11	
拉脱维亚	* 里加市	307	764,328	2000.3.31	共和国市
匈牙利	* 布达佩斯市	525	1,775,203	2001.2.1	特别市
奥地利	* 维也纳市	415	1,550,123	2001.5.15	法定市,单为一州
捷克	* 布拉格市	496	1,169,106	2001.3.1	特别市,2001 年重组
斯洛伐克	* 布拉迪斯拉发市	368	428,672	2001.5.26	跨 5 县 17 个基础区
塞尔维亚	* 贝尔格莱德市	3222	1,576,124	2002.4.1	直辖市,含 17 基础区
克罗地亚	* 萨格勒布市	641	691,305	2001.3.31	直辖市
波黑	* 萨拉热窝市	142	304,614	2008 官报	包括 4 个基础区
马其顿	* 斯科普里市	1818	506,926	2002.11.1	包括 10 个基础区
保加利亚	* 索非亚市	1345	1,359,520	2011.2.1	直辖市,分 24 行政区

续表

国家	市名	面积	人口	普查时间	备注
阿尔巴尼亚	*地拉那市	42	618,431	2008 官报	分为 11 个区
希腊①	*雅典市	39	664,046	2011.5.9	
罗马尼亚	*布加勒斯特市	238	1,926,334	2002.3.18	直辖市
摩尔多瓦	*基希讷乌市	700	712,218	2004.4.6	直辖市
白俄罗斯	*明斯克市	308	1,836,808	2009.10.14	直辖市
乌克兰	*基辅市	839	2,611,327	2001.12.5	直辖市
乌克兰	塞瓦斯托波尔市	864	379,492	2001.12.5	直辖市
乌克兰	哈尔科夫市	310	1,470,902	2001.12.5	同名州首府
乌克兰	第聂伯罗波得罗夫斯克市	405	1,065,008	2001.12.5	同名州首府
乌克兰	敖德萨市	163	1,029,049	2001.12.5	同名州首府
乌克兰	顿涅茨克市	358	1,016,194	2001.12.5	同名州首府
乌克兰	扎波罗热市	334	815,256	2001.12.5	同名州首府
乌克兰	利沃夫市	171	732,818	2001.12.5	同名州首府
乌克兰	克里沃伊罗格市	407	668,980	2001.12.5	
乌克兰	尼古拉耶夫市	260	514,136	2001.12.5	同名州首府

注：面积单位为平方公里。市镇名前带*的表示为各国首都。

四、低地国家的市制和城市自治特许状

荷兰、比利时和卢森堡三国位于欧洲西部，荷兰和比利时的地方政府体系类似，均为省（高级地方政府）和基础地方政府两级体系。由于多年的市镇合并，以及国家所授予“城市自治特许状”实际上已经成为象征品，这三国的市制已经很像“拉丁型”。不过基于历史的缘故，本书仍将它们附在本篇中。

（一）低地国家的基础行政区

荷兰王国和比利时王国大体实行省和市（镇）两级。

荷兰分为12省（Provincie），其中弗莱福兰省（Flevoland）完全由填海所

① 希腊的行政区划实际上更像西南欧的拉丁国家。雅典都市区412平方公里，300多人，却分属阿提卡大区6个分区40个市。

得，弗里斯兰省（Friesland）是弗里斯兰人聚居地，该省实行双语。省下设基础行政区（Gemeenten），即市（镇），2007年底时有443个。省和市（镇）之间在行政上也有县（Gewest），但县不是地方自治单位。

比利时包括10个省，根据人文因素又在省之上设置3个大区，即使用佛兰德语（基本上相当于荷兰语）的佛兰德大区（佛兰德语：Vlaams Gewest），使用法语的瓦隆大区（法语：Région Wallone）和使用双语的布鲁塞尔大区（法语：Région de Bruxelles，佛兰德语 Brussels Gewest）。另外瓦隆大区的列日省有不少居民使用德语。佛兰德大区、瓦隆大区各包括5个省（法语：Province，佛兰德语：Provincie），布鲁塞尔大区下不设省。比利时的省和市（镇）之间，也有区（Arrondissement）的设置，它是最低的司法单位，但并不是地方自治单位，类似荷兰的县。截至2007年底时，比利时共有589个市（镇）。

卢森堡大公国是西欧一内陆小国，行政区划依次分为3个区（District），12个县（Canton）和116个作为基础地方政府的市（镇，法语：Commune，德语：Gemeinden，卢森堡语 Gemengen）。县长、市（镇）长由大公（君主）任命。

综合而言，荷兰和比利时的地方行政区划体系甚为接近，市（镇）的规模也较类似，2006年时，荷兰的市（镇）的人口中位数为23，201，这在全欧洲而言并不算小。卢森堡的地方区划更接近法国，市（镇）规模很小。

（二）低地国家的“城市自治特许状”

荷兰、比利时和卢森堡三个低地国家的城市自治权，乃是中世纪政治的产物。所以，在今天的低地国家，一个城镇被称为市，更多的是一种历史荣耀的象征。一个城镇今天的人口或经济社会发展水平与其是否取得市的地位无关。

地方行政上，荷兰、比利时和卢森堡的基础行政区——市（镇）——都没有在称呼上区分城市（Stad）和乡村（Dorp 或 Gehucht）。一个市镇是否在历史上取得过城市自治权，也跟其目前的行政关系不大，不会因此多增加半点行政权限。

在荷兰，代芬特尔（Deventer，中世纪的学术中心，后来参加汉萨同盟）于956年率先取得城市自治特许状成为第一个城市（Stad）。此后至1586年，先后有186个城镇取得这项权力。随后的荷兰共和国时期只有加授一座城镇，巴达维亚革命后取消颁发。

1813 年后，荷兰部分的恢复了“市制”，但其以前享受的独立立法权和司法权均为中央政府吸收。最后一个获得特许状的城镇是代尔夫斯港（Delfshaven，1825 年），此后不再授予城市自治特许状。在今天人口 15 万以上的基础行政区（市镇）中，阿尔默勒和阿珀尔多伦实际上从未取得过城市自治特许状，或者说，他们的正式地位是“村”而不是市。

根据 1848 荷兰宪法和 1851 年地方自治法，原市和村之间的差别已彻底消失，市仅仅成了一种荣耀的象征，由当初取得的居民点保留这一称号。

与荷兰在 1825 年实际停止授予“城市自治特许状”不同，比利时正是从 1825 年开始授予第一批城市自治特许状，且一直延续至今。目前有 133 个城镇取得了“市”的地位，所有人口在 5 万以上的城镇，它的主要居民点都取得了“市”的地位。

卢森堡在 1843 年授予第一批 7 个城镇以“市”的地位，目前有 13 个市。

实际上，1960 年以后市镇合并后形成的新的基础地方政府（Gemeenten），大都是城乡混合形态，包括以前的多个市和村等居民点。

需要说明的是，由于荷兰和比利时后来推行市（镇）合并，一些原来取得过城市自治特许状的地方甚至已经被合并到其他的基础地方政府（Gemeenten）。现在的市（镇）基础地方政府有不少都是城乡混合形态，市（镇）内拥有多个居民点。那些历史上取得市称号的居民点，在今天看来很多都是小村庄。比如荷兰的 Staverden，1298 年取得城市自治特许状，但今天这里只有 40 人，是所有拥有特许状的城镇中最小的一处，并已经成为海尔德兰省的一个名为埃尔默洛（Ermelo）的基础行政区的一部分。

（三）市（镇）合并

20 世纪 60 年代以后，为改善地方政府官僚主义作风，提高地方政府施政能力，低地三国鼓励规模过小的基础行政区——市（镇）——进行合并。合并后的基础行政区，通常包括一个主要的市、镇、村和若干周围村庄，成为一种城乡混合型的行政区。

1948 年荷兰本土有市（镇，gemeenten）1014 个，经过合并 1976 年为 840 个，2001 年剩 504 个，到 2010 年 1 月时再降至 430 个。另外 2010 年 10 月 10 日，原荷属安第列斯解散后，有 3 个小岛以特别市（Openbaar Lichaam，直译为公共机构）的形式并入荷兰本土。

阿姆斯特丹、鹿特丹和海牙是荷兰人口最多的3个市。其中阿姆斯特丹和鹿特丹两市因人口众多各分为15个区（Deelgemeenten），每区有区长（deelgemeentevoorzitter）、区参事（deelgemeentewethouder）和民选的区议会（deelgemeenteraad），具有地方政府的性质。

比利时在1830年获得独立。1839年勘定边界时，124个市（镇）划入荷兰，119个成为卢森堡大公国，此时比利时共有市（镇）2508个。到1961年增加到2，663个。

1961年，比利时通过合并法，决定对基础行政区进行合并。被合并市（镇）的行政在10年内由一个行政部门托管，可以根据财政、地理、方言、经济、社会或文化等因素进行合并。此后10年有约300个市（镇）被合并掉。1977年进一步的合并法案实施，是年基础行政区从2359个骤减至596个。

但此后唯一实际发生的合并是1983年原安特卫普等8个市（镇）合并为新的安特卫普市，成为比利时最大的基础地方政府，同时合并前的8个市（镇）也成为安特卫普市的区（Deelgemeenten），初期8个区仅拥有咨询功能，2001年1月1日后重新拥有了行政功能。另布鲁塞尔首都大区的19个市（镇），曾有合并的计划，但至今未能实现，这可能跟首都大区使用双语有关。

卢森堡方面，1978年以来相继撤销了15个市（镇）。

表6.9　荷兰和比利时主要的市一览表

序号	市名	面积	人口	省		备注
1	布鲁塞尔首都大区	161	1,048,491	比利时	—	包括19市(镇)
	布鲁塞尔市	33	148,873	比利时	—	首都
2	阿姆斯特丹市	219	767,457	荷兰	北荷兰省	首都,分15区
3	鹿特丹市	304	593,049	荷兰	南荷兰省	分15个区
4	海牙市	86	488,553	荷兰	南荷兰省	省会
5	安特卫普市	205	472,071	比利时	安特卫普省	省会,分8个区

注：比利时的人口为2008年1月1日登记值，荷兰为2010年1月1日登记值。面积单位：平方公里。

五、北欧国家的市制

北欧五国（丹麦、挪威、瑞典、芬兰和冰岛）的地方行政区划设置具有较高相似性，尽管在翻译成中文时，译名有所差异。如同低地三国一样，北欧国家也取消了城乡分治。

目前，除小国冰岛外，其他实行两级或多级体系。从公共服务提供上讲，基础地方政府在北欧国家生活中扮演的角色非常重要，如芬兰基础地方政府提供一半的公共服务。基础行政区的冰岛语为Sveitarfélög，芬兰语为 Kunta，丹麦语、挪威语为 Kommune，瑞典语为 Kommun，无城乡的区别，本处的中文名统称为市（镇）。

表 6.10　北欧五国行政区划比较表

国家	面积	人口估计 2007.7.1	高级行政区		基础行政区(2008 年底区划)			
			名称	数	名称	数	人口中位数	统计时间
冰岛	103,000	301,931	（取消）		Sveitarfélög	79	713	2008.1.1
丹麦	42,710	5,468,120	地区 Region	5	Kommune	98	43,245	2006.1.1
挪威	324,220	4,627,926	郡 Fylk1	9	Kommune	431	4439	2008.1.1
瑞典	449,964	9,031,088	省Län	21	Kommun	290	15,285	2007 底
芬兰	338,145	5,238,460	区 Maakunta	20	Kunta	415	4951	2005 底

注：面积单位为平方公里。丹麦不包括法罗群岛和格陵兰，挪威不包括斯瓦尔巴群岛等。

（一）高级行政区的近期调整

传统上，北欧 5 国的行政区划为“省（或郡、区）——市（镇）”两级体系。自上世纪 90 年代开始，各国关于对省级行政区的调整的讨论甚为热烈，并开始实施。

1992 年以后，小国冰岛首先取消 23 个传统上的郡（Sýslur）。国家直接管辖 79 个市（镇），79 个基础地方政府也就成了地方最高自治单位，负责学务、交通和区域规划等地方自治事务。

1997 年，芬兰对源于 1634 年瑞典时期的省（Lääni/Län）体制进行调整，旧12省缩减为6个。但省政府非民选产生，而是由中央指派。省下分为20个区（Maakunta/Landskap），进一步分为分区（Seutukunta/ Ekonomisk Region）。2010年芬兰实现民选产生各区首长，至此20个区全面取代省，而成为最高地方自治政府。

丹麦于2007年1月1日进行地方政府重组，取消1970年以来的14个郡（Amter）和哥本哈根（København）、腓特列斯贝（Frederiksberg）2个郡级市（Amtskommune），合并为5个地区（Region）。另外，法罗群岛（Færøerne/Føroyar）和格陵兰（Grønland/Kalaallit Nunaat）为丹麦的海外自治省，1948年和1979年先后实行内部自治。

挪威和瑞典则对未来高级行政区是否和如何合并进行广泛的讨论。

挪威目前分为19个郡（Fylk，包括首都奥斯陆市），自1919年以来长期保持稳定，除了1972年郡级市卑尔根并入霍达兰郡。目前各郡的人口中位数为22.4万（西福尔郡）。曾有提议将19个郡在2010年左右合并为5~9个省，但已被放弃。

瑞典现分为21个省（Län），各省人口普遍在20~30万之间。此前在1997年和1999年曾分别有一起省合并案。目前有讨论合并为9个大省的可能性，如被采纳将可能在2015年左右实施。

（二）基础行政区和1960年以后的城乡合并

由于高度城市化，都市型地方政府（类似我国的镇）和农村型地方政府（类似我国的乡）的区别已很小。20世纪中期以后，为推进城乡联合发展并有效提供公共服务，降低行政成本，北欧各国普遍进行了基础行政区合并，导致大多数基础地方政府普遍兼管城乡。类似我国80年代末90年代初的撤区扩镇并乡后实行镇领导村。

冰岛从18世纪以后还相继成立了24个独立市（Kaupstaðir）。1980年后，城镇地区的独立市与乡村地区的村镇已经没有了什么区别。市（镇）的数量从1950年的229个，经过多次合并减少到2006年的79个。不过由于冰岛人口密度稀疏，除首都雷克雅未克（Reykjavík，占全国总人口的1/3强）外的78个市（镇）人口都在3万以下，最小的仅48人，随着城市化进程的进一步发展，这个差异的倍数几乎每年增加100。

丹麦在2007年1月1日进行大规模的市（镇）合并，数量从原来270个减至98个（不含法罗群岛和格陵兰），市（镇）人口中位数达到43，245

（按照2006年1月1日登记人口重新计算），位列欧洲前茅。且除6个地理上独立的海岛市外，各市人口都在2万以上。作为这场大合并的预演，2003年1月1日，博恩霍尔姆岛（Bornholm）上的博恩霍尔姆郡与所辖的伦讷（Rønne）等5个市（镇）悉数撤销，整合成一个广域市（Regionskommune），一岛一市，面积588.15平方公里，人口43，245。

挪威的市（镇）传统上分为都市型市镇（Bykommune）和乡村型市镇（Herredskommune）两种。早在1960～1965年间，挪威市（镇）基础地方政府进行大合并，建立城乡一体化的管理。到1992年，两者之间的差异更由是年颁行的地方政府法取消。市（镇）的数量从1930年的747个减少到2006年1月1日的431个，人口中位数4439（2008年1月1日）。首都奥斯陆是一个特殊的郡市合一的行政体，相当于直辖市。

瑞典情况有所不同，在1960年以前的市（镇）基础行政区分为城乡两种形态，市（Stad）设立在城市化地区，但随后的城乡合并取消了这个差异。由于合并后瑞典的市（镇）的规模较大，所以半个世纪来反而析设了一些新的市（镇）。新市（镇）的设立由瑞典中央政府批准，并且至少应该有2000居民。2003年起瑞典的市（镇）数量为290个。依信义宗传统，市（镇）下分为2512个（2000年）堂区（församlingar），今天仍在选举和人口普查时发挥着作用。市（镇）的主要职能包括幼儿教育、中小学、社会服务、长者服务、残障人士支援服务、健康和环境问题、紧急事件服务（但不包括警政，该事物属于中央政府）、城市规划、废弃物和污水处理等。

1960年以后芬兰的市（镇）基础行政区也持续进行合并，以利于公共服务提供。1977年以前，基础行政区分为市（Kaupunki/Stad）、镇（Kauppala/Köping）和村（Maalaiskunta/ Landskommun）三种。1977年，镇体制取消并全部改为市。1995年以后又将市和村一概统称为基础行政区（Kunta/Kommun），即市（镇）。截至2005年底，芬兰市（镇）的人口中位数为4951。目前415个基础行政区中，有113个曾被授予过市的称号。

（三）统计上的城镇

北欧各国在历史上是实行城乡分治的，基础行政区分为城市形态（或可称为市）和乡村形态（或可称为乡）两种。前面已说过，在1960年以后，各国相继推动进行基础行政区的合并工作，新成立的市（镇）普遍成为城乡混合形态的地方政府。

但是历史上的“市”则在地理和统计上沿用下来，成为法定意义上的“城区”。

各国指定为城区的居民点的要件有所不同。

1. 丹麦

在丹麦，城区（By）的定义是一个连续的建成区，市内房屋之间的最大距离不得超过200米，遇公共场所或墓地等设施则可以跳过。一个居民点想拥有“城区”的称号，其人口还应该超过200人。

腓特列斯贝市（Frederiksberg），2007年前曾经为丹麦的两个郡级市之一（另一个为首都哥本哈根市），但腓特列斯贝市完全为哥本哈根市所包围，在“城区”的划分上，它是作为哥本哈根的一部分。

2. 挪威

在挪威，城区（By）称号也授予那些人口密集的居民点，相当于我国的城市建成区。大型城区可以包括几个市（镇）基础地方政府，如阿克什胡斯郡的拜鲁姆市（Bærum Kommune），虽然市（镇）人口超过10万，但因和首都奥斯陆市处于同一“城区”，所以并没有被单独授予“By”称号，而是作为奥斯陆城区的一部分。

1996年以前，成为城区需由挪威地方政府与区域发展部授予。但1997年以后，只要市内拥有一个人口超过5000的居民点，该市议会就可以自行宣布该居民点成为By，并在形式上由国家承认，也不再拥有特别的地方行政职能。目前正式授予的城区（By）有100个左右。

首都奥斯陆市虽然在城区人口规模上远不及斯德哥尔摩、哥本哈根和赫尔辛基，不过却是目前北欧唯一的直辖市（如果不考虑冰岛的情况）。第二大城市卑尔根在1973年前也曾经为郡级的直辖市，后并入霍达兰郡并为该郡首府所在地。

3. 瑞典

在瑞典，在统计上界定的“城区（Tätort)”，是指住宅间距不超过50米的连续建成区。最大的斯德哥尔摩城区，涉及斯德哥尔摩市（1968年1月取消直辖市，并入斯德哥尔摩省）等11个市（镇）的建成区，是北欧第一大城市。包括郊区在内的大斯德哥尔摩都市区的范围则比这大得多，2005年以后，斯德哥尔摩省的区域被视为大斯德哥尔摩都市区的范围，面积6519平方公里，人口195万。

4. 芬兰

芬兰的基础行政区在 1977 年以前分为市（Kaupunki/Stad）、镇（Kauppala/Köping）和村（Maalaiskunta/Landskommun）。1977 年，镇体制取消并全部改为市。1995 年以后又将市和村一概统称为基础行政区（Kunta/Kommun）。目前 415 个基础行政区中，有 113 个曾被授予过市称号。

由于城市扩展，一些历史上独立的“市”可能已经建成区相连，成为一个更大的城区。如与首都赫尔辛基市处于同一城区的埃斯波市（Espoo/Esbo）和万塔市（Vantaa/Vanda），人口分别达到 23.5 万和 18.9 万，并分别于 1972 年和 1974 年被授予“市”的地位，但目前均被统计为赫尔辛基“城区”的一部分。

表 6.11 列的是北欧所有城区人口在 30 万以上的市。

表 6.11　北欧五国主要的市一览表

排序	名称	市人口	市面积	城区人口	国家	备注
1	*斯德哥尔摩	782,855(2006.12)	188	1,252,020	瑞典	1968 年前直辖市
2	*赫尔辛基	564,474(2005.12)	187	1,071,599	芬兰	
3	*奥斯陆	548,617(2007.1)	427	839,423	挪威	直辖市
4	*哥本哈根	503,699(2007.1)	88	1,145,804	丹麦	2007 年前直辖市
5	哥德堡	489,757(2006.12)	454	510,491	瑞典	西约特兰省省会

注：加*的为首都。面积单位：平方公里。城区人口除斯德哥尔摩为 2005 年底的数据外，其余统计时间均与市人口相同。

第七章

拉丁系国家的市制

本部分研究的是法国、西班牙、意大利、巴西以及拉美西班牙语国家、非洲法语国家等的行政区划和市制。因这些国家的通用语言大多属于拉丁语族，所以特将本类型国家的市制概括为“拉丁型”。主要包括欧洲的法国、西班牙、意大利、葡萄牙以及自前法、西、葡属海外领地独立的拉丁美洲和非洲国家。

具体而言，又可再分为“法国型”和“葡萄牙型”两种。法国是小乡镇一级自治，葡萄牙则是大乡镇小村两级自治。

一、法国、西班牙和意大利的市

以法国为代表，包括西班牙、意大利以及多数拉美国家在内的广大通行拉丁语族各语言的地区，严格来说，并不存在如日本、俄罗斯、德国或我国这样的“市制”，因为在法国等这些国家，基层地方政府（基层政权）根本没有“市”、“镇”、“乡”的区别。无论该地方自治单位（一级政府）的行政区域在地理上是属于城镇还是农村，抑或城乡混合形态，一概使用同样的名称，在法国称为 Commune，西班牙为 Municipio，意大利为 Comune。在本书中，为研究的方便，统称为“市（镇）”。

（一）市制的主要特征

与我国等相比，法国、西班牙和意大利的市制至少在三个方面有所不同。

1. 基础地方政府无论城乡均使用统一的通名

在法国、西班牙和意大利等国，无论是实质上还是象征意义上，都没有将数量庞大的基础行政区如同在我国一样，分为市和县，或镇和乡。法国称为 Commune，西班牙称为 Municipio，意大利为 Comune。译成中文时，根据习惯，通常人口较多者称为市，人口少者称为镇，本书统一使用市（镇）。

在市（镇）之上，法国、西班牙和意大利设立大区（或自治区）和省两级地方自治机关，形成“大区（或自治区）——省——市（镇）”三级地方自治体系。

大区或其类似的概念，即指法国的大区（Région），西班牙的自治区（Comunidades Autónomas），意大利的大区（Regione）和自治大区（Regione a statuto speciale），另外亦可包括葡萄牙的大区（Região）和自治大区（Região Autónoma）。大区（或自治区）的设置更多的考虑历史、文化和语言分布等因素。

而省一词，即指法国的 Département，西班牙的 Provincia 和意大利的 Provincia。这些地方政府，也没有在名称上进行城乡的划分。法国的省的数量较为固定，自 1976 年科西嘉省分为南科西嘉和上科西嘉两省以后，再没有对省级行政区划进行调整，除了 2010 年。相反意大利的省则时有变动，1992 年、1996 年、2001 年和 2004 年均有新省增设。

在意大利语中，有一个词汇叫城市（Città），这个看起来与英语中的“City”同源的概念，实际上并不是地方行政区划名称。一个市（镇）——Comune——要取得 Città 的地位由意大利共和国总统以总统令的形式授予，其必须在历史或内政方面具有重要意义，至于人口则没有限制，因此 Città 这个概念实际上不能准确反映其与地理上的城镇之间的关系。取得 Città 资格的地方，既有如罗马、米兰、那不勒斯、都灵这样人口超过 100 万的Comune，也有人口 1000 不到的村庄，如 2005 年取得城市资格的卡拉布里亚大区的 Terranova Sappo Minulio 人口仅 500 余。人口在 20 万以上的市（镇，Comune），都拥有城市（Città）的称号，且大部分都自久远的历史时期就已取得该称号。从法律上来看，无论人口多寡，他们的地位都是 Comune，并无不同。

2. 多数市（镇）的规模小，但不同规模的市（镇）的行政职权无异

法国、西班牙和意大利的市（镇）规模普遍很小，虽然存在人口两、三百万的巴黎市、马德里市和罗马市（罗马同时也是意大利面积最大的市），但同样也存在人口仅几十人的实际就是一个“村”的市，其规模相差极大。如法国的市（镇）的人口中位数仅 380 人，该数值之低在欧洲乃至全世界都无出其右。其他两国中，西班牙仅 568 人，意大利稍大但也只有 2429 人。多年

来，上述三国的市（镇）总数虽有减少，但减少速度极慢。

表 7.1 法国、西班牙、意大利和葡萄牙行政区划比较表

名称	面积（km^2）	人口	普查时间	大区	省	市(镇)		
						名称	数量	人口中位数
法国	635,739	60,150,253	1999.3.8	26	100	Commune	36,677	380
西班牙	505,992	40,847,371	2001.11.1	17	50	Municipio	8110	568
意大利	301,308	56,995,744	2001.10.21	20	109	Comune	8101	2429
葡萄牙	92,152	10,230,603	2001.3.12	7		Concelho	308	15,000
						Freguesia	4261	（缺）

注：法国的数据包括 4 个海外省，不包括马约特（2011 年新改为海外省）、新喀里多尼亚及其他 4 个海外行政区。葡萄牙的行政堂区（Freguesia）的资料暂缺，估计其人口中位数在 1000 左右。法国的大区 2016 年缩并为 18 个（含 5 个海外大区）。

至于新的市（镇）的设立，通常由当事地方居民发议。如意大利宪法第 133 条规定，在有关市提议的基础上，听取同一大区的意见，可由共和国法律规定省内区域的变换和在同一大区内新省的建立。大区在听取了相关居民意见后，可以以其自己的法律在其管辖范围内建立新的市及变更其区域和名称。

不过，虽然各市（镇）之间在人口、面积、地理条件、财政力等各方面差异巨大，但只要它们在国家行政区划体系下处于同一层级，就都适用同样的法令，依同样的选举制度选举市（镇）议会，行使同样的地方管理权限，并无例外。

综合各国来看，市（镇）政府的主要职责是提供公共建设相关的服务，如殡葬设施的设置与管理，公共道路的维修与保养或灾害防救服务等；或提供许多基本的民事行政功能，诸如人口出生和死亡登记，地籍登记，地方道路和公共建设发包等等。

3. 更重视跨市（镇）的广域行政组织系统。

因为法国、西班牙和意大利的市（镇）规模普遍较小，所以有时导致同一个都市区内地方政府林立，以致相互杯葛影响公共事业举办，给位于同一共同生活圈的市民生活带来不便。

然而，过去希望透过区域合并来提高地方治理能力的努力，在法国等国看起来并不太顺利。一来疲弱小型的市（镇）担心合并以后发生“大市效应”导致本地的发展受到忽视，二来富裕大型的市镇担心财富被别人平白的分享。

因此，为一方面保护地方居民希望保留市镇自治的愿望，另一方面同时又要节省行政资源提高行政效率，法国等国都设立有跨市（镇）的广域行政组织，用于管理和协调处于共同生活圈的多个的市（镇）在共同事务上的处理。

这些广域行政组织，以法国最为完善，并分为城市共同体（Communauté urbaine）、城郊共同体（Communauté d'agglomération）和市镇联合体（Communauté de communes）三种类型。在法国，这些跨市（镇）组织常常拥有接近于一般市（镇）的行政管理权限，甚至有民选的地方议会和政府，俨然一个新的市（镇）。

在西班牙，称为市镇联合会（Mancomunitat de Municipis）等，在意大利称为广域市（Città metropolitana）。

（二）法国市（镇）的行政双轨体制

下面简要阐述法国的市制，法国的市制具有强烈的行政双轨体制，中央集权色彩浓厚，地方政府典型的上强下弱，越下位的地方政府权力越有限。

法国的地方行政区划大体自拿破仑时代即已初步形成，现今法国大区（Région）、省（Département）、专区（Arrondissement）、县（Canton）和市（镇，Commune）共5级行政区中的省、专区和县都是法国大革命时期所创设的，并且一直延续至今。

近代地方自治兴起后，市（镇）和省，以及后来的大区，又成为地方自治团体。由此形成地方3级自治和5级行政区划并存的局面，或可称为“三级政府，五级管理”。很多地方既设立有地方自治团体，也设立有中央分支机构，双方各司其职，互不影响。

法国各省的省长皆由中央任命，是中央在省的代表，执行中央委托办理事项。大区主席则由大区驻在省的省长兼任。从地方自治团体的角度而言，其代表的行政首长则是大区（省）议会的议长，而非大区主席或省长。

大区这一建制1982年创设以来，其对于法国国土整治政策中社会和经济计划的发展扮演着举足轻重的角色。目前法国共有27个大区（包括5个海外大区）和101个省（包括5个海外省）①。实际上，本土的大区（省）和海外大区（省），在行政上并没有什么特别的不同。

专区（Arrondissement）和县（Canton）没有设立议会，并不是地方自治单位。法国本土在2007年1月1日时，省下分329个专区（Arrondissement），专区下分3879个县（Canton）。

专区主席由中央政府派驻，是省长的代表，因此专区（Arrondissement）即类似于我国的地区行政公署，乃是省政府的派出机关，而非一级政府。

县（Canton）主要作为省议员选举时的选区，以及国家税收单位和宪兵单位的驻扎地。因为选区的缘故，县的人口规模较平均，这跟省或市镇都不同。一般情况下，县包括约10个左右市（镇），但大的市镇则可能包括多个县，差不多人口满5万以上的市（镇）不少都包括2个以上县了。

市（镇）是法国最小的行政和地方自治单位。除巴黎市外，全法国其他的市镇都拥有同样的行政结构及法律权能。市镇由一个市（镇）议会管理，市（镇）议员每六年由普选产生，视辖区人口的多寡选出7~69名不等的议员，议员互选产生市（镇）长。市（镇）议会每季至少集会一次，全程对民众开放。

市（镇）政府的主要职责是提供公共建设相关的服务，如殡葬设施的设置与管理，公共道路的维修与保养或灾害防救服务等。另外包括国土规划、环境保护、筹建图书馆、音乐厅或博物馆等公共设施。依1982年地方分权法，市（镇）政府还要对企业进行财政补助，甚至建立基于改善地方整体利益的社会经济混合企业（Société d'économie mixte）。

在财政方面，原则上市（镇）在财政上并不自主。只有约四成的开支来自市镇自有收入，主要是营业税、居住税和土地税。其余不足的六成中，五成来自中央政府补助，还有一成靠发行公债。

另外，依据1982年12月31日公布的有关巴黎、马赛、里昂与跨市镇跨市（镇）公共组织的行政条例，这三个法国人口最多的市（镇）拥有相对其他市（镇）的特殊之处。

依目前法国的行政区划架构，巴黎（Paris）是法兰西岛大区下属的巴黎省，下属的市（镇）。但关键在于，巴黎省下就只有一个巴黎市，并无其他市

---

① 这里已包括2011年3月31日正式成为海外省和海外大区的马约特。

（镇）建制，巴黎市和巴黎省的区域范围完全相同。由民选产生的巴黎议会，当它处理市的事务时，它就是巴黎市议会；而当处理省的事务时，便以巴黎省议会的名义做决议。但在预算、公共服务事务及公务人员的编制等方面，巴黎市和巴黎省都相互独立，互不重叠。因此，一定意义上说，巴黎（Paris）相当于是一个中央直辖市。

同时，巴黎市分为 20 个区（Arrondissement Municipal）。也设有区议会，民选产生区议员，议员互选产生区长。但是区议会的决议仅具咨询意义，类似香港特别行政区的区议会。区所承办的业务全部来自市政府的委派，所以区在行政上，是市政府的分支机构。

马赛（Marseille）和里昂（Lyon）也分别分为 16 个区和 9 个区，各有民选的区议会和议长。但两市除此以外和其他市（镇）并无二致。

（三）统计上的城镇和都市区

法国在统计上被认为的城镇（Unité Urbaine），需要符合两个条件：

（1）区域内的房屋最大间距不得超过 200 米；

（2）人口至少达到 2000。

统计不受行政区划边界的制约。

没有在符合前述特征的区域内的 Commune 则视为乡村地区。根据这个口径，巴黎城镇区域包括 396 个市镇，人口 9，644，507 人。下面依次为马赛（1，349，772 人）、里昂（1，348，832 人）、里尔（1，000，900 人）、图卢兹（964，797）、波尔多（925，253）、尼斯（888，784）。

统计上的大都会区（Aire urbaine），包括与城镇区域关系密切的邻近地区，是一个更大的地理统计范畴。巴黎大都会区包括 1584 个市镇，人口 11，174，743 人。下面依次为里昂（1，648，216）、马赛——艾克斯（1，516，340）、里尔（1，143，125）、尼斯（933，080）、图卢兹（761，090）、波尔多（753，931）。

二、跨市镇治理组织

（一）法国的跨市镇共同体

根据 1999 年人口普查，法国 3.6 万个市（镇）中，人口超过 10 万的仅 37 个（包括巴黎），5～10 万之间的 74 个，2～5 万的 316 个，合计人口超过

2 万的市（镇）仅 427 个，不及全国总数的 1.2%。87% 的市镇人口在 2000 人以下，1 万多市镇不足 200 人，除作为历史纪念意义还保留着的 6 个在凡尔登战役中被摧毁的无人居住的市（镇）的建制外，也仍有仅 1 人的市（镇）。法国市镇数量之多、规模之小，欧洲无出其右。欧洲类似规模的国家中，德国的基础地方政府（Gemeinde）约 1.3 万个，西班牙的 Municipio 和意大利的 Comune都约 8000。英国则早就把地方自治的重心从村镇（堂区）转移到区一级。从人口中位数上来看，法国为 380 人，约相当于比利时的 1/40，意大利的 1/6，或西班牙的 2/3。

市镇数量庞大且又差距悬殊使得法国政府面临如何协调各市镇均衡发展的困扰。在乡村地区，由于人口稀少常常无法满足居民全面和完善的需求，在城市地区，如何整合同一都会区的各个市镇就成为行政需解决的问题。

多年来，法国中央政府一直希望改善上述问题，改善的方法主要有两类，一是合并，二是联合。

首先，是 1884 年就开始的推进市（镇）合并，但收效一般，因为各基础地方政府多不想成为被合并对象而丧失主体地位。1970 年以前 100 年内，法国的市（镇）总数不但没有减少，反而略有上升。

1971 年以后，法国改为合并加联合的政策，给予参与合并的市镇在财政上的优待，还允许被撤销的市（镇）改称为“从属市镇（Commune Associée）”，类似我国一些地方在被撤销的乡镇设立的“办事处”，保留一部分原组织机构和市镇名称，继续维持原有的部分功能，例如设 1 个非民选的委任市（镇）长，1 个书记官，1 个犯罪调查官员，有一个市（镇）长办公室，1 个社区中心。截至 2006 年 1 月 1 日共有 730 个从属市镇。但即使这样，经 37 年后也才减少了 1100 个左右市镇，不足当初预想的两成。

其次，是 1890 年开始国会允许建立“跨市镇共同体”负责管理几个市（镇）的公共服务，改善各邻近市（镇）在公共交通、经济区域等方面的合作，以实现大型城市和郊区之间的合作和联合行政。跨市镇共同体在行政法上具有独立法人资格，有独立的议会和预算编制，议员或从相关市（镇）议员中产生，或干脆直接选举。

法国的“跨市镇共同体”的类型相当繁多，主要的有城市共同体（Communauté urbaine）、城郊共同体（Communauté d’agglomération）和市镇联合体（Communauté de communes）3 类。

1. 城市共同体

城市共同体于1966年创设。是年里昂、波尔多、里尔、斯特拉斯堡率先设立城市共同体。起初规定设立城市共同体的标准是人口满5万，1999年后，法国对新设城市共同体的要件调整如下：

——共同体的人口最少要达到50万人；

——至少有一个市（镇）的人口超过5万。

但此要件不适用于此前已经设立的城市共同体，所以此前设立的9个人口在50万以下的仍旧保留，其中最小的阿朗松城市共同体人口甚至跌破5万。截至2010年1月1日，共有16个城市共同体。

城市共同体享有独特且广泛的权限，市镇的主要收入悉数且自动转入城市共同体的账户，使原来的市镇反而沦为次要，参加城市共同体的市镇也不能随便退出。对外，城市共同体也设立有对外交流部门，以整体的名义进行交流，如2006年与中国哈尔滨市缔结友好城市的，即为阿拉斯城市共同体，而非阿拉斯市，虽然城市共同体的主席也是阿拉斯市市长。也就是说，城市共同体实际上等于一个新的市镇。

法国的“城市共同体”制度，也对前法国殖民地或保护国（如摩洛哥等）产生了影响。

2. 城郊共同体

城郊共同体（Communauté d’agglomération）于1999年开始创设，相关都市的联系紧密性仅次于城市共同体（Communauté urbaine）。组成城郊共同体的各市镇总人口应该在5万以上，并且其中心市镇的人口应该在1.5万以上或者是省会所在地。此概念实际上是对城市共同体（Communauté urbaine）的分解。很显然，一个5万人的地方政府，和一个50万人的地方政府，所需要处理的事务必然有很大的不同，需要赋予不同的职能权限。

截至2010年1月1日，共有181个城郊共同体，其中分别以蒙彼利埃、土伦和鲁昂为中心的三个城郊共同体规模最大，均超过40万。

3. 市镇联合体

市镇联合体（Communauté de communes）在1992年立法创设，与前两者相比，此类共同体没有人口的限制，唯一的要求是地理连续性。截至2009年共有2406个市镇联合体。

总的来说，法国跨市镇共同体的种类和数量均不在少数，不过原来市镇数量多规模小及衍生的一系列的问题，并没有因此解决。以马赛为例，城市共同体只覆盖马赛都市区 2/3 的人口，大量的市镇都没有参加。

表 7.2　法国的城市共同体一览表

编号	城市共同体名称	共同体				中心市镇	
		面积	人口	市镇数	设立年	面积	人口
	巴黎	未设立正式的城市共同体				87	2,125,246
1	里昂	510	1,253,179	57	1966	48	445,452
2	波尔多	552	702,522	27	1966	49	215,363
3	里尔	611	1,107,861	85	1966	40①	212,597
4	斯特拉斯堡	314	467,376	28	1966	78	264,115
5	敦刻尔克	255	200,417	18	1968		
6	克勒索 - 蒙锡	390	90,406	18	1970		
7	瑟堡	69	85,588	5	1970		
8	勒芒	161	184,958	9	1971	53	146,105
9	布雷斯特	220	210,117	8	1973	50	149,634
10	南锡	142	266,000	20	1995	15	103,605
11	阿朗松	182	49,634	19	1996		
12	阿拉斯	171	91,438	24	1998		
13	马赛	605	1,023,972	18	2000	241	798,430
14	南特	523	579,131	24	2000	65	270,251
15	图卢兹	366	651,584	25	2008	118	390,350
16	尼斯	444	525,423	27	2008	72	342,738

注：共同体的人口为 2006 年估计值，市镇数截至 2007 年。中心市镇的人口为 1999 年 3 月 8 日人口普查值。这里列出巴黎，只为比较的方便。面积单位：平方公里。

2015 年 1 月 1 日，大里昂地区设立里昂广域市（métropole de Lyon）取代原来的里昂城市共同体。新设立的里昂广域市作为一个特殊的地方政府，与法国各省并列。

（二）西班牙的都市联合组织

西班牙的都市区（Área metropolitana），通常也设立有一些行政机构来处

① 已包括 2000 年 2 月 27 日并入的罗姆市（Lomme）。

理共同事务。马德里、巴塞罗那、巴伦西亚、塞维利亚和毕尔巴鄂是西班牙5大都市区。

以大巴塞罗那为例，巴塞罗那都市区（Área metropolitana de Barcelona）是一个正式的都市联合区。包括以巴塞罗那为核心的周围30公里以内的36个市（镇），总面积633平方公里，人口322万（2009年）。这个区域，无论面积还是人口，都略大于马德里市，但马德里是一个单体市。

巴塞罗那都市区主要设立有市镇协会（Mancomunitat de Municipis）、交通委员会（Entitat del Transport）和环境委员会（Entitat del Medi Ambient）等共同机构提供服务。不过并不是每个市镇都参加所有的都市联合组织。

如，巴塞罗那市镇协会涵盖31个市镇，处理涉及大巴塞罗那地区的诸如公共空间、基础设施、公共设备、都市生活和公共住宅等的共同事务，提供的服务相当全面。运输管理局整合18个城市的公共交通系统，服务人口约280万。环境委员会服务其中33个市镇，负责管理水务及废物处理等。

表7.3 西班牙人口50万以上的市一览表

序号	市（镇）			都市区（2009/2010）			自治区
	名称	面积	人口	面积	人口	市镇数	
1	*马德里市	607	2,938,723	1739	4,567,190	23	马德里自治区
2	*巴塞罗那市	101	1,503,884	633	3,218,071	36	加泰罗尼亚自治区
3	*巴伦西亚市	135	738,441	629	1,559,084	45	巴伦西亚自治区
4	*塞维利亚市	140	684,633	1489	1,205,509	22	安达卢西亚自治区
5	*萨拉戈萨市	1059	614,905				阿拉贡自治区
6	马拉加市	395	524,414				安达卢西亚自治区
	毕尔巴鄂市	41	349,972	499	910,298	35	巴斯克地区自治区

注：带*的为自治区首府。市人口为2001年11月1日普查值，都市区人口为2009或2010年统计值。面积单位：平方公里。

（三）意大利的广域市（Città metropolitana）

根据1990年通过的新地方自治法（法律第142号），意大利试图对全国12个城市推进必要的改革，设立广域市（Città metropolitana），包括一个中心市镇及邻近的周围基础行政区。2001年修订的意大利宪法第114条，也载入了广域市的内容，明确其也是拥有行政权限的地方政府，拥有自己的立法和行政组织，类似法国的城市共同体（Communauté urbaine）。

设立广域市应当是总人口超过25万的工商业集聚的地区，且中心市镇的人口应在20万以上。广域市计划本是为了在意大利导入地方广域行政的理念，如前所言，意大利的基础行政区的规模实在不大。由于规划中的广域市是界于大区（Região）和市镇（Comuni）之间的地方政府，这意味着其可能将会替代现有的省（Provincia），以实现简化官僚体系，提升地方政府行政和财政自主权的目标，更好地进行区域规划和协调。

如博洛尼亚，就是通过公民投票，将原来作为带有强烈国家行政派出机关性质的省（Provincia）的职能由博洛尼亚广域市替代，也即全省60个市镇，都参加了广域市。佛罗伦萨广域市的范围更是囊括佛罗伦萨和邻近的普拉托（Prato）、皮斯托亚（Pistoia）共3个省（73个市）的范围。2010年确定的威尼斯·朱利亚广域市的范围，实际就是的里雅斯特省，这是第一次不以中心市镇的名字命名的广域市，基于的里雅斯特这个名称在历史和现实中，都具有极高的国际知名度，这次命名也引起一些争议。

经过此后数次修正，到2009年增列雷焦卡拉布里亚后，广域市的数量增加到15处。不过截至2009年，作为法定地方行政机关，广域市仍然停留在理论层面，没有一个被彻底落实。一些核心主管部门甚至都没有对广域市的区域范围进行确定。在2005年，意大利环境部曾对广域市进行了一项研究，对其行政当局的定义和边界划分进行了分析和建议。

2014年，意大利终于将酝酿多年的广域市落到实处。4月，国会批准设立10个广域市（不含属于自治大区的5个），分别取代所在的10个省。此前的2012年和2013年，撒丁自治大区和西西里自治大区已经开始实施撤销当地所有的省，不过由于事涉违宪，相关事宜并未处理完毕。但从长远来看，撤销省的呼声在意大利国内日渐增长。

2015年1月1日，8个广域市（下表7.4编号1－8）开始设立。可以参考土耳其，最后也是把省直接改市。除自治大区外的其他10个应该在2016年之前都建立起来了。

表 7.4 意大利的广域市一览表

序号	名称	广域市(省)			市		
		市数	面积	人口	面积	人口	大区
1	米兰	134	1575	3,196,825	182	1,256,211	伦巴第大区
2	那波利	92	1171	3,118,149	117	1,004,500	坎帕尼亚大区
3	罗马	121	5352	4,342,046	1308	2,546,804	拉齐奥大区
4	都灵	316	6829	2,291,719	130	865,263	皮埃蒙特大区
5	佛罗伦萨	42	3514	1,012,180	102	356,118	托斯卡纳大区
6	博洛尼亚	56	3702	1,004,323	141	371,217	艾米利亚－罗马涅大区
7	巴里	41	3821	1,266,379	116	316,532	普利亚大区
8	热那亚	67	1839	862,175	239	610,307	利古里亚大区
9	威尼斯市	44	2462	858,198	413	271,073	威尼托大区
10	巴勒莫	82	5009	1,276,525	159	686,722	西西里自治大区
11	卡塔尼亚	58	3574	1,116,168	181	313,110	西西里自治大区
12	墨西拿	108	3266	647,477	211	252,026	西西里自治大区
13	卡利亚里	17	1248	431,302	81	164,249	撒丁自治大区
14	雷焦卡拉布里亚	97	3183	557,993	236	180,353	卡拉布里亚大区
15	威尼斯·朱利亚(的里雅斯特)	6	212	236,650	85	211,184	弗留利－威尼斯·朱利亚自治大区

注：市人口为2001年10月21日普查值，广域市（省）人口为2014年统计值。面积单位：平方公里。

（四）葡萄牙行政区划和市制改革的尝试

葡萄牙（Portuguesa）虽然在地理上和法国、西班牙和意大利接近，但在行政区划和市制方面，葡萄牙新的市制，已经和该三国存在较大区别。根据现在的葡萄牙宪法，行政区划分为大区（Região），市（Concelho，市政区）和行政堂区（Freguesia）三级。后两者享受行政自治权，共有308处市政区（Concelho），4261处行政堂区（Freguesia）。

多年来，葡萄牙一直尝试寻找更合理实用的行政区划适应各地经济、文化和地理现状，1999 年曾提出对行政区划的公决，但没有通过。目前，位于葡萄牙大陆上的 7 个大区，仅是咨询机关，并不具备地方自治团体的职能。只有位于北大西洋上的马德拉群岛和亚速尔群岛，因其特殊的地理和政治情况而拥有自治区（Região Autónoma）的地位。

这里需要澄清的两个概念是 Concelho 和 Cidade 的不同。

在葡萄牙，城区（Cidade）和镇（Vila）（以下合称城镇）不属于地方政府的范畴，而是一种历史和荣誉称号。取得这个头衔的地方，必须拥有一定的人口规模，同时在学校、医疗照顾、文化和体育等方面具备良好的基础设施，或在历史上具有重要意义。

城区（Cidade）和镇（Vila），与市政区（Concelho）并不对应，市政区内可以有多个城区，也可以没有。同样的，行政堂区（Freguesia）也不一定与城镇对应，大一点的城镇可能包括多个堂区，而小的则是一个堂区。也就是说，城区（Cidade）的范围，最大可以是整个市政区（比如里斯本、波尔图等），最小可以是一个堂区。目前共有 151 个城区（Cidade）和 533 个镇（Vila），此外为村。

一个典型的个案是里斯本大区的辛特拉市政区（Concelho de Sintra），人口接近 50 万，是仅次于里斯本的人口第二多的市政区。辛特拉市政区内部分为 20 个堂区（Freguesia），其中 3 个堂区共同构成克卢什城区（Cidade de Queluz），4 个堂区构成阿瓜尔瓦卡塞姆城区（Cidade de Agualva - Cacém），3 个堂区构成辛特拉镇（Vila de Sintra）。其它 10 个堂区各为 1 镇，其中 Algueirão - Mem Martins 堂区的人口高达 10 万余，是葡萄牙人口最多和人口密度较大的堂区，但其地位还只是镇（Vila），尚没有正式升格为城区（Cidade）。

理论上来说，升格为城区（Cidade）的最低人口要件是满 2500 居民，但是至少有 10 个镇（如前述之Algueirão - Mem Martins 镇）的人口要高出这个标准的 10 倍，甚至还有人口 2 万多的村，也没有升格为城区（Cidade）。堂区的数量常有变动，随着人口的增加，堂区分拆普遍存在。当单个堂区由镇（Vila）升格为城区（Cidade）后，通常会伴随原堂区进行分割。

在 1924 年南部沿海小镇波尔蒂芒（Portimão）升格为城区（Cidade）前，通常都是独立的城镇被授予城区（Cidade）的地位。此后半个世纪无城镇升格，直到 1973 年允许大都市的卫星城也可以被授予城区（Cidade）资格。是年，里斯本的郊区阿尔马达（Almada），波尔图的郊区波瓦——迪瓦尔津（Póvoa de Varzim）和埃斯皮纽（Espinho）被授予城区称号。

为适应大都市区广域行政的需要，里斯本和波尔图两个大都市区设有独立的立法和行政机构，用以处理跨市政区的事务，如同于我国的直辖市。

首都里斯本都市区涵盖整个里斯本大区，该大区分为大里斯本分区（Grande Lisboa，9 个市政区，特茹河北岸）和塞图巴尔半岛分区（Península de Setúbal，9 个市政区，特茹河南岸），总人口 2，641，006（2001 年普查），面积 2957 平方公里。其中里斯本市政区本身面积 85 平方公里，人口 564，657，分 53 个堂区。波尔图是葡萄牙第二大都市，大都市区包括大波尔图分区（Grande Porto）9 个市政区以及另外 5 个市政区，总面积 1574 平方公里，人口 1，551，950。

三、拉美国家的市

这里说的拉丁美洲国家，特指使用西班牙语和葡萄牙语的中南美和加勒比国家。虽然拉美国家中，巴西使用葡萄牙语，其他拉美国家多使用西班牙语。但在行政区划和市制方面，巴西的行政区划体系和墨西哥等其他西班牙语拉美国家基本接近。

大部分拉美国家实行“高级地方政府——基础地方政府”两级体系。高级地方政府称为州（Estado）或省（Departamento 或 Provincía），基础地方政府则为市（镇）。包括墨西哥和巴西这样的人口过亿的地区大国，都不存在州（或省）和市（镇）之间任何中间层的地方自治政府，仅玻利维亚和阿根廷等少数国家在两者之间设有中间行政区。譬如巴西虽然在州和市（镇）之间设有大分区（Mesoregion）和小分区（Microregion），但这些都只是地理和统计区，并不是行政区划单位。

高级地方政府中，实行联邦制的墨西哥、巴西和委内瑞拉称为州（Estado），但同样实行联邦制的阿根廷则和其他多数单一制国家一样，称为省（Departamento）。古巴和多米尼加两个海岛国家使用 Provincia，但在阿根廷和玻利维亚，Provincia 是指省（Departamento）以下的二级行政区。为考虑中文习惯，古巴和多米尼加的 Provincia 作为最高级地方政府翻译为“省”，而阿根廷和玻利维亚的 Provincia 则翻译为县。智利和秘鲁的高级行政区划与法国、西班牙、意大利较类似，分为大区（Región）和省（Provincia）两级。

（一）地方自治

基础地方政府方面，多数国家称为市（西班牙语：Municipio，葡萄牙语：Município），隶属于州或省。也有一些国家称为 Municipalidad、Cantone、Distrito、Partido 或 Comuna 等。但是，在一国之内，这些名称一般都没有明显的城乡的区别，与法国、西班牙和意大利一致。本书在没有歧义的情况下，亦笼统的使用“市（镇）”来指代基础地方政府。

市（镇）的地方政府被称为 Ayuntamiento，这个单词译成中文时也可以指市议会、市政府、市政厅或市政府大楼。它通常由一个民选的市政议会和市长（Alcalde 或 Síndico）组成，分别行使地方立法和行政职能。有些国家分的更细，如委内瑞拉法律规定市的主要职能由 4 个部分分别行使，市长承担市行政和执行功能，由 7 人组成的市政委员会行使地方立法功能，市审计办公室负责审计功能，地方公共规划委员会则负责全市发展项目的规划。

就具体处理的业务而言，市（镇）的职能主要是在公共建设和社会福利方面。以墨西哥为例，市（镇）的职能主要是负责给排水设施（Aguay Drenaje）、公共街灯（Alumbrado Público）、公共安全（Seguridad Públlica）、公共交通（Tráfico）、公墓（Cementerios）和公园（Parques）的建设。另外还要协助州和联邦政府的教育（Educación）、紧急状态服务（Servicios de Emergencia）、卫生健康服务（Servicios de Salud）、环境保护（Protección Ambiental）和历史古迹的维护（Mantenimiento de monumentos y sitios históricos）等工作。

拉美大部分国家是在上世纪八九十年代开始实现民主化，但民主化进程各国并不尽一致。总体来说，在这个阶段拉美国家多对中央和地方关系进行调整，恢复和扩大了市（镇）的自治权利，市政委员会或市长更多的由居民直接选举产生，而不再由中央或高级地方政府任命。1980 年只有 3 个拉美国家的市长由选举产生，到 1995 年有 17 个国家的市长由选举产生，另有 6 个国家的市长由市政委员会任命，而市政委员会则由当地居民选举产生。

1994 年通过的阿根廷宪法第一次规定了市政自治的内容，这包括市（镇）在架构上可以有一个经省议会批准的自己的宪章，在政治上民选自己的地方政府，在行政上有管理公共服务、公共工程和公共安全的能力，在经济上有独立的市政开支，在财政上建立税收保障。

现在，墨西哥和阿根廷等国家的首都地区，也开始实行地方自治。根据1994年宪法修正案精神，原阿根廷联邦首都区（Distrito Federal）拥有了新宪章，它的正式名字也改为布宜诺斯艾利斯自治市（Ciudad Autónoma de Buenos Aires），市长不再由总统指派改为民选产生。不少国家还实行权力分散，如智利通过在行政事务方面的分权，把原来由中央政府指导的地方性工作，移交给市政当局。①

所以今天来看，市一级的基础地方政府的首长和议会，多由选举产生。议员数则通常根据当地人口确定，如委内瑞拉的市议员席次依人口多寡分配，每2万居民选出一位议员，四年一选，可得连任。

最高级地方政府大部分民选，但智利的大区（Región）首长都由中央委任。中间一级的行政区以委任为主，如玻利维亚和智利的Provincia的首长，分别由省长和中央委任。少数如秘鲁，则从大区（Región）、省（Provincia）到区（Districto）悉由选举产生地方议会议员和行政首长。

下面的表格简要总结了拉美各国地方行政区划的基本情况。

表7.5 拉美各国行政区划比较表

国名	高级行政区	中间行政区（人口中位数）	基础行政区（人口中位数）	人口普查年
巴西	26 Estado / 1 联邦区	无	5,564 Município(10930)	2010
墨西哥	31 Estado / 1 联邦区	无	2,461 Municipio(12,731)	2010
委内瑞拉	23 Estado / 1 首都区、1 联邦属地②	无	335 Municipio(28,483)	2001
古巴	14 Província / 1 特区	无	168 Municipio(42,111)	2012
多米尼加	31 Província/1 国家区	无	155 Municipio(20,900)	2010
危地马拉	22 Departamento	无	332 Municipio(20,891)	2002
萨尔瓦多	14 Departamento	无	262 Municipio(9940)	2007

① 关于拉美国家的政治改革，请参见袁东振：《评当前拉美国家的政治改革》，载于《2002~2003年拉丁美洲和加勒比发展报告》（社会科学文献出版社2003年4月出版）。

② 联邦属地包括委内瑞拉所属的加勒比海中远离大陆的岛屿，地方政府由加拉加斯市长负责行政。

续表

<table>
<tr><th>国名</th><th>高级行政区</th><th>中间行政区
（人口中位数）</th><th>基础行政区
（人口中位数）</th><th>人口
普查年</th></tr>
<tr><td>洪都拉斯</td><td>18 Departamento</td><td>无</td><td>298 Municipio（11,405）</td><td>2013</td></tr>
<tr><td>尼加拉瓜</td><td>15 Departamento/2 自治区</td><td>无</td><td>156 Municipio（19,445）</td><td>2005</td></tr>
<tr><td>哥伦比亚</td><td>32 Departamento/1 特别区</td><td>无</td><td>1119 Municipio（11,421）①</td><td>2005</td></tr>
<tr><td>巴拉圭</td><td>17 Departamento/1 首都区</td><td>无</td><td>226 Municipio（10,815）</td><td>2002</td></tr>
<tr><td>乌拉圭</td><td>19 Departamento</td><td>无</td><td>89 Municipio</td><td>2011</td></tr>
<tr><td>玻利维亚</td><td>9 Departamento</td><td>112 Provincia</td><td>339 Municipio（10,750）</td><td>2012</td></tr>
<tr><td>智利</td><td>15 Region</td><td>53 Provincia</td><td>346 Comuna（16,896）</td><td>2002</td></tr>
<tr><td rowspan="2">阿根廷 ②</td><td rowspan="2">23 Provincia/1 自治市</td><td>376 Departamento</td><td>Municipio（或 Pendanías）</td><td rowspan="2">2010</td></tr>
<tr><td colspan="2">134 Partido（32,707）</td></tr>
<tr><td>哥斯达黎加</td><td>7 Provincia</td><td>81 Cantón（39,136）</td><td>478 Distrito（6,082）</td><td>2010</td></tr>
<tr><td>巴拿马 ③</td><td>9 Provincia /5 Comarca</td><td>76 Distrito（15,562）</td><td>621 Corregimiento</td><td>2010</td></tr>
<tr><td>厄瓜多尔</td><td>24 Provincia</td><td>228 Canton（23,949）</td><td>1081 Parroquia（3,507）</td><td>2010</td></tr>
<tr><td>秘鲁</td><td>25 Region</td><td>195 Provincia（58,320）</td><td>1838 Districto</td><td>2007</td></tr>
</table>

注：关于基础行政区的人口中位数的统计中，厄瓜多尔、智利、哥伦比亚等国均按照普查当时的行政区划进行统计，未考虑以后的增设。巴拉圭的 226 个基础行政区已经包括县（Partido）。

（二）新设市（镇）

随着人口的增长，各国通常都会相应设立新的市（镇，Municipio）——

① 根据 1991 年通过的哥宪法和第 2274 号政令，片区（Corregimiento）也成为省的下级行政区，与市平行。设立于东部偏远的亚马孙流域，类似我国历史上设县之前的设治局。

② 阿根廷的行政区划分为 23 个省（Provincia）和布宜诺斯艾利斯自治市（Ciudad autónoma de Buenos Airesa）。市（镇）一般称为 Municipio，唯科尔多瓦省称为 Pendanías。另面积最大，人口最多（占全国总人口的 38%）的布宜诺斯艾利斯省建制不同，全省分为 134 个行政区（Partido），相当于是县市合一的地方政府。

③ 巴拿马的 5 个特区（Comarca Indígena，其中 3 个为省级，2 个为副省级），是印第安人自治区。

基础行政区。半个世纪以来大规模的市合并的案例很少，除了古巴。1976 年，古巴对市（镇）进行重组，合并调整为 169 个。2002 年人口普查时，古巴的市（镇）的人口中位数高达 42，606 人，仅次于安哥拉（7.67 万人），在拉丁语族各国中列第二。

总体而言，除古巴和委内瑞拉等少数国家之外，表 7.6 显示多数拉美国家的市（镇）的人口中位数在 1 万左右，尤其是那些实行两级制（即省、市之间没有中间行政区）的国家。显然，这比欧洲本土的西班牙和法国要高出很多。

不过一国之内也规模差距很大。如墨西哥，在 2005 年人口普查时有基础行政区（Municipio）2454 个，中位数 11，863 人。但各州所设立的市数量极不平衡，数量最多的瓦哈卡州达 570 个，平均规模仅 6 千多人。而最少的下加利福尼亚州仅设 5 个，即使规模最小的市 Playas de Rosarito，人口都有 7.33 万（2005 年普查时），恩塞纳达市（Ensenada）的面积更超过 5 万平方公里，为全墨西哥之冠。

市（镇）的数量增长较快的如玻利维亚。1994 年，玻利维亚推动地方自治和加快落实国家权力下放，随后市（Municipio）的数量开始激增。从最初 1994 年的 24 个，增加到 2005 年的 327 个，2012 年又增加到 339 个。玻利维亚约 4 成的市主要由美洲土著人口居住。设立新的市需最少有 1 万居民，但在边远地区则可以放宽到 5 千人。

乌拉圭 2005 ~ 2010 年议会通过了权力下放法，规定新设市（镇，Municipio）的标准为人口需达到 5 千人，实际上常常低于这个数。除首都蒙得维的亚外，共设立了 81 个市（镇），需要注意的是，他们通常只设立在省会之外的主要居民点，而集中全省大部分人口的省会以及低密度的乡村地区则均由省直辖。以拉瓦耶哈省为例（参见图 7.1），省会米纳斯（居民点）集中了全省 6 成以上人口，但不设自己的市政机构，另外两个人口数千的居民点设立镇，2010 年两个镇均民选产生自己的镇议员和镇长。拉瓦耶哈省设民选的省长和省议员，并直接管辖除两个镇以外的其它地区。乌拉圭首都单独设立蒙得维的亚省，原还设有蒙

图 7.1 拉瓦耶哈省示意图

得维的亚市，2004 年人口普查时，市的范围与省高度重叠，全省 132 万人口蒙市占 127 万。新的权力下放法实施后取消了蒙市，将蒙得维的亚省划分为 8 个市（Municipio，实际相当于我国的市辖区），分别以 A ~ G 和 CH 命名。2010 年，乌拉圭举行省、市两级地方选举，而此前 2000 和 2005 年的地方选举只进行省级选举。

阿根廷是个联邦共和国，1994 年的宪法第一次规定了地方自治的内容。各省设市（镇）的要件不尽相同，圣胡安省要求最低人口达到 3 万，圣路易斯省 2.5 万，查科省、胡胡伊省、圣地亚哥——德尔埃斯特罗省要求 2 万，卡塔马卡省、科尔多瓦省、恩特雷里奥斯省、米西奥斯内斯省、萨尔塔省、火地岛省 1 万，内乌肯省只要 5 千，里奥内格罗省 2 千，圣克鲁斯省 1 千，图库曼省要求至少 5 千居民且面积不少于 250 公顷且至少 300 套私人楼宇，丘布特省则要求选民人数要达到 1 千。由于市（镇）数量较多，一些省还进行市分等。

秘鲁 2002 年 11 月 16 日通过《地方政府组织法》，原各省（Departamento）和卡亚俄宪法县（Provincia Constitucional del Callao）的地位转变为大区（Region），同时从利马大区划出独立的利马县，实际为中央直辖县。比较特殊的是，秘鲁每个县的自治行政当局同时管理县城所在的区。由于秘鲁的这个体制，所以县和区的管理当局同时都是秘鲁的基础地方政府。秘鲁的大区、县、区首长均由民选产生。大都会常被拆分为多个区，30 万以上的 10 个区都集中在利马——卡亚俄都会区，最多的 San Juan de Lurigancho 有人口 89.8 万。大利马外最多的是特鲁希略区 29.47 万，但也不及整个特鲁希略城区的一半。根据 1982 年的法律规定，热带雨林地区新设的区需要达到 3 千居民，安第斯高原地区需要 4 千，沿海地区的则为 1 万。在人口稀疏的干燥的安第斯地区，很多区的人口不足 3500 人，并且人口流失也很严重。除了利马等大都会地区以外，人口超过 1 万的区也会被考虑拆分，如果他的面积也足够大。

（三）市（镇）的内部分区

市（镇）的内部分区大致也分三种类型。

一是大城市内部具有半自治性质的区，通常为该国首都或其他主要的大城市设置，类似我国的市辖区。分区的名称因地而异，常见的如下：

Barrio。如阿根廷的布宜诺斯艾利斯自治市（Ciudad Autónoma de Buenos

Aires）分为 48 个 Barrio，巴拉圭的亚松森首都区分为 69 个 Barrio，乌拉圭的蒙得维的亚分为 64 个 Barrio。

Delegacione。如墨西哥的墨西哥城（联邦区）下分为 16 个 Delegación，是半自治的地方政府。

Localidad。如哥伦比亚的波哥大首都特别区（Distrito Especial），分为 20 个 Localidad，各由一个民选的市政委员会管理。

二是非首都市，为行政需要而设置的并没有地方自治权限的下位行政分区。如墨西哥除首都以外的其他市（镇）内分设的 Delegación。以第 6 大城市下加利福尼亚州的蒂华纳市（Municipio de Tijuana）为例，其城区部分，即蒂华纳城（Ciudad de Tijuana）分为 9 个 Delegación，提供诸如城市规划、人口登记、公共事业和社区发展等行政服务。

在委内瑞拉，市（镇）可以依法在辖区内设立堂区（Parroquia），相当于我国的街道办事处，如果规模太小则可以不分设，统计上就视为一个堂区，目前共有约 2570 处堂区。

又如乡（Corregimiento）这一概念，在西班牙已经取消，但在巴拿马等地则仍存在。巴拿马的乡（Corregimiento）是县（Distrito）下的行政分区，通常将县（Distrito）类比其他拉美国家的市（Municipio）。

在哥斯达黎加，相当于其他国家市（Municipio）的是县（Cantón），县下则编组为区（Distrito）。区的规模全国相对而言很平均，虽然大都会的区肯定要比偏远地域的区人口多，但当一个区（Distrito）的人口达到或接近 5 万时，常常会面临拆分。如 1984 年普查时人口最多（43，352）的圣何塞省德桑帕拉多斯县的德桑帕拉多斯区，到 2000 年时已分出 Gravilias 区。2000 年人口普查时，共有 459 区（此后又陆续增加到 470 个），5 万以上的仅有 3 区。

第三种比较特殊，是在市（镇）内非行政中心所在的其他区域设置的半自治地方政府。前面提到，拉美的市（镇）的行政区域既可以是纯城市化地区，也可以是纯乡村地区，就大多数而言则以城乡混合形态为主，不少都包括一个或多个城镇居民点和周围的乡村居民点。为防止非中心城镇的居民点被边缘化，市政府就有可能在驻地以外的居民点设立“派出机关”，类似我国明清的县丞或巡检，或者民初的分县（县佐）。

以墨西哥为例，一个市（镇）中人口最多的那个居民点为市政府所在地，其他的居民点可能会选举自己的代表为辅理市长（Presidencia Auxiliar）或辅理议会（Junta Auxiliar）。但是这些居民点（无论其人口多寡）均不被视为该国的次级行政区，因为辅理市长或辅理议会的职责，毕竟是附属并辅助市（镇）长和市（镇）议会的工作，而非完全独立的主体。

又如在多米尼加共和国，当一个市（镇）是由多个城镇所组合时，非市政府所在地的城镇可以设立行政区（Distrito Municipal），并设立区委员会（Junta Municipal），但委员由市（镇）议会提名而非民选产生。市（镇）内的乡村地区设立片区（Seccione），包括若干村（Paraje），各片区长由市议会提名。近年有一些行政区也被提升为市（镇），使市（镇）的数量常有所增加，截至 2006 年 6 月 20 日有 154 个市（内含 202 个区）。

（四）统计上的城镇和都市区

拉美国家在统计上对城镇和乡村的区分，并不以 Municipio 为统计对象，而是以居民点为划分依据，各国有所不同。

墨西哥各州根据人口数量对居民点进行不同的等级划分。城区（Ciudad），是各州人口最多，等级最高的居民点。但是对城区的最低人口的规定，各州之间差异极大。在哈利斯科州，一个居民点被指定为城区（Ciudad）至少需要 5 万人口，而在纳亚里特州，只要人口满 3 千，并且 3/4 的人口从事工商业即可被指定为城区（Ciudad）。

城区（Ciudad）以下的居民点的类型划分，各州差别更大，不但人口标准不同，而且同样一个名称在各州的含义也可能不同，没有任何全国一致性。如墨西哥州的 Villa 是第二等居民点，人口在 5 千到 1.5 万之间，Pueblo 是第三等居民点，人口在 1 千到 5 千之间。但在伊达尔哥州则倒了过来，Pueblo 是第二等居民点，人口需在 1 万以上，Villa 则是三等居民点，人口需在 5 千以上。

一般来说译成中文时，Villa 和 Pueblo 都可以译为镇，并且大部分州是前者大于后者。而 Congregación、Ranchería、Caserío 则可以译为村。

巴西划分城乡的标准很简单，市（镇，Município）的中心居民点即被认定为城区（Cidade）。巴西城市化水平很高，2000 年人口普查时，共有城区人口超过 10 万的城市 203 个（包括巴西利亚）。其中 13 个城区人口超过 100 万，共有人口 33，590，175，占全国总人口的 19.8%。

多米尼加共和国统计上的城区（Ciudad）是指各省省会或人口超过 1 万的居民点。各基础地方政府（Municipio）的中心或人口超过 1000 的居民点则被认为是集镇（Villa），不足 1000 人的为乡村（Poblado）。

委内瑞拉国家统计局定义人口超过5000的居民点为城区（Ciudad）。5000以下的为乡村区域，其中人口在2001～5000的为集镇（Pueblo）。

智利国家统计局定义，人口超过5000人的为城区（Ciudad）。基于2002年人口普查结果，智利有239个城区，人口超过10万的有45个（其中22个位于首都大区圣地亚哥省）。人口不足5000的视为乡村，其中人口在2001～5000人之间，或虽然人口只有1001～2000但是经济活跃的地区，则被称为集镇（Pueblo）。

洪都拉斯为统计的需要，居民点分为城镇（Aldea）和村（Caserio）两类。2001年普查时包括3731个Aldea和27，969个Caserio。

大墨西哥城、大圣保罗、大里约热内卢和大布宜诺斯艾利斯是拉美4大都会区，他们的人口都在千万以上。

2005年人口普查时，墨西哥共有城区人口10万以上的城镇109座（包括首都墨西哥城），其中30万以上的共48座，100万以上的10座。大墨西哥都市区人口19，231，829，拥有3座100万以上特大城市，是全球最大的都市区之一。

巴西2000年人口普查时，若以都市区计算，则20个人口超过100万的都市区（包括马瑙斯）的人口占巴西全国总人口的近4成，其中大圣保罗都市区的人口即超过全国一成达19，949，101，是世界上最大的都市区之一，大里约都市区也达到超过1千万，达11，581，535。

阿根廷的大布宜诺斯艾利斯都市区，包括布宜诺斯艾利斯自治市和布宜诺斯艾利斯省的24个行政区的全部或部分，总面积3833平方公里。其人口超过1200万，占全国1/3，在南美仅次于巴西的大圣保罗都市区。

表7.6所列为拉美全部人口在100万以上的市（镇）。

表7.6　拉美人口100万以上的市一览表

国家	市名称	面积	人口	普查年	备注
墨西哥	*墨西哥城	1485	8,851,080	2010	联邦区
墨西哥	埃卡特佩克	160	1,656,107	2010	
墨西哥	蒂华纳	1235	1,559,683	2010	
墨西哥	普埃布拉	545	1,539,819	2010	
墨西哥	瓜达拉哈拉	151	1,495,189	2010	

续表

国家	市名称	面积	人口	普查年	备注
墨西哥	莱昂	1220	1,436,480	2010	
墨西哥	华雷斯	3561	1,332,131	2010	
墨西哥	萨波潘	1164	1,243,756	2010	
墨西哥	蒙特雷	324	1,135,550	2010	
墨西哥	内萨瓦尔科约特尔城	64	1,110,565	2010	
古巴	* 哈瓦那①	727	2,154,454	2012	哈瓦那城省
洪都拉斯	* 特古西加尔巴②	1515	1,157,509	2013	中央区市
哥伦比亚	* 圣菲波哥大	1587	6,778,691	2005	首都特别区
哥伦比亚	麦德林	381	2,219,861	2005	
哥伦比亚	卡利	619	2,075,380	2005	
哥伦比亚	巴兰基亚	166	1,112,889	2005	
委内瑞拉	* 加拉加斯③	817	2,762,759	2001	指广域市
委内瑞拉	马拉开波	419	1,219,927	2001	
厄瓜多尔	瓜亚基尔	2494	2,291,158	2010	parroquia
厄瓜多尔	* 基多	372	1,619,146	2010	parroquia
秘鲁	* 利马	2670	7,605,742	2007	
玻利维亚	圣克鲁斯	326	1,453,549	2012	
乌拉圭	* 蒙得维的亚		1,318,755	2011	
智利	* 圣地亚哥④	2030	4,668,473	2002	
阿根廷	* 布宜诺斯艾利斯	203	2,890,151	2010	自治市

① “哈瓦那城省”(Provincia de Ciudad de La Habana)包括 15 个市(Municipio)。注意不是“哈瓦那省”(Provincia de La Habana),后者已于 2010 年撤销改分为两个省。

② 1938 年特古西加尔巴市与科马亚圭拉市(Comayagüela)合并,成为弗朗西斯科 - 莫拉桑省的一个市(Municipio),正式名称为中央区市(Municipio de Distrito Central)。

③ 委内瑞拉首都区(加拉加斯)曾有自己的地方政府,2000 年以后行政和司法等功能归新设立的加拉加斯广域市(Distrito Metropolitano de Caracas)办理,其范围包括加拉加斯以及米兰达州的苏克雷(Sucre)、巴鲁塔(Baruta)、高地(El Hatillo)和查高(Chacao)等 4 个市(Municipio)。其中首都区面积 433 平方公里,人口 183.6 万。

④ 智利的圣地亚哥省包括 32 个市(Comuna),他们城市建成区相连,构成一个整体。习惯上也将全省视为一个城镇进行统计,这里遵循这个习惯。

续表

国家	市名称	面积	人口	普查年	备注
阿根廷	马坦萨	323	1,775,272	2010	partido
阿根廷	科尔多瓦	576	1,317,298	2010	省会
巴西	圣保罗	1523	11,244,369	2010	
巴西	里约热内卢	1182	6,323,037	2010	
巴西	萨尔瓦多	707	2,676,606	2010	
巴西	*巴西利亚	5802	2,562,963	2010	联邦区
巴西	福塔莱萨	313	2,447,409	2010	
巴西	贝洛奥里藏特	331	2,375,444	2010	
巴西	马瑙斯	11,401	1,802,525	2010	
巴西	库里蒂巴	435	1,746,896	2010	
巴西	累西腓	217	1,536,934	2010	
巴西	阿雷格里港	497	1,409,939	2010	
巴西	贝伦	1065	1,392,031	2010	
巴西	戈亚尼亚	739	1,301,892	2010	
巴西	瓜鲁柳斯	318	1,222,357	2010	
巴西	坎皮纳斯	796	1,080,999	2010	
巴西	圣路易斯	827	1,011,943	2010	

注：上表中“城市名”前带*的表示为该国首都。面积单位：平方公里。

（五）大都市广域行政组织

以哥伦比亚的广域市（Área Metropolitana）组织最为典型。1980 年以来，哥伦比亚政府正式指定了 6 处广域市，各包括若干个市，统一行使部分城市管理职能。

这 6 处分别是大麦德林（10 个 Municipio，1980 年指定）、大巴兰基亚（5，1981）、大布卡拉曼加（4，1981）、大库库塔（6，1991）、大佩雷拉（2，1991）和大巴耶杜帕尔（不详，2005）。大波哥大（18）和大卡利（4）一直没有正式指定，但在研究中也常常被使用。

另外，1991 年和 2007 年，哥伦比亚政府先后将 10 个市（镇），因政治、经济和文化等因素，指定为特别区（Distrito），具体是波哥大首都特别区，巴兰基亚工业和港口特别区，圣玛尔塔历史文化和旅游特别区，卡塔赫纳文化和旅游特别区，库库塔边境和旅游特别区，波帕扬生态旅游、历史和大学特别区，通哈历史和文化特别区，图尔沃港口特别区，布埃纳文图拉工业、港口、生物多样性和生态旅游特别区和图马科工业、港口、生物多样性和生态旅游特别区。

四、法语非洲国家的市制

这里所说的法语非洲国家，是指包括地方政府体系在内，各方面受法国影响深刻的前法国殖民地或保护国，所以未包括刚果（金）、卢旺达和布隆迪等国。

（一）高级行政区

这些国家独立后的行政区划设置，仍深受前宗主国影响，多数实行类似法国的“大区（Région）——省（Département）——基础行政区（Commune）”三级体制。并且在上世纪90年代以后，越来越多的国家通过行政区划调整进行向这一体系整齐。如摩洛哥1997年3月实行新的行政区划，在省（Province 和 Préfecture）之上新设16个大区（Région），大区主席（Wali）由国王任命，他同时也是大区驻地省的省长。马达加斯加2007年修订宪法，原6个自治省（Faritany mizakatena）被宣布取消，改由22个大区（Région）成为地方最高行政区。喀麦隆在2008年也如此。

目前，基础行政区（Commune）的上面跟法国一样采用“大区（Région）——省（Département）”两级的国家有摩洛哥、毛里塔尼亚、塞内加尔、尼日尔、几内亚、科特迪瓦、喀麦隆、乍得和马达加斯加。一级地方政府也是大区（Région），但二级地方政府（省）使用其他称呼的有马里（称Circle）、布基纳法索（称Province）和多哥（称préfecture）。阿尔及利亚、突尼斯、贝宁和刚果（布）等国则只有大区或省一级。

不过大区和省的定位、功能和地方自治程度，则不完全与法国的相同。有一些国家规定三级政府都由民选产生，即使只是在名义上，如乍得①。而在

① 根据1996年乍得宪法精神，地方三级政府都由民选产生，但实际尚未实现。同时，基础行政区中，原定以Commune（包括城镇地区的Commune和乡村地区的Communaute Rurale）取代原来的200个Sous-préfecture和446个Canton两级体制的计划，也一直没有实现。

喀麦隆，包括大区和省的首长仍由委任产生。一些国家的省的功能更强大，大区主要是起到经济、社会和文化的协调工作，如科特迪瓦，即由大区首府驻地的省的省长兼任大区主席，负责协调工作。而在另一些国家，如塞内加尔的省并没有什么政治权力，反而是大城市（如达喀尔、皮金、盖迪亚瓦耶）的市辖区拥有很多独立的地方管理权限。

在省和基础行政区（Commune）之间，参考法国的体制，各国也多存在仅为行政方便而设立的行政区（Arrondissement）和县等组织，但和法国一样，一般也都是上位政府的派出机关，并不是地方自治实体。如阿尔及利亚各省（Wilaya）的省长（Wali）由内政部提名并经总统任命，日常事务由内政部领导，同时设省人民议会，民选产生议员，省和基础行政区中间设有县（Daïra），仅作为省（Wilaya）的派出机构。县的规模也和法国一样，较为平均，也因此一个县可能包括多个市、镇、乡，也可能一个大型的市（镇）横跨多个县。

（二）基础行政区（Commune）的规模

如同法国一样，在法语非洲各国，基础行政区也统称为 Commune，是具有法人资格的行政和财政自治组织。这一组织最早是法国在 1955 年引入法属非洲的几个主要城镇，进而推广。

总体而言，法语非洲的基础行政区的平均规模都远远超过法国大陆。除地处沙漠人口稀少的毛里塔尼亚等外，不少国家的人口中位数超过 1 万。当然这并不意味着每一个基础行政区规模都很大，事实上相互之间的差异也很可能高达千倍。

如突尼斯 2004 年人口普查时基础行政区的人口中位数为 10，455 人，最大的 728，453 人，最小的仅 811 人，人口规模相差极大。另外，突尼斯仅在城镇地区设立市（镇，阿拉伯语转写：Shaykhat，法语：Commune urbaine），是基础地方政府，截至 2006 年数量 264 个。其他地方则由县（阿拉伯语转写：Mutamadiyah，法语：Délégation）直接进行管理。县是省政府为行政方便而设置的，覆盖突尼斯全境，其规模也相对较平均，数量正好也是 264 个，县下分为 2073 个区（法语：Secteur）。

阿尔及利亚 1998 年人口普查时，1541 处基础行政区的平均人口为 18，884，中位数为 1853 人。共有 34 个基础行政区人口超过 10 万，最多的是奥兰（634，112）和君士坦丁（481，947），同时有 8 个不足 1000 人，最少的仅 101 人。至于首都阿尔及尔，他单独建制为一省，并设立 57 个基础行政区，其中人口最多的于 1998 年普查时也仅 10.5 万。

尤其最大的是贝宁，基础行政区（Commune）——包括市（Circonscription Urbaine）和乡（Sous - préfecture）——的平均人口接近 10 万，且因为该国不设大区，基础行政区成为该国省以下的第二级行政区划，所以不少中文文献将其翻译为“县”。

因为规模较大，所以基础行政区自然也多具有典型的城乡混合性，包括若干个村镇居民点。如布基纳法索，每个包括瓦加杜古在内的 Commune（也称 Département）都包含一个中心镇和几个到几十个不等的村，合计约 7000 村，每个村的人口一般都一两千。又如马达加斯加在基础行政区之下编有 1.7 万个社区（Fokontany）。

（三）法语非洲的市（Commune Urbaine）

与法国不同的是，不少法语非洲各国的基础行政区分为城、乡两种类型，虽然具体使用的名称有所不同。

据不完全统计，至少有摩洛哥、塞内加尔、马里、尼日尔、几内亚、贝宁、乍得、喀麦隆、刚果（布）、马达加斯加等国，将基础行政区分为“市（镇）”和“乡”两种类型（参见下表）。基础行政区这一级，不进行城乡区别的国家则一般统称为 Commune，如阿尔及利亚、毛里塔尼亚、布基纳法索和多哥等国。

在乡村地区，Communauté Rurale（直译乡村共同体）使用最广，如摩洛哥、几内亚、塞内加尔和乍得等国，刚果（布）和贝宁则称为 Sous - préfecture（直译副省）。从字面上看，前者偏重地方自治，后者偏重行政管理。中文可全译为乡。

在城镇地区，Commune Urbaine 这一概念在摩洛哥、突尼斯、马里、尼日尔、几内亚、喀麦隆、刚果（布）和马达加斯加等国被广泛使用，也就是建制市（镇），通常是大区、省的驻地或人口较多的城镇。如加蓬为各 Département 的行政中心，以及人口在 5000 以上的城镇。尼日尔为设立 Commune Urbaine 的人口要件是满 1 万，目前大部分是大区或省的行政中心，并且各大区所在的市，实际上脱离所在省而直属于大区，1999 年以后，尼日尔加大了向地方政府放权的力度。

表 7.7 诸法语非洲国家行政区划比较表

<table>
<tr><th rowspan="2">国家</th><th rowspan="2">一级
大区级</th><th rowspan="2">次级
省级</th><th colspan="2">基础行政区 Commune</th></tr>
<tr><th>城镇地区</th><th>乡村地区</th></tr>
<tr><td>突尼斯</td><td colspan="2">24 Gouvernorat</td><td>Commune Urbaine 264</td><td>无</td></tr>
<tr><td>阿尔及利亚</td><td colspan="2">48 Wilaya</td><td colspan="2">Commune 1541</td></tr>
<tr><td>摩洛哥</td><td>16</td><td>Province56 / préfecture15</td><td>Commune Urbaine 249</td><td>Communauté Rurale 1298</td></tr>
<tr><td rowspan="2">毛里塔尼亚</td><td>12</td><td>44</td><td colspan="2">Commune 208</td></tr>
<tr><td colspan="2">努瓦克肖特城市共同体</td><td></td><td></td></tr>
<tr><td>塞内加尔</td><td>14</td><td>35</td><td>Commune 113</td><td>Communauté Rurale 324</td></tr>
<tr><td rowspan="2">马里</td><td>8</td><td>Circle 35</td><td>Commune Urbaine 19</td><td>Nouvelles Commune 684</td></tr>
<tr><td colspan="2">巴马科首都区</td><td></td><td></td></tr>
<tr><td rowspan="2">几内亚</td><td>7</td><td>33</td><td>Commune Urbaine 33</td><td>Communauté Rurale 303</td></tr>
<tr><td colspan="2">科纳克里城市共同体</td><td></td><td></td></tr>
<tr><td rowspan="2">科特迪瓦</td><td rowspan="2">19</td><td>81</td><td colspan="2">Commune 978</td></tr>
<tr><td>阿比让区
亚穆苏克罗区</td><td colspan="2"></td></tr>
<tr><td>布基纳法索</td><td>13</td><td>Province45</td><td colspan="2">Commune （Département）301</td></tr>
<tr><td rowspan="2">尼日尔</td><td>7</td><td>35</td><td>Commune Urbaine 51</td><td>Commune 220</td></tr>
<tr><td colspan="2">尼亚美城市共同体</td><td></td><td></td></tr>
<tr><td>多哥</td><td>5</td><td>préfecture30</td><td colspan="2">Commune</td></tr>
<tr><td>贝宁</td><td>—</td><td>12</td><td>Circonscription Urbaine 10</td><td>Sous – préfecture 67</td></tr>
<tr><td>喀麦隆</td><td>10</td><td>58</td><td>Commune Urbaine 等</td><td>Commune Rurale 305</td></tr>
<tr><td rowspan="2">乍得</td><td>21</td><td>61</td><td>Commune</td><td>Communauté Rurale 348</td></tr>
<tr><td colspan="2">恩贾梅纳市</td><td></td><td></td></tr>
<tr><td rowspan="2">中非共和国</td><td>Préfecture 16</td><td>Sous – pré – fecture 71</td><td colspan="2">Commune 170 +</td></tr>
<tr><td colspan="2">班吉自治市</td><td></td><td></td></tr>
<tr><td>加蓬</td><td>9 Province</td><td>49</td><td>Commune 50</td><td>Canton 155</td></tr>
<tr><td rowspan="2">刚果（布）</td><td>10</td><td>—</td><td>Commune Urbaine 7</td><td>District 86</td></tr>
<tr><td colspan="2">布拉柴维尔市、黑角市</td><td></td><td></td></tr>
</table>

续表

国家	一级大区级	次级省级	基础行政区 Commune	
			城镇地区	乡村地区
马达加斯加	22	District116	Commune Urbaine	Commune 1548
吉布提	5	—	Commune	
	吉布提市			

注：没有特别说明的，一级行政区为大区（Région），次级为省（Département）。

Commune Urbaine 的前身是 1955 年法国还统治非洲时期引入的 Commune de Plein Exercice，意为获得完全权力的市。在法国还统治非洲的 1955 年，CPE 这个名词被引入马里（法属苏丹）、喀麦隆、马达加斯加和多哥，获得该地位的市由民选机构处置地方资源。1956 年，阿比让等多个市政府举行市长选举。

马里独立后沿用法国时期的 CPE（即现在的 Commune Urbaine），一开始有 13 个这样的单位。第二共和国时期（1968 ~ 1991），CPE 的数量上升到 19 个，新增的 6 个位于巴马科区。1992 年通过的新宪法重新确认了市的自治权。

1978 年，科特迪瓦也引入 CPE 这个概念，首批有 9 个 Commune 被授予这个称号。

（四）城市共同体（Communauté urbaine）

在法国，城市共同体（Communauté urbaine）是一种最高形式的地方“跨市镇共同体”，是相关市镇（Commune）的联合政府，且联系程度非常之高。这一概念也被不少法语非洲国家所引入，同样设立于人口众多的大型城镇化区域。由于非洲各国城市化水平有限，首都一极独大局面突出，所以有资格或有必要设立城市共同体的地方，主要就是几个国家的首都，其地位大多比同大区。如尼日尔首都尼亚美和几内亚首都科纳克里，其组织形式都是城市共同体，都不属于任何一个大区。

从横向比较来看，法语非洲国家的城市共同体，类似我国的直辖市或地级市，其所包括的各个市（Commune），类似于我国直辖市的区。但两者又有所不同，理论上来说，组成城市共同体的各个市具有比市辖区更多的自主性。在组织上，下位市（Commune）有自己的民选市长。相反，市的下位政府就只能是区（Aarrondissement），如同我国的市辖区一样，其自主性自然没有县或市来得大。也就是说，市（Commune）对区（Aarrondissement）而言，是全面的行政管辖，但城市共同体（Communauté urbaine）对市（Commune）而言，则是一种市际间的广域行政组织或联合组织。

近来，鉴于城市规模和管理问题，越来越多的法语非洲国家的大城市，开始采用城市共同体的体制。如2001年6月毛里塔尼亚的首都努瓦克肖特也改制为城市共同体。

有些地方则虽然使用其他名称，但其体制则与城市共同体有异曲同工之处。如马里的巴马科首都区，它独立于8个大区之外，并包括6个市，实际上也相当于城市共同体，只不过使用首都区的名字。

又如科特迪瓦的旧新两首都阿比让和亚穆苏克罗，自2001年起，两市以省（Département）的身份开始运作，称为“区（District）”。阿比让升级为省级市后，原来的市长改为委任（因省长是委任的），不过组成阿比让的10个下位市都有自己的市长和市议会。最后一次市政选举是在2001年，因为从2002年开始，科爆发内战后，迄今南北分裂政局未稳，总统选举也是一再拖延。也就是说，阿比让目前的组织形式类似于城市共同体，而不是单一的市。

贝宁的滨海省（该国不设大区，省是一级行政区）自1999年从大西洋省分离后，其范围就仅辖科托努一个市，但并未采用城市共同体体制。

除首都地区外，大量设立城市共同体的，则非喀麦隆莫属。1987年，喀麦隆创制城市共同体这一体系，设立于大型都市化地区，管理地方事务，促进地方政治、经济、社会和谐发展，提升行政效率改善市政服务质量并加强培训市政工作人员。直到2008年以前，喀麦隆一直都只设有2个城市共同体，即港口和经济中心杜阿拉与首都雅温得两个特大城市。城市共同体下分为区（Commune urbaine d’arrondissement），其中杜阿拉市分6个区，雅温得市分7个区。另外，姆芳迪省和雅温得市的范围完全吻合，一省一市。

除杜阿拉和雅温得两个城市共同体外，2007年前喀麦隆还有9个特例市（Commune urbaine à régime special），以及11个市（Commune urbaine）两种城市型地方自治单位。特例市比一般的市乡在地方经济和社会发展以及人类服务方面拥有更多的权限。有资料显示，2008年后，加鲁阿等特例市已经升格为城市共同体（Communauté urbaine），虽然他们的人口估计都只有 10～50 万①。

法语非洲各国人口 50 万以上的城市名单如下，数据以最近的人口普查为基础。这份名单大体涵盖了那些管理体制独特的大城市。

表 7.8 法语非洲各国人口 50 万以上的市一览表

市镇名	类型	面积	人口	普查时间	国家	备注
* 突尼斯	市	213	728,453	2004	突尼斯	分 16 区
* 阿尔及尔	省②	803	2,947,461	2008	阿尔及利亚	
奥兰	市	64	750,000	2008	阿尔及利亚	
君士坦丁	市		570,000	2008	阿尔及利亚	
卡萨布兰卡（达尔贝达）	市	323	2,946,440	2004	摩洛哥	分 16 区
非斯	市		946,815	2004	摩洛哥	分 6 区
马拉喀什	市	230	823,154	2004	摩洛哥	分 5 区
塞拉	市		760,186	2004	摩洛哥	分 5 区
丹吉尔	市		669,685	2004	摩洛哥	分 4 区
* 拉巴特	市		621,480	2004	摩洛哥	分 5 区
* 达喀尔	市	79	955,897	2002	塞内加尔	省市合一，19 区
皮金	市	87	768,826	2002	塞内加尔	省市合一，16 区
* 巴马科	首都区	252	1,809,106	2009	马里	含 6 市
* 瓦加杜古	市	219	1,475,223	2006	布基纳法索	分 5 区含 17 村
博博迪乌拉索	市	137	554,042	2006	布基纳法索	
* 努瓦克肖特	城市共同体	1000	558,195	2000	毛里塔尼亚	含 9 市
* 尼亚美	城市共同体	402	707,951	2001	尼日尔	含 5 市
* 科纳克里	城市共同体	450	1,092,936	1996	几内亚	含 5 市

① 2009 年 2 月 6 日，喀麦隆总统比亚批准 14 个城市共同体的市长提名，这显示喀麦隆大概已经取消特别市这一建制并将原有的特别市悉数升格为城市共同体。参见：Biya nomme les super－maires élus par décret ：20mai. net，http：//www. 20mai. net/2009/02/08/biya－nomme－les－super－maires－elus－par－decret/

② 阿尔及尔省包括 57 个基础地方政府（Commune），1998 年普查时人口最多的也仅 10.5 万。比照其他国家的“城市共同体”，这里依照习惯将阿尔及尔全省统计为一个市。另外，2008 年人口普查分市别数据尚未公布，奥兰和君士坦丁的人口为估计值。

续表

市镇名	类型	面积	人口	普查时间	国家	备注
阿比让	市	2119	4,007,000	2009	科特迪瓦	含10市
布瓦凯	市	72	642,700	2009	科特迪瓦	
*洛美	市	90	837,437	2010	多哥	分5区
科托努	市	79	665,100	2002	贝宁	13个区
杜阿拉	城市共同体	210	1,494,700	2001	喀麦隆	6个区
*雅温得	城市共同体	294	1,248,200	2001	喀麦隆	7个区
*恩贾梅纳	大区级市	1000	993,492	2009	乍得	分10区
*班吉	自治市	67	622,771	2003	中非共和国	分8区
*利伯维尔	省级市		419,596	1993	加蓬	分6区
*布拉柴维尔	大区级市	100	1,375,237	2007	刚果(布)	分7区
黑角	大区级市	44	711,128	2007	刚果(布)	分6区
*吉布提市	大区级市	630	475,322	2009	吉布提	分6区
*塔那那利佛	市	88	903,450	2001	马达加斯加	

注：带*的为各国首都。面积单位：平方公里。

五、其他使用拉丁语族语言的国家

（一）刚果（金）的地方政府和市

刚果民主共和国无论人口还是面积，都是非洲第三大国。2005年12月，刚果（金）新宪法通过，规划在2010年左右由目前的11个省市重划为26个省市，新的省将比先前更加多的考虑种族和文化的相似性，省是地方自治法人。

省下实行城乡分治。乡村设专区（District），专区下设县（Territoire）。县是地方自治法人，2005年时有129县，这个规模和我国的县较接近。专区不是地方自治团体，其首长称为专员（Commissaire），一如我国的地区行政公署专员。规划未来新设省的拆分方案，不少就是直接由现在的专区升格改制而成，如赤道省、东方省、西开赛省和东开赛省。实际上1986年基伍省分解为北基伍、南基伍和马涅马3个省时，即是以专区直接改制而成，所以今天这3个省下无专区建制，自然也就不参与此次分省计划。

<table>
<tr><td rowspan="3">金沙萨直辖市</td><td colspan="3">省（Province）</td></tr>
<tr><td rowspan="2">市（Ville）</td><td colspan="2">专区（District）——预定取消</td></tr>
<tr><td colspan="2">县（Territoire）</td></tr>
<tr><td colspan="2">区（Commune）</td><td>镇（Cité）</td><td>乡（Chefferie 或 Secteur）</td></tr>
<tr><td colspan="2" rowspan="2">街区（Quartier）</td><td rowspan="2">街区（Quartier）</td><td>联村（groupement）</td></tr>
<tr><td>村（Village）</td></tr>
</table>

图 7.2　刚果（金）行政区划示意图

城镇地区设市（Ville），为地方自治法人。市下分区（Commune），再分为街区（Quartier），均为市的行政派出机关。2005 年时，共设有 22 个市，包括所有的省会。那些人口较少的市，多是基于政治原因而升格，如 1987 年升格的巴多利特市是当时独裁者蒙博托的故乡，宗戈市是与中非首都班吉仅一河之隔边境城市。卢本巴希市和姆布吉马伊市的人口据悉已超过 100 万，刚果（金）上次人口普查发生在 1984 年，目前确切的数据不可得。未来如果新的省份正式设立，很可能市的数量会有所增加，因为有很多新省的省会目前都没有正式设市。

首都金沙萨拥有直辖市的地位，是地方自治法人，它是非洲仅次于大开罗和拉各斯的第三大都市区。全市总面积 9965 平方公里，人口约 700 万。行政上分为 24 个区（Commune），其中远郊区马卢库区占 7949 平方公里，人口约 17 万。

表 7.9　刚果（金）的建制市一览表（2005 年左右）

省	省会市	其他市
金沙萨直辖市	金沙萨市 Kinshasa	
班顿杜省	* 班顿杜市 Bandundu	基奎特市 Kikwit
下刚果省	马塔迪市 Matadi	博马市 Boma
赤道省	姆班达卡市 Mbandaka	巴多利特市 Gbadolite、宗戈市 Zongo
东方省	基桑加尼市 Kisangani	（无）
西开赛省	卡南加市 Kananga	奇卡帕市 Tshikapa
东开赛省	姆布吉马伊市 Mbuji – Mayi	姆韦内蒂图市 Mwene – Ditu
马涅马省	金杜市 Kindu	（无）
北基伍省	戈马市 Goma	布滕博市 Butembo、贝尼市 Beni

续表

省	省会市	其他市
南基伍省	布卡武市 Bukavu	巴拉卡市 Baraka
加丹加省	卢本巴希市 Lubumbashi	科卢韦齐市 Kolwezi、利卡西市 Likasi

（二）海地

海地共和国位于加勒比海伊斯帕尼奥拉岛西部，人口 8，373，750（2003 年 8 月 7 日人口普查）。今天的海地地方行政区划，仍可以看到法国的影响。2003 年尼普斯省新设后，海地设 10 个省（Département），省下设 42 个专区（Arrondissement），再分为 140 个基础地方政府（Commune，即市）。

首都太子港（Port - au - Prince）是个拥有 200 万人口的庞大都市区，包括太子港、家乐福（Carrefour）、德尔马（Delmas）、贝松（Pétion - Ville）、太阳城（Cité Soleil）和塔巴雷（Tabarre）等市。其中太阳城和塔巴雷两市是 2007 年从德尔马市分出新设。

（三）卢旺达的市

卢旺达是非洲大湖区内陆国家。2006 年卢旺达对地方政府进行调整，将原来的 12 个省（Préfecture）合并为 4 个省（金亚旺达语：Intara，法语：Province）和首都基加利市（Cité de Kigali）。实行“省——县（Akarere，District）——区（Imirenge，Secter）”三级制，包括 30 个县和 416 个区，区为基础行政区。调整的目的一是权力下放，因为卢旺达中央政府在种族大屠杀中扮演了恶劣的角色；二是缓解种族割裂，新省的种族构成比原来混杂。

首都基加利市在 2006 年调整前为独立的基加利城市省（12 个省之一），面积 313 平方公里，人口 603，049（2002 年普查）。调整改制为直辖市后，划入原属基加利乡村省的 Gasabo 等县，面积增加到 720 平方公里。

卢旺达还设有 14 个与县平行的市（Umujyi，Ville），也就是县级市，包括原 12 个省的省会和人口在 4 万以上的城镇，但没有一个市的人口超过 10 万。

（四）布隆迪的市

布隆迪是非洲大湖区内陆国家，分为 17 个省（Province）。省下设 117 个乡镇（Commune），再分为 2639 个村（Colline，法语原意为“山”）。

首都布琼布拉的城区单独设立一个省，名为布琼布拉城市省（Province de

Bujumbura Mairie)，行政上包括 9 个 Commune。总面积 87 平方公里，现有人口约 40 万。布琼布拉的郊区部分则设立布琼布拉乡村省（Province de Bujumbura Rural)，包括 11 个 Commune。这是 1998 年，原布琼布拉省分为城乡两省。

基特加（Gitega）是第二大城市，不过其城区人口仅 5 万，全 Commune 总人口也才约 12 万。由于基特加位于全国版图正中，2007 年时任总统皮埃尔·恩库伦齐扎说有计划迁都于此，以便更好的服务全国大多数居民。实际上，在 1962 年独立以前的德国和比利时人统治时期，这里就是布隆迪的首都。

（五）安哥拉的市

安哥拉自 1975 年独立后就内战不断，此后直到 2014 年才进行人口普查。全国分为 18 个省（Província)。各省下分为市（Município)，2006 年时有 163 个，覆盖安哥拉全境，是城乡复合型的地方政府。在所有以 Município 或同源单词为基础地方政府的国家中，安哥拉是 Município 的平均规模最大的国家之一，中位数达 76，668 人。考虑到 Município 的规模和安哥拉的城镇化水平，也有中文文献将其译为县。1 个市通常包括 2 ~ 5 个乡（Comuna)，共有 618 个乡。乡以下包括若干村，各省的村的数量一般在 50 ~ 100 之间，但也有少到约 20 个或多到约 200 个不等。

首都罗安达是最大的城市，单设为罗安达省。2014 年时全省人口已超 650 万分属 7 个市，其中城区 5 个市人口 644 万，卢安达市 2010 万。

（六）莫桑比克的市

莫桑比克共和国划分为 10 个省（Província)，128 个县（Distrito）和 405 个区（Posto Administrativo）三级。其中区（Posto Administrativo）是县的行政派出单位，在 1975 年以前的葡属海外省（如安哥拉、莫桑比克、几内亚比绍和东帝汶）设置，相当于葡本土和澳门等地的堂区（Freguesia)。康乃馨革命后，葡萄牙放弃了对海外殖民地的统治，独立后的各国进行行政区划调整，区这一级被宣布取消。1986 年莫桑比克恢复了区建制，设区行政秘书。省长由总统任命，2009 年举行省议会选举。

在城镇地区，为扩大权力下放，1998 年创设了市（Município)，正式实施地方自治。市政府有两个机构，一是作为执行机构的市政局（Conselho Municipal）及市政局主席，一个是代议机构的市议会（Assembleia

Municipal)。依选民人数多寡，市议员的人数从 13 到 71 名不等，市政局的人数从 5 到 17 名不等。1998 年设立了 33 个市政局，包括此前已经取得市（Cidade）地位的马普托、贝拉等 23 个市，2008 年追加 10 处，目前共有 43 处。最近两次新设立的市，分布极其平均，都是每省设一个。

首都马普托市（Cidade de Maputo）是直辖市，面积 300 平方公里，人口 109.9 万。马普托省的省会马托拉以 67.54 万人口居其次，1980 年它曾被马普托市吞并，直到 1988 年恢复并成为省会。贝拉和楠普拉为第三和第四大城市，人口分别为 47.79 万和 43.62 万。下面是莫桑比克 43 个市的名单。

表 7.10 莫桑比克的市（Cidade）一览表

省	省会市	历史上的市	1998 年设立	2008 年追加
马普托直辖市	马普托市			
马普托省	马托拉市	—	马尼萨市	纳马沙市
加扎省	赛赛市	希布托市、绍奎市	曼雅卡泽市	马西亚市
伊尼扬巴内省	伊尼扬巴内市	马希谢市	马辛加市	比兰库罗市
索法拉省	贝拉市	栋多市	马罗梅乌市	戈龙戈萨市
马尼卡省	希莫尤市	马尼卡市	卡坦迪卡市	贡多拉市
太特省	太特市	—	莫阿蒂泽市	乌隆盖市
赞比西亚省	克利马内市	莫库巴市、古鲁埃市	米兰热市	上莫洛奎市
楠普拉省	楠普拉市	莫桑比克市、纳卡拉市、安戈谢市	莫纳波市	里巴韦市
尼亚萨省	利辛加市	库安巴市	梅塔古拉市	马鲁帕市
德尔加杜角省	彭巴市	蒙特普埃兹市	莫辛布瓦 - 达普拉亚市	穆埃达市

第八章

英美系国家的地方政府体系和市制

英国是近代议会民主制的肇始之国，至今也是全世界议会系统最为强大的国家。在中央层面，英国国会作为国家最高立法机关，拥有立法权、一定的财政权和司法权和对政府的监督权，也是行政权力的源泉，首相由国会大党领袖产生。在地方层面，更是普遍采用“议行合一”体系，地方议会即是地方政府，所谓市长，其实就是市议会主席。这种议行合一的体制，也由英国带至前殖民地地区。在地方行政区划方面，英国在1974年开始引入的城乡混合的区（District）制以及单一管理区的概念，对其他英语国家影响颇大。

一、英国市制的沿革和地方政府类型

大不列颠及北爱尔兰联合王国分为英格兰、威尔士、苏格兰和北爱尔兰四部分，除英格兰外的其他三部设有事务大臣。

近半个世纪以来，英国地方政府变动较为频繁，很大因素来自工党（奉行第三条道路）和保守党（奉行新保守主义）的政权轮替。1974年工党上台，对大型城镇地区的地方行政进行改革，加强大都市地区的统一行政，增设大伦敦和都市郡议会。这些地方政府在保守党执政时期常杯葛中央。1986年保守党的撒切尔夫人政府以减少层级，提高地方政府效率的名义取消大伦敦（2000年工党执政时期恢复）和6个都市郡的地方政府。1994年英国又对地方政府进行大规模调整，主要是逐步推行“单一管理区”。

（一）1889～1973年的体系和郡级市

根据1888年地方政府法（英格兰和威尔士，次年正式实施）和1898年爱尔兰地方政府法，英国对行政区划进行统一规范。整齐后，英格兰、威尔士和爱尔兰的行政区分为两级。第一级为郡（County）和郡级市（County Borough），第二级为自治市（Municipal Borough）、市区（Urban District）和乡区（Rural District）。

其中郡级市、自治市和市区是属于城镇地区，其人口密集程度和行政权力依次递减。郡级市独立于郡之外，起初升格为郡级市的标准是人口满5万，1926年门槛提高到7.5万，1958年再提高到10万。1930年代以后，市区和乡区合并以及市镇升格变得普遍。这个体系在英格兰、威尔士和北爱尔兰延至1973年方废除，次年上述地区对地方政府进行重大调整。

<table>
<tr><td>第一级行政区</td><td colspan="3">郡</td><td rowspan="2">郡级市</td></tr>
<tr><td>第二级行政区</td><td>乡区</td><td>市区</td><td>自治市</td></tr>
</table>

图8.1　1889年英格兰、威尔士和1898年爱尔兰行政区划体系示意图

到1973年为止，英格兰分为39郡（County，不包括1965年划给威尔士的蒙茅斯郡）。一些比较大的郡分成行政分区，其名称因地而异，如最大的约克郡分为3个Riding。有郡级市（County Borough）79个，自治市（Municipal Borough）、市区（Urban District）和乡区（Rural District）共1086个。威尔士方面有郡12个，郡级市4个，自治市、市区和乡区共164个。北爱尔兰方面有6个郡（County）和2个郡级市。

至于苏格兰，虽然在1889年，该体系向苏格兰延伸，但苏格兰只引入了郡制，并没有郡级市。

（二）1974～1994年的体系和区（District）的推行

1974年，在台的工党政府对英国地方政府进行重大调整，加强大都市地区的统一行政，增设大伦敦和都市郡议会。

该次调整将英格兰和威尔士地区原有的郡级市、自治市、市区和乡区全部取消，就近合并设立区（District），实行“郡——区”两级管理体制。合并后的区通常兼辖城乡，较类似我国上世纪80年代末90年代初开展的撤区扩镇并乡，实行镇管村体制。

此后英格兰分为6个都市郡（Metropolitan County）、39个非都市郡（Non－metropolitan County）以及大伦敦（Greater London）。威尔士合并为8郡、39区两级。其中6个都市郡的郡议会又在1986年保守党执政时期取消，都市郡仅在地理和礼仪上使用。

<table>
<tr><td>第一级行政区</td><td colspan="2">郡</td></tr>
<tr><td>第二级行政区</td><td colspan="2">区</td></tr>
<tr><td>第三级行政区</td><td>行政堂区（或社区）</td><td></td></tr>
</table>

图 8.2 1974 年英格兰和威尔士行政区划体系

北爱尔兰则在 1974 年率先取消两级管理体制，废除历史上的 6 个郡（County）和 2 个郡级市（County Borough，贝尔法斯特和德里）以及下面的自治市、市区和乡区，合并成 26 个单一管理区（Unitary Authority）。单一管理区的政府形态包括 3 个特许市议会（City Council，贝尔法斯特、德里和利斯本）、13 个自治市议会（Borough Council）、1 个特许市和区议会（City and District Council）和 9 个区议会（District Council）。这 26 个单一管理区除名字外，在行政职能上并无差异。

苏格兰 1974 年调整为 9 个行政区（Region，相当于英格兰的郡）和 3 个地区（Area），行政区下设区（District）。3 个地区位于海岛。

（三）1995 体系和“单一管理区”体制的推广

1990 年代，英国再次对英格兰、威尔士和苏格兰的行政区划行政区全面重组，颁布了这三个地方的新的地方政府法案。调整的方向是接近北爱尔兰，也就是由“郡——区”两级体制，向“单一管理区”一级体制转变。但此三地的单一管理区比北爱尔兰的要有更多地方自治权限，规模也更大。

在英格兰，调整的主要内容，是将不少郡辖区脱离郡，升格为单一管理区（Unitary Authority，简称 UA），形成单一管理区和“郡——区”两级制并存的局面。英格兰的改革并不是一步到位，单一管理区可以说是成熟一个设立一个。但是通过各方推动，单一管理区在英格兰推开已经成为一种趋势，各地接受度也越来越高。

第一轮单一管理区在 1995 年至 1998 年间设立。1995 年，地理上独立的怀特岛（Isle of Wight）先期成为单一管理区，1996 ~ 1998 年相继有 45 个区脱离所在的郡改制为单一管理区。

第二轮调整从 2009 年开始，目前仍在进行中。2009 年 4 月 1 日，贝德福德等 4 个区级议会升格为单一管理区，同时有 5 个人口较少的郡废除下属的区议会，整郡成为单一管理区，即康沃尔郡、达勒姆郡、诺森伯兰郡、什罗普郡和威尔特郡。

截至 2010 年底，加上大伦敦和原都市郡的区，以及伦敦城和锡利群岛两个独特的自治单位在内，合计英格兰共有广义的单一管理区 125 个。另外实行两级自治下的郡辖区有 201 个。单一管理区同时拥有郡和区两级的权限。

这里要补充说明一下关于大伦敦和都市郡。前面已经提到，在工党执政时期，由于其执政基础主要来自城市工人，所以创设和加强了都市郡，设立都市郡议会。但在保守党执政的 1986 年大伦敦和都市郡的政府已经被取消，所以从那时起，都市郡的自治市（Metropolitan Borough）和伦敦的 33 个自治市（London Borough）实际上已经成为单一管理区。1994 年调整的时候，原各都市郡地区维持旧状。

大伦敦议会和政府在 2000 年得到恢复。这是因为，当初取消大伦敦和都市郡议会之后，地方政府设置不但没有简化，反而变得更加复杂。因为没有都市郡议会以后，各自治市（Brough）之间联络变得更麻烦，为了协调意见和政策，各种委员会或联合委员会接替了大伦敦议会解散后的职能，这些非选举产生的委员会成员的工作效率更加低下和不透明，激起市民的不满。根据宪制改革安排，1998 年 5 月伦敦市民公决通过设立一个拥有直选市长和 25 名议员的大伦敦市议会。2000 年 5 月 4 日，拥有强大民意基础的左派人物，在 1986 年被解散前的大伦敦市议会主席利文斯通（Livingstone）以独立候选人的身份回炉再度当选大伦敦市长，并蝉联至 2008 年卸职。

需要承认的是，在大伦敦群龙无首的这段时间内，经济社会快速发展，形成了多中心各自争荣的现象。所以，新的大伦敦政府仅仅是一个地域事务统筹协调机构，权限自是大不如 1980 年代以前的老政府，目前主要就是管理四个方面：区域交通政策和服务、区域发展政策、治安（“苏格兰场”）和火警及救急服务。除此以外，一切靠区域内 33 个地方政府的共识和合作意愿。大伦敦市长的工作就是成为中央政府各部门和区内 33 个地方政府的沟通纽带。

1998 年，除大伦敦外，英格兰在各郡之上增设 8 个地区（Region）。目前威尔士、苏格兰和北爱尔兰，以及英格兰的大伦敦和 8 个地区分别设立地区议会（苏格兰为 Parliament，大伦敦为 Council，其他地方为 Assembly）。但英格兰的 8 个地区议会职能有限，且议员非民选产生，关于对其改革的讨论自地区议会设立以来就一直存在争论。

威尔士和苏格兰在1996年彻底废除原来的两级体系，全面推行单一管理区。威尔士将1974年以来的8郡39区两级一步到位调整为22个单一管理区（Unitary Authority），包括9郡（County）、3特许市（City）和10郡级市（County Borough），各设议会（Council），他们除名称外拥有同等施政权力。苏格兰重组为25个区（Unitary district）和4个市（City），原来的地区改为岛区（Island area），合计共32个单一管理区（Unitary Authority），各设议会（Council）。一些大的区在内部设立区域委员会（Area committee）。

<table>
<tr><td rowspan="2">区分</td><td colspan="5">英格兰</td><td rowspan="2">苏格兰</td><td rowspan="2">威尔士</td><td rowspan="2">北爱尔兰</td></tr>
<tr><td colspan="2">大伦敦</td><td>都市郡</td><td colspan="2">非都市郡</td></tr>
<tr><td>地区级</td><td colspan="2">大伦敦政府</td><td colspan="3">（非自治性质的地区议会）</td><td>苏格兰议会</td><td>威尔士议会</td><td>北爱尔兰议会</td></tr>
<tr><td>郡级</td><td rowspan="2">伦敦的区议会</td><td rowspan="2">伦敦城市政厅</td><td rowspan="2">都市郡的区议会</td><td>郡议会</td><td rowspan="2">单一管理区议会</td><td rowspan="2">单一管理区议会</td><td rowspan="2">单一管理区议会</td><td rowspan="2">单一管理区议会</td></tr>
<tr><td>区级</td><td>区议会</td></tr>
<tr><td>堂区级</td><td colspan="2">（无）</td><td>堂区（少数）</td><td colspan="2">堂区</td><td>社区</td><td>社区</td><td>（无）</td></tr>
</table>

图8.3 1994年后英国的行政区划体系示意图

截至2010年7月，英国四部共有区（或单一管理区）406个。堂区一级方面，英格兰有约4500个行政堂区（未覆盖英格兰全部），威尔士约860个社区，苏格兰约1300个社区。

（四）当前地方政府的类型

就目前的趋势来看，英国地方自治的重心是在区（Distric），当区的功能取代郡以后，即成为单一管理区。

1. 区级地方政府的类型

区或单一管理区的地方政府主要包括三种，以乡村形态为主的区或单一管理区设立区议会（District Council），以城市形态为主的称为自治市议会（Borough Council），当他们拥有王室颁发的城市特许状则称为特许市议会（City Council）。由于传统等各种原因，还有些单一管理区称为郡（County），如英格兰的赫里福德郡（Herefordshire）、怀特岛（Isle of Wight）等，威尔士有8个单一管理区使用郡议会作为地方政府的名称。

从总体上来看，英格兰、威尔士和苏格兰的区或单一管理区，平均人口规模比较接近，其中位数分别为 11.91 万、12.28 万和 11.6 万，面积中位数则分别为 207.5 平方公里、440 平方公里和 938 平方公里。但是 2015 年以前北爱尔兰的单一管理区的人口中位数仅有 5.54 万，不及其他三部的一半，虽然面积中位数也有 469 平方公里。

也由此，英格兰、威尔士和苏格兰的区或单一管理区，地方政府除了名称以外的实质职能无大不同。北爱的单一管理区的职责则相对要有限得多，比如教育、道路、住房等事务均不处理。住房是由北爱尔兰住房委员会署理，教育上北爱分为 4 个教育与图书馆管理委员会各司一区，卫生事业则由 5 个卫生与社会服务管理委员会负责。

2015 年 4 月，经过长达 10 余年的努力，北爱尔兰终于进行了地方政府的又一次重组，原来的 26 个区合并为 11 个区，仍为单一管理区。调整后 11 个区的人口中位数约为 14.2 万人，与其他三部趋近。

这或许说明，一个运行有效的地方政府，拥有 10 万左右的人口当有必要，否则很多地方自治事务可能无力举办。

2. 行政堂区（Civil Parish）和社区（Community）

行政堂区（Civil Parish），或简称堂区（Parish），隶属于单一管理区或区，是英格兰最低的行政单位，堂区委员会（Parish Council）负责本堂区行政。

伦敦在 1965 年取消了行政堂区委员会，1974 年其他大都市地区也取消了这一组织。另一方面，1974 年英格兰地方政府调整后，被合并掉的市区（Urban District）很多则成为行政堂区。所以目前的堂区委员会并非覆盖整个英格兰，而是设立于小城镇或农村，大体相当于我国的村民委员会，是特殊的地方政府。

在非正式场合，一些堂区委员会自称镇委员会（Town Council），尤其是那些历史上取得过自治市（Municipal Borough）或市区（Urban District）地位的地方。其他地方称为未编组堂区的地区（Unparished area）。

在威尔士，单一管理区下为社区（Community），由选举产生的社区委员会（Community Council）管理。那些太小的社区则不设社区委员会，而是召开社区大会（Community Meeting）实行直接民主。威尔士的社区与英格兰的堂区只是名字不同，本质上差不多。有 2 个社区获得了特许市的地位，即班戈（Bangor）和圣戴维斯（St David's）。

	A	B	C	D
1	Parish 1 Parish 2	Parish 3 | Parish 4		Parish 7 （Town）
2	Parish 6 （Town）	Unparished area （未设行政堂区议会的地方）		
3	Parish 5			

说明：上图假设某地方政府（区或单一管理区），他分为12个选区（Ward，A1~D3），每选区选举议员组成地方议会（也就是地方政府）。同时该地方政府辖区内还包括7个行政堂区（Civil Parish，或社区Community）。

图 8.4　英国现行行政区划的模型图

以威尔士第三大城市纽波特市为例，它是一个单一管理区，由 20 个选区（Ward）选举产生纽波特市议会进行管理。在 13.7 万总人口中，11.6 万人居住于纽波特市直辖区，另外的 2 万余人则居住 13 个社区委员会辖区中。罗杰斯通（Rogerstone，8，807 人）等 3 个最大的社区自组为纽波特市的一个选区，其他 8 个较小的社区则被编入邻近的选区中。

苏格兰在单一管理区下分社区（Community）。并不是所有的社区都设立社区委员会（Community Council），有些社区是联合设立委员会，如阿伯丁郡的圣孔布斯（St Combs）与圣费格斯/克里蒙德和龙梅（St Fergus/Crimond and Lonmay）两个社区，即由东巴肯社区委员会（East Buchan Community Council）共同代表。社区委员会的主要功能是充当社区居民与上位地方政府之间的沟通渠道，行政权力很有限。现有约 1200 处，类似于英格兰的行政堂区委员会。当然苏格兰也有堂区，规模比社区略大，有 871 处，但从 1930 年以来就没有任何行政功能，仅在人口普查等统计时使用。因弗内斯和斯特灵两个社区在 2000 年后相继被授予市（City）的称号。

二、特许市和统计上的城镇

下面说明一下在英国 City 和 Borough 两个单词的不同含义。虽然在中文译名中，这两个单词，都可能会翻译为“市”，但两者在内涵和起源上并不相同。在今天的英国，Borough 是地方行政区划之一，所以习惯上也翻译为“自治市”。而 City 则是一种拥有王室颁发的特许状的大城镇，它源于中世纪，当时一个城镇欲取得自治，必须先取得由王室或教会颁发的城镇特许状，虽然今天 City 之名更多的只是一种荣耀的象征。

为区别起见，本文特将 City 翻译为特许市，Borough 翻译为自治市，在不会混淆的情况下均使用“市”。

（一）特许市的定义和设立标准

在 1888 年以前，只有拥有主教座堂①的城镇才能被授予特许市的称号，并且几乎是一成为座堂所在地该城镇就自动成为特许市。但从 1889 年开始，主教座堂和特许市之间的紧密联系被取消，以伯明翰为首的在工业革命中发展起来的大型居民点被授予特许市（伯明翰成为圣公会主教座堂是后来的事）。而此后那些成为主教座堂的城镇，如吉尔福德、布莱克本等已经不能自动成为特许市。

1974 年区划调整时，英国对此前在历史上取得特许市资格的城镇，重新颁发城市特许状（City Charter）予以确认。近来，英女王只在其登基逢十周年纪念和千禧年等特殊年份时才举行新的特许市授予活动。而能被授予特许市，似乎也没有固定的标准，或可分为两种情形。

一是授予人口较多的大型城镇地方政府，如桑德兰、普雷斯顿。但特许市是授予地方议会辖区，并非是授予某个地理上的城镇居民点，如 2000 年授予布赖顿——霍伍区议会，而不是单独授予布赖顿这个城镇。

二是恢复历史上被取消特许市（或苏格兰的皇家市镇）资格的地方。这一类通常都是小城镇，也不一定都是授予区一级地方政府，不少是行政堂区（社区）。如威尔士的圣戴维斯小镇，这里有历久悠久的圣戴维斯座堂，但因其连续几十年不存在市政府，遂在 1883 年被取消了特许市资格。1994 年，重新授予圣戴维斯城市特许状。

截至 2012 年 5 月，英国共有 69 个特许市。其中英格兰 51 个，威尔士 6 个，苏格兰 7 个，北爱尔兰 5 个。在英国统治时期，特许市的概念也被带到马来西亚、印度半岛、英属东非等地。

（二）区级的特许市

通常，特许市的地方政府是区级地方议会，并使用市议会（City Council）的名称，无论其地位是郡辖区，还是单一管理区。但就地方行政和自

① 英国圣公会与天主教等基督教派，实行主教制，教区中心的教堂设有主教座位，该教堂即被称为座堂或主教座堂。

治而言，今天一个自治市（Borough）或区（District）取得城市特许状（City Charter）后，也就是地方议会换个名字，丝毫不会提升该城镇的自治权限。

这里特别要提到的是苏格兰地区。由于苏格兰的国教长老教会在组织形式上不同于英国其他地方的圣公会，它没有主教和主教教区，因此苏格兰在历史上也就不存在特许市，而是只有皇家市镇（Royal Burgh），直到 1889 年邓迪正式拥有 City 头衔。而作为苏格兰最大的两座城市，格拉斯哥和爱丁堡实际上从未正式取得或确认拥有特许市（City）的称号，只是一直以来都被这样认为。这两个城市在中世纪时建有大教堂。

下表列出了 51 个拥有特许市头衔的行政区（包括区或单一管理区）的名单。其中"设立年"中标注"久远"的，表示该市在不可考的久远的年代即已取得了城市特许状。仪式上的郡，是指历史与现实中所处的郡，郡名后加（M）的表示该郡为都市郡；加（UA）表示该特许市为单一管理区，在行政上并不属于该郡，其他都为郡辖区。"城区人口"是地理上的居民点人口，具体请参见下文介绍。

表 8.1　英国的特许市一览表(区级)

	名称	设立年	面积	人口	城区人口	郡(仪式上)
东北	纽卡斯尔市	1882	112	259,536	189,863	泰恩威尔郡(M)
	桑德兰市	1992	138	280,807	177,739	泰恩威尔郡(M)
西北	卡莱尔市	久远	1,040	100,739	71,773	坎布里亚郡
	普雷斯顿市	2002	142	129,633	184,836	兰开夏郡
	兰开斯特市	1937	576	133,914	45,952	兰开夏郡
	利物浦市	1880	113	439,473	469,017	默西塞德郡(M)
	曼彻斯特市	1853	116	392,819	394,269	大曼彻斯特郡(M)
	索尔福德市	1926	97	216,103	72,750	大曼彻斯特郡(M)

续表

	名称	设立年	面积	人口	城区人口	郡(仪式上)
约克郡和亨伯	设菲尔德市	1893	367	513,234	439,866	南约克郡(M)
	利兹市	1893	562	715,402	443,247	西约克郡(M)
	布拉德福德市	1897	366	467,665	293,717	西约克郡(M)
	韦克菲尔德市	1888	333	315,172	76,886	西约克郡(M)
	约克市	久远	271	181,094	137,505	北约克郡(UA)
	赫尔河畔金斯敦市	1897	71	243,589	301,416	东约克郡(UA)
东米德兰	林肯市	久远	36	85,595	85,963	林肯郡
	诺丁汉市	1897	78	266,988	249,584	诺丁汉郡(UA)
	德比市	1977	78	221,708	229,407	德比郡(UA)
	莱斯特市	1919	73	279,921	330,574	莱斯特郡(UA)
西米德兰	特伦河畔斯托克市	1925	93	240,636	259,252	斯塔福德郡(UA)
	伯明翰市	1889	265	977,087	970,892	西米德兰郡(M)
	伍尔弗汉普顿市	2000	69	236,582	251,462	西米德兰郡(M)
	考文垂市	1345	97	300,848	303,475	西米德兰郡(M)
	伍斯特市	久远	33	93,353	94,029	伍斯特郡
东英格兰	诺里奇市	久远	39	121,550	174,047	诺福克郡(UA,2011)
	剑桥市	1951	41	108,863	117,717	剑桥郡
	彼得伯勒市	1541	344	156,061	136,292	剑桥郡(UA)
	圣奥尔本市①	1877	161	129,005	82,429	赫特福德郡
	切姆斯福德市	2012	343	157,053	99,962	埃塞克斯郡
大伦敦	伦敦城市	久远	2.9	7185		大伦敦
	威斯特敏斯特市	1540	21	181,766		
东南	牛津市	1542	46	134,248	143,016	牛津郡
	坎特伯雷市	久远	309	135,278	43,552	肯特郡
	布赖顿——霍伍市	2000	82	247,817	134,293	东萨塞克斯郡(UA)
	温切斯特市	久远	661	107,222	41,420	汉普郡
	朴次茅斯市	1926	40	186,701	187,056	汉普郡(UA)
	南安普顿市	1964	50	217,445	234,224	汉普郡(UA)

① 虽然圣奥尔本拥有特许市地位，但其地方政府的正式名称仍旧使用圣奥尔本区议会（St Albans District Council），并未改成市议会（City Council）。

续表

	名称	设立年	面积	人口	城区人口	郡(仪式上)
西南	布里斯托尔市	1542	110	380,615	420,556	(UA)
	格洛斯特市	1541	41	109,885	123,205	格洛斯特郡
	埃克塞特市	久远	47	111,076	106,772	德文郡(UA,2011)
	普利茅斯市	1928	80	240,720	243,795	德文郡(UA)
威尔士	加的夫市	1905	140	305,353	292,150	南格拉摩根郡(UA)
	斯旺西市	1969	378	223,301	169,880	西格拉摩根郡(UA)
	纽波特市	2002	190	137,011	116,143	格温特郡(UA)
苏格兰	格拉斯哥市	—	175	577,869	629,501	(UA)
	爱丁堡市	—	264	448,624	430,082	(UA)
	阿伯丁市	1891	186	212,125	184,788	(UA)
	邓迪市	1889	60	145,663	154,674	(UA)
北爱尔兰	贝尔法斯特市	1888	110	277,391	277,459	(UA)
	德里市	1604	381	105,066	83,699	(UA)
	利斯本市	2002	447	108,694	71,465	(UA)
	阿马市①	1994	671	54,263	14,590	(UA)

注：人口为英国 2001 年 4 月 29 日人口普查值，面积的单位为平方公里。

（三）其他特许市

随着时间的推移，一些历史上因为主教座堂而成为特许市的城镇，今天看来根本只是一个小镇，如康沃尔郡的首府特鲁罗市（Truro）。

1974 年以后，尤其是 1995 年以后，英国行政区划进行了通盘大重组，这些人口太少的特许市的地方政府面临被撤销的境地。这时，如果该地区人民希望继续保持他们获得的城市特许状时，可成立一个过渡性的特许状理事会（Charter Trustees），直到当地建立堂区委员会。比如，1998 年赫里福德市（Hereford）的市议会取消，被并入新设立的单一管理区赫里福德郡（Herefordshire），该市即成立城市特许状理事会，直到 2000 年原赫里福德市的区域成立赫里福德堂区委员会，成为赫里福德郡下属的一个村镇。2009 年

① 阿马历史上因座堂所在地而为特许市，1940 年丧失后当地人仍以特许市自称，直到 1994 年正式恢复。另外阿马的地方政府的正式名称为阿马市和区议会(Armagh City and District Council)。

4 月区划调整后原区级的达勒姆市和切斯特市分别和邻近区合并新设单一管理区后，导致两市的市议会解体，目前这两个地方也维持特许状理事会状态。

截至 2010 年 7 月，合计非区级的特许市共有 18 处，就其地方政府的组织形态而言，可以分为以下 4 类。

（1）英格兰已经成立堂区委员会（Parish Council）的有 8 处，即赫里福德（Hereford）、索尔兹伯里（Salisbury）、奇切斯特（Chichester）、伊利（Ely）、利奇菲尔德（Lichfield）、威尔斯（Wells，1205）、里彭（Ripon，1836）和特鲁罗（Truro，1877）；

（2）英格兰成立特许状理事会（Charter Trustees）的有 3 处，即巴思（Bath）、达勒姆（Durham）和切斯特（Chester，1541）；

（3）威尔士的 3 个社区级特许市，即班戈（Bangor）、圣戴维斯（St David's，1994）和圣阿萨夫（St Asaph，2012）；

（4）只有市称号但没有自己的政府组织的 4 处，即苏格兰的因弗内斯（Inverness，2000）、斯特灵（Stirling，2002）和珀斯（Petth，2012），以及北爱尔兰的纽里（Newry，2002）①。

另值得一提的是"梅德韦（Borough of Medway）"，位于英格兰东南的一个单一管理区，历史和仪式上属于肯特郡。该单一管理区包括罗彻斯特（Rochester）、查塔姆（Chatham）、格林厄姆（Gillingham）等城镇，行政区划几经调整。其中罗彻斯特在历史上拥有城市特许状，但在 1998 年最终重组为梅德韦自治市时，未成立特许状理事会，致使特许市地位被取消。在 2000 年和 2002 年，梅德韦市曾两度申请成为特许市，但均无果。

今天，一些人口较多的大型居民点（地理上）或地方议会（行政上），也都有意获得特许市的名号。

2001 年人口普查时，雷丁是没有特许市资格的最大的居民点，有人口 232，662，其中单一管理区雷丁自治市（Borough of Reading）面积 40 平方公里，人口 143，124。人口 15 ~ 20 万间的其他大型居民点还有达德利、北安普敦、卢顿、沃尔索耳、伯恩茅斯、滨海绍森德和斯温顿等。

另一方面，不少区或单一管理区因辖区人口众多也有升格为特许市的请

① 括号内的时间为获得城市特许状的年份，没有标记的表示它们在有确切记载的年代之前就已经获得了该地位，在前表中，这样的地方记作"久远"。

求。目前人口在30万以上但没有取得城市特许状（city charter）的区或单一管理区有大伦敦的克罗伊登（Croydon），默西塞德都市郡的威罗（Wirral），大曼彻斯特都市郡的威根（Wigan），西约克都市郡的基利斯（Kirklees）和西米德兰都市郡的达德利（Dudley）。

虽然有主教座堂不再是一个必要条件，但有这个因素仍旧可以给地方寻求升格加分，如2012年刚升格的切姆斯福德（Chelmsford）。

（四）英国统计上的城镇

在地理和人口统计上，英国与城市相关的概念，主要有2个。一是居民点（Settlement，或Locality），二是城镇（Urban Area，或称Conurbation）。

1. 居民点（Settlement，或Locality）

由于1974年行政区划调整后，早期城乡分治的格局被完全打破，以行政区划为范围的人口统计，无法准确的反映人口城乡分布状况。因此英国特使用“居民点（Settlement）”一词，在英国国家统计办公室（the Office for National Statistics）进行的人口普查中使用。居民点的地理范围，和行政区划上的“区”或“单一管理区”不吻合。实际上，在大部分地方，所谓居民点的地理范围，多是依据1974年行政区划调整以前的郡级市、自治市、市区的边界，而不是当前的行政区划。

一些居民点的范围跨越多个行政区（区或单一管理区），如雷丁（Reading）。作为单一管理区的雷丁自治市（Borough of Reading），面积40平方公里，人口143，096（2001年人口普查）。但ONS定义的居民点雷丁，其范围除雷丁自治市外，还包括建成区延伸到的沃金厄姆自治市（Wokingham Borough）和西伯克郡区（West Berkshire District）的部分地区，合计面积55.35平方公里，人口232，662。在没有特许市资格的居民点中，雷丁的人口最多。

更多的情况下，则是一个行政区包括多个居民点。比如坎布里亚郡的卡莱尔市议会（City of Carlisle），辖区面积广达1040平方公里，人口仅区区10万。统计上的居民点的卡莱尔，则只有7万余人，其范围就是1974年以前的卡莱尔郡级市（County Borough of Carlisle）。

大伦敦，包括内伦敦14个区和外伦敦19个区的全部，被统计为一个居民点。也就是说，统计上的居民点伦敦，和行政上的大伦敦在边界上一致。

2. 城镇（Urban Area，或Conurbation）

人口统计上的城镇（Urban Area）即包括建城区连片的各个居民点。由工业革命带来的快速城镇化，曾使英国很多邻近的城镇不断因发展而融合。20世纪以来，英国兴建大量城市绿化带（Green Belt），以阻止无序的城市蔓延（Urban Sprawl），这也使得城镇之间相互融合的进程得到缓和。

英国国家统计办公室（the Office for National Statistics）对城镇（Urban Area）的定义是以连续建成区（Continuously Built - up Area）为基础。2001年人口普查时的定义的城镇是指这样的区域，它必须至少有20公顷面积，和在人口普查时拥有至少1500名居民。面积数据由英国地形测量局（Ordnance Survey）提供，具体包括永久性建筑物及附属土地，一侧（或双侧）是建成区，或连接两个相距不足200米的建成区的公路、铁路、运河等运输通道，机场、铁路站、高速公路服务区和停车场等交通设施，除矿坑和露天矿外的矿井设施，及其他被建成区完全包围的地区。体育场和高尔夫球场，除非他们完全被建成区包围，否则不计入城镇。

下表是英国7大城镇（Urban Area）基本数据，除大格拉斯哥位于苏格兰外，其他6处均在英格兰，并且除大伦敦外均在1974年行政区划调整后成为“都市郡”。

表8.2　英国7大统计上的城镇区域一览表

城镇 Urban Area	人口	面积	人口密度	居民点数	主要居民点 Major locality
大伦敦	8,278,251	1623	5099	67	伦敦、沃金
西米德兰	2,284,093	600	3809	22	伯明翰、伍尔弗汉普顿
大曼彻斯特	2,240,230	557	4024	57	曼彻斯特、索尔福德
西约克郡	1,499,465	370	4052	26	利兹、布拉德福德
大格拉斯哥	1,168,270	368	3171	48	格拉斯哥、佩斯里
泰恩塞德	879,996	211	4172	25	纽卡斯尔、南设尔兹
默西塞德	816,216	186	4384	8	利物浦、圣海伦斯

注：人口为英国2001年4月29日人口普查值，面积的单位是平方公里。

以伦敦为例，行政上分为33个自治市镇，合为大伦敦，设大伦敦市议会和民选市长。大伦敦同时被统计为1个居民点，并且和沃金（Woking）等67个居民点一起构成大伦敦城镇（Greater London Urban Area）。然后又与周边有通勤关系的其他区域构成伦敦通勤圈（London commuter belt）。该概念在劳工行政方面常有使用。伦敦通勤圈2005年时估计人口为929万①。

三、其他英语国家的市制

因历史原因，英语国家的行政区划多受英国影响，如地方政府也大多实行议行合一，地方议会即为地方政府。另一方面，传统力量在基层较之其他类型国家发挥着更多的职能，如马拉维更是将传统权力当局视为地方政府的一种形态。

在市制方面，多不同程度的受英格兰1888地方政府法和1974地方政府法的影响，但又进行了改造。马来西亚、南亚次大陆、斯瓦希里等地区保留了特许市（City）的概念，但将其授予权由原来的英王变更为总统或联邦各州的苏丹、总督等，相应的这些国家升格为特许市的要件也比较高，通常要求人口达到20万以上，马来西亚更是在2008年提高到50万。此外还要求特许市在基础设施、财政状况等方面较为完善，或在政治、经济和社会等方面具有一定的重要性。

一些国家则将英国不同时期的特许市（City）和郡级市（County Borough）两个概念合一，取特许市（City）的名称和郡级市人口满5万这一特征。那些人口不足1500万的中小型英语国家大多如此，也就是人口达到5万左右的城镇，即可以被授予市（City）的称号，包括新西兰和爱尔兰。

英国1974年推行的城乡合一的区制，也被广泛的借鉴，如尼日利亚和南非。

（一）爱尔兰的市制

根据2001年修订的《地方政府法案》（2002年1月1日实施），地方政府包括以下4种类型：

1. 郡（爱尔兰语：Contae；英语：County）

历史上爱尔兰（不包括北爱尔兰）分为26郡。2001法案将原蒂珀雷里郡

① State of the Cities Database - Department for Communities and Local Government, State of the Cities Database Report on the Urban Competitiveness Theme for: - London TTWA. http://www.socd.communities.gov.uk/socd/RptViewer.aspx? Place=8638

北区（Tipperary North Riding）和蒂珀雷里郡南区（Tipperary South Riding）正式定为北蒂珀雷里郡（North Tipperary）和南蒂珀雷里郡（South Tipperary）。此前 1994 年，都柏林郡已经分为都柏林市和 3 个郡。因此目前共有 29 郡。

2. 郡级市（City）

直接由先前的郡级市（County Borough）更名。目前有 5 个，也是爱尔兰最大的 5 座城市。即都柏林市、科克市、戈尔韦市、利默里克市和活特福德市。

3. 非郡级市（Borough）

即此前的非郡级市（Non－county Borough），隶属于郡，计 5 个。本处继续沿用郡级市和非郡级市的中文译名。

4. 镇（Town）

此前的市区（Urban District）和镇统一命名为镇，设镇议会（Town Council），其设立的标准是人口超过 7500 人。隶属于郡。

此前的乡区（Rural District）已经取消。

<table>
<tr><td>第一级行政区</td><td colspan="3">郡</td><td rowspan="2">郡级市</td></tr>
<tr><td>第二级行政区</td><td>（乡村地区）</td><td>镇</td><td>非郡级市</td></tr>
</table>

图 8.5　爱尔兰 2001－2015 年的行政区划体系示意图

在此之前，爱尔兰沿用英国的 1889 年体系（爱尔兰实际从 1898 年开始实施）。英治时期，爱尔兰（不含北爱尔兰）有 7 座城镇取得过城市特许状（City charter）。1840 年，戈尔韦（Galway/ Gaillimh）和卡什尔（Cashel）两市随自治机关的取消而取消，1985 年戈尔韦市恢复。其中基尔肯尼市目前的地位是非郡级市（Borough），但作为历史仍被允许使用 City 的称号。

2015 年，爱尔兰再度调整地方政府，取消镇一级地方政府的自治地位，改为各郡在行政上分为若干区。郡一级地方自治单位也进行削减至 31 个，包括 28 郡 3 市。利默里克市，沃特福德市并入同名郡，南北蒂珀雷里郡合并。调整后地方议员席次从 1627 席减少为 949 席。

（二）新西兰的市制

新西兰实行“地区——区、市”两级行政体制。大区属于高级行政区，区、市属于基础行政区。截至 2010 年 10 月，共分为 16 个地区（Region），16 个市（City），60 个区议会（District Council）和查塔姆群岛（Chatham

Islands）。地区的划分主要依据地理特征，而区和市的则考虑地方人文，所以就出现有的区跨地区分布的情况。有 4 个地区只含 1 个区或市，为地区和区两级合一的单一地方政府，政府机构称为地区和区议会（Regional Council and District）或地区和市议会（Regional Council and City），一如英国的单一管理区。后者如纳尔逊地区和市，它是在 1992 年成为一个单一管理区。

区、市以下设立有社区理事会（Community Board），是从属于地方政府的基层民意机关。由社区直接选出代表数人，辅助地方政府的基层工作。

在新西兰，市（City）在 1989 年以前并不是一个严格的地方行政区概念，只要人口超过 2 万的行政区，都可以宣布为市。1989 年地方政府结构调整后，市（City）正式成为地方政府的一种形态，并且规定此后升格为市的要件是人口满 5 万，以城市人口为主，且是本区域的经济中心。部分没有达到该标准的市被取消，辖区并入新设的区议会中。

截至 2010 年初，共有 16 个市，即达尼丁（Dunedin）、基督城（Christchurch）、惠灵顿（Wellington）、奥克兰（Auckland）、纳尔逊（Nelson）、北帕默斯顿（Palmerston North）、哈密尔顿（Hamilton）、下哈特（Lower Hutt）、内皮尔（Napier）、马努考（Manukau）、波里鲁阿市（Porirua）、上哈特市（Upper Hutt）、北岸（North Shore）、怀塔科拉（Waitakere）、因弗卡吉尔（Invercargill）和陶朗阿（Tauranga）。其中因弗卡吉尔和陶朗阿的市资格在 1989 年时因人口不足被取消，后才得到恢复。

这里简单说一下奥克兰地区后来进行的市制改革。

奥克兰地区是新西兰的经济中心，在 2009 年以前，奥克兰地区是新西兰 16 个地区之一，面积 5600 平方公里，人口 130 万，设奥克兰地区议会和 4 个市议会、3 个区议会，实行两级管理体系。2007 年新西兰成立了一个皇家调查委员会（Royal Commission of Inquiry）来专门研究是否对大奥克兰地区行政结构进行改组。

经过一年多的论证，新西兰政府在该委员会建议的基础之上，已经支持将奥克兰地区议会及奥克兰、马努考、北岸和怀塔科拉 4 个市议会和罗得尼（Rodney）、帕帕库拉（Papakura）和富兰克林（Franklin）3 个区议会悉数取消，将整个奥克兰地区合并为一个超级城市，以提升地方政府的执行能力，并预计可节省3%的运营费用①。

2010年10月，新西兰举行地方选举，11月1日大奥克兰地区正式合并。新设立的奥克兰议会，是一个地区议会和市议会合一的单一管理区。

（三）东非斯瓦希里3国的市

非洲东部的肯尼亚、乌干达、坦桑尼亚3国，斯瓦希里语和英语是主要语言，在历史上深受伊斯兰文化和英国文化的影响。目前3国的行政区划体系，虽然各有特点，但也呈现出与非洲其他国家不同的特性。

城市型地方政府分为特许市议会（City Council）、市议会（Municipality）和镇议会（Town Council）三种形态，地方政府升格为特许市议会的辖区人口要件较高，大致要求居民总数达到二三十万。可参考英国和马来西亚等国。

表8.3 斯瓦希里三国行政区划比较表

国名	面积（km^2）	人口	普查年	省 Mkoa	县 Wilaya/ District	备注
肯尼亚	582,646	38,610,097	2009	8	46	
乌干达	241,548	24,748,977	2002	—	80	分4个地理区
坦桑尼亚	883,749	34,569,232	2002	26	127	
桑给巴尔	2,460	984,625		5	10	

注：肯尼亚的省的英文为Province，坦桑尼亚为Region，但斯瓦希里语都是Mkoa。

1. 肯尼亚的地方政府和市

肯尼亚（Kenya）位于非洲东部。行政区划分为8个省（Mkoa/ Province），省下分为县（Wilaya/ District）。县下的行政区划在1999人口普查时依次为262区（Tarafa / Dvision），进一步分为2427乡（Kata/ Locations），6612居民点（Kata Ndogo/ Sublocations）。

2007年以前肯尼亚共有71个县，各类地方自治政府合计175个。2007年上半年，37个县新设，然后县数一路飙升，到2009年7月达到254个。反对者批评政府此举仅为了取悦民众及浪费公帑，然肯政府认为新设县有

① 新西兰奥克兰地区将合并成一个"超级大城市"，国际频道，新华网，http://news.xinhuanet.com/world/2009-04/07/content_11145190.htm（访问时间：2009年4月7日）

利于公共服务更加亲民并带来社会安全。① 2009 年 8 月，肯尼亚高等法院宣布，所有在 1992 年以后设立的县均不合法，这一下子使县数恢复到了 46 个。

但地方政府（Local Authority）并不是按照上述行政区划进行设置。实行自治的地方政府分为 4 种类型，即特许市议会、市议会、镇议会和县议会（County Council），每个县（Wilaya/ District）至少建立一个自治地方政府。通常县内的主要城镇设独立的市议会或镇议会，自治范围是城区（建成区）和近郊地区，县议会则管理剩下的乡村地方。市（镇）议会的范围与纯粹行政意义上的区（Tarafa/ Dvision）也不吻合。一个县之内可以存在多个独立的市、镇政权，如中央省的锡卡县。以尼安萨省的基苏木县（人口 504，359）为例，它设立基苏木市议会和基苏木县议会，基苏木市管理城区（194，390 人）和近郊区共 332，024 人，余为基苏木县议会辖区。

相比很多国家而言，肯尼亚的地方自治是较弱的，处处位于国家行政的荫蔽之下。2006 年 11 月，国际非洲城市峰会在内罗毕召开期间，肯尼亚总统齐贝吉在发言中宣布将赋予地方政府充分的权力以加强地方自治。

继首都内罗毕之后，蒙巴萨和基苏木的地方政府在 2001 年相继取得特许市（City）地位，不过还没正式拥有城市宪章，所以目前两市的政府形态，仍保留市议会（Municipality）。

2. 乌干达的地方政府和市

乌干达（Uganda）是非洲东部的内陆国家。分为 80 个县（District），在地理上分属 4 个地理区（中央、东部、北部和西部）。传统上有布干达（Buganda）、托罗（Toro）、安科莱（Ankole）、布索加（Busoga）和布尼奥罗（Bunyoro）5 个班图人王国，在 1962 年乌干达独立时组成乌干达联邦。1967 年米尔顿·奥博特（Milton Obote）政府颁布新宪法取消王国制。1993 年，除安科莱外的 4 个王国恢复，每个王国包括几个县。

县下行政区划的等级依次为郡（County）、分郡（Sub - county），以及堂区（Parish）和村（Village）。每一级设立地方议会（Local Council）作为地方

① All constituencies now turned into districts，（Kenya）Daily Nation（网络版），http：//www. nation. co. ke/News/ - /1056/623360/ - /ukx8ve/ - /index. html（访问时间：2009 年 7 月 13 日）

政府。这一体制的前身是目前执政的由穆塞韦尼总统领导的全国抵抗军（National Resistance Army）在争取全国政权过程中建立的抵抗议会（Resistance Council）。1986 年穆塞韦尼上台结束乌干达多年混乱的局面并致力于发展经济，1996 年实现首次选举后该组织更名为地方议会。

每个县下包括 1 个或数个郡（County），2001 年时有 146 个郡，以及坎帕拉特许市（City）和 13 个市议会（Municipality），共 160 个郡级单位。乌干达近年来不时有新的县设立，均为郡单独或联合升格为县。未来发展可能是 District和 County 两级合一。以第三大城镇利拉所在的利拉县为例，全县分为 5 郡和利拉市（Lira Municipality），下分 28 个分郡（其中 4 个属于利拉市）。

首都坎帕拉（Kampala）是唯一正式取得特许市（City）头衔的城市，分为 5 个区。

3. 坦桑尼亚的地方政府和市

坦桑尼亚（Tanzania）位于非洲东部沿海，共分为 26 个省（Mkoa/Region），省下设县（Wilaya/District）。设有联合政府和桑给巴尔（Zanzibar）地方政府。1996 年中央政府迁往多多马。桑给巴尔地方政府管辖桑给巴尔岛和奔巴岛等，包括 5 个省，行政中心在桑给巴尔城区。

省下进一步分为县（Wilaya/District），2002 年普查时有 127 个，其中大陆地方 117 个县，桑给巴尔地方设立 10 个县。各县（包括市）下在行政上分为若干个区（Shehia/Ward）。区被定义为城市型（Urban）、乡村型（Rural）和混合型（Mixed）三类。区以下的建制城乡不同，城区部分设立街区（Mitaa/Street），乡村部分设立乡（Village），再分为村（Hamlet）。具体可以用下图表示，图中黑粗方框中，即为城区的范围。

Street	Street	Street	Hamlet	Hamlet
Street	第一区（Urban） Street	Street	第二区（Rural） Hamlet　第一乡	Hamlet　第二乡
Street	Street 第三区（Mixed）	Street	Hamlet	Hamlet
Hamlet	Hamlet 第三乡	Hamlet	Hamlet	Hamlet

图 8.6　坦桑尼亚的县内行政区划和市镇范围示意图

在大陆部分的 117 个县中，22 个是都市型县（其中 3 个组成达累斯萨拉姆市，2 个组成姆万扎市）。都市型县的地方政府分为 3 种类型。达累斯萨拉姆和姆万扎等 5 个城市设立特许市议会（City Council）；多多马等市设立市议会；剩余的设镇议会。提升为特许市有助于城市获取更多的来自中央政府的拨款，以改善基础设施。

截至 2010 年底，共有达累斯萨拉姆、姆万扎、坦噶、姆贝亚和阿鲁沙 5 个特许市。

（四）尼日利亚的地方政府

尼日利亚（Nigeria）联邦共和国是非洲人口最多的国家。1996 年 10 月行政区划重新调整为 1 个联邦首都区、36 个州（State）以及 774 个区（Local Government Area，直译地方政府辖区）。形成“联邦——州——地方”三级政府体系。1999 年，尼日利亚结束军事统治，向民选政府过渡。

地方政府区（LGA）设立民选的地方议会管理。它的职能主要是民事登记、非机动车的证照发放、公共场所的建设和维护（如公共墓地、停车场、公共厕所、道路、公园、垃圾处理场）以及征税。每个区会分为 10 ~ 15 个不等的分区（ward），但分区并不是地方自治团体。

人口最多的地方政府区是大拉各斯地区的 Alimosho，有 1，277，714 人，最少的区仅 3.2 万。但若排除少数极值，实际上规模还是较平均的，中位数 15.74 万，平均 18 万，半数集中在 12 ~ 21 万。非都会地区的区通常包括众多的小城镇和村庄，相反，大都会地区则由几个地方政府区（LGA）分别管理。如最大的旧首都拉各斯都会区，自拉各斯市议会在 1976 年解散后长期没有一个统一的市政府，而是由 16 个区分别行政，类似英国取消了郡议会的大都市郡地区或大伦敦市议会成立前的大伦敦 33 个区。卡诺、伊巴丹、卡杜纳、哈科特港、贝宁城等其他大城市亦如此。如将同城的名区合并计算，则上述名市的人口都已突破 100 万。

由于尼日利亚的人口数量决定着各地在联邦议会的议席和石油收入等利益的分配，所以一些地方常通过夸大人口来获得额外的政治和经济利益。如 1962 年的人口普查就因北方部族大量虚报人口引起国民大会和南方的抗议导致普查结果被宣布无效，于 1963 年重新普查。部分州的 1991 年、2006 年人口普查数据的可信度，都有受到不同程度的质疑。

（五）南非的地方政府和市

结束种族隔离后，1993 年 11 月南非行政区划重新划分为 9 个省（Province），各省拥有各自的立法机关和省政府。茨瓦内（原名比勒陀利亚）是南非的行政首都，开普敦是立法首都，曼高恩（原名布隆方丹）则是司法首都。除英语和南非荷兰语外，另有科萨语、祖鲁语等 9 种民族语言也被规定为全国官方语言，各省则各自规定本省的官方语言。

2000 年地方选举以后，原各省下的基础地方政府（Municipality）进行合并重组。设立市（Metropolitan Municipality）、县（District Municipality）和区（Local Municipality，直译地方委员会）共 3 种地方自治政府。其中区是县的下位地方政府，双方权力分享。每个县都至少设立一个区。初设 6 个广域市、46 个县（2005 年增设 1 县）和 231 个区。在地方政府下分为若干选区，是地方选举单位，不是自治机关。下图简单说明了南非地方自治团体的设置情况。

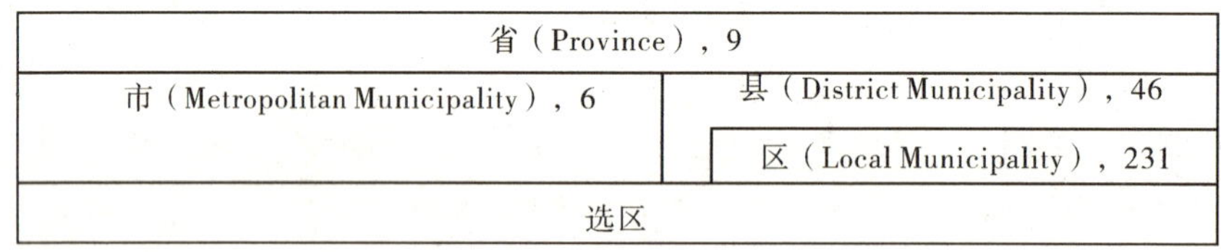

图 8.7　南非地方行政区划示意图（2000）

市和县一起，覆盖南非的全部土地，但是，区并不总是覆盖全县。在相当一部分县内，一些土地不属于任何一个区，而是由县直辖，当然县直辖区域的人口并不多。但这说明在南非，市、县和区都可以被视为基础地方政府。2001 年人口普查时，231 个区的平均为 13 万。

市是南非在经济活跃的中心城市所设立的一种地方政府形态，它包括市中心和近郊区。与其他地区实行“县——区”两级体制不同，市实行一级制，本身就是基层政府，下面不设其他的地方自治团体。2000 年首先指定约翰内斯堡（City of Johannesburg）、开普敦（City of Cape Town）、爱库鲁莱尼（Ekurhuleni）、茨瓦内（City of Tshwane）、特克维尼（eThekwini）和纳尔逊·曼德拉湾（Nelson Mandela Bay）等 6 处地方政府为市，他们的人口都在 100 万以上。2008 年，曼高恩（Mangaung）和布法罗（Buffalo City）两个区（Local Municipality）也被指定为市，于 2011 年地方选举后正式施行。

表 8.4 南非的市一览表

名称	面积	总人口	城区人口	省	原名
约翰内斯堡市	1644	3,225,810	3,192,611	豪登省	约翰内斯堡
爱库鲁莱尼市	1924	2,480,282	2,449,744	豪登省	杰米斯顿
茨瓦内市	2198	1,985,984	1,780,716	豪登省	比勒陀利亚
开普敦市	2499	2,893,251	2,871,844	西开普省,省会	开普敦
特克维尼市	2292	3,090,117	2,726,257	夸祖鲁——纳塔尔省	德班
纳尔逊·曼德拉湾市	1952	1,005,776	976,957	东开普省	伊丽莎白港
曼高恩市	6283	645,441	607,199	自由省,省会	布隆方丹
布法罗市	2516	701,881	512,418	东开普省	东伦敦

注：人口为 2001 年 10 月 9 日普查值。面积单位为平方公里。

新南非地方选举后，包括行政首都比勒陀利亚在内的大量地方政府先后更改了名字，以消除历史上欧洲殖民和种族隔离时代的痕迹。原来较小的市镇进行合并组成较大的基础地方政府后，其名字也往往不沿用中心市镇，而是另取新名，新名有的采用来自当地民族称呼，有的来自对结束种族隔离后新南非未来的美好期望。如自由省第二大城市韦尔科姆（Welkom），1994 年和邻近的村镇合并为一个区（Local Municipality）时，取名为马佳宾（Matjhabeng），意为“多元化的社区”。

关于市（City）这一概念，在南非 1993 年以前和 1994 年以后所指称的涵义有重大不同。1994 年地方政府大调整以前，市（City）跟英国的特许市差不多，由少数大型居民点获得，除前述 8 个大都市外，彼德马里茨堡（今姆森杜西）、韦尔科姆（1968，今马佳宾）和彼得斯堡（1992，今波罗克瓦尼）历史上也曾获得过市（City）的称号。这几个地方未来升格为市（Metropolitan Muniei - pality）的可能性仍然较大。

但上世纪 90 年代中期地方政府调整后，南非没有对 City 进行正式的规定，实际上已经取消了 City 作为地方政府的名称。现在，那些在历史上取得过这个称号的地方政府可能会继续使用市议会（City Council）的名号，而不是称委员会（Municipality），如开普敦等。

（六）其他英语国家的市制

除斯瓦希里地区及尼日利亚和南非两个地区大国外，其他英语国家的地方行政区划体系多较为接近。多为“省区——县——乡镇”三级或“县——乡镇”两级小乡镇制。

省（Province）或地区（Region）		小国无此级
市（City）	县（District）	此级功能较强，人口多约10万
	乡区（Rural）、社区（Community）等	城市自治，乡村或由县直辖

图 8.8　其他英语国家的行政区划体系示意图

省区一级方面，加纳、津巴布韦、赞比亚、马拉维、塞拉利昂 5 个中等国家的最高级地方政府为省（Province，塞拉利昂、赞比亚、津巴布韦）或地区（Region，加纳、马拉维）。此级行政区的人口目前一般在 100 万以上，多的超过 500 万（如人口密度高的马拉维的南部区和中央区），少的也有 50 几万（加纳的上西部地区）。

县一级方面，上述 5 国的省以下次级地方政府，及毛里求斯、博茨瓦纳、莱索托、斯威士兰等小国的最高级地方政府，为县（District）①，设县议会（District Assembly 或 District Council）为地方政府，秉持英式的议行合一的传统。这一级在地方政府体系中功能较强，其规模界于我国的县和乡镇之间，人口多在 10 万左右，仅少数首都或省会所在的县人口数多达 50 万以上，所以有实际成为基层政权的可行性。

县以下是各种名称的基础地方政府（Local Government Council），如莱索托的社区委员会（Community Council），津巴布韦的乡镇（Municipality），巴布亚新几内亚的乡区议会（Rural Council）等。不过，这一级中的乡村组织规模和功能都比较弱小，有的国家的部分地区甚至不设立村、镇，而由县政府直辖（如津巴布韦），或者由传统权力组织负责（如马拉维）。

在这些国家，人口在聚居达到一定程度（多为 5 万）的城镇地区，可设立市议会（City Council），实行城市自治，组织多较完善。市议会在形式或实

① 另牙买加的行政堂区（Parish）和特立尼达和多巴哥的区（Region Corporation）亦类似这里的县（District），仅名称不同而已。尤其牙买加的堂区，人口中位数 12.5 万（2001 年 9 月 10 日人口普查），其规模之大与英格兰和其他加勒比小岛国的堂区仅相当于我国的村完全不同。

质上独立于县（District）之外。这显然是受到了英国“1889 年威斯敏斯特体系”中关于人口 5 万以上的城镇可以设立郡级市（County Borough）这一条的影响。这些国家大多没有郡（County）这个建制，且独立后 City 一词本来带有的皇室和教会色彩也消失，很自然地就将郡级市（County Borough）和市（City）这两个概念合一。

赞比亚、冈比亚及特立尼达和多巴哥等国，又将市政组织依人口多寡或重要性大小分为两种类型，类似英国的特许市议会（City Council）和自治市议会（Borough Council）。

例如，赞比亚的 18 个市政组织分特许市议会（City Council）和自治市议会（Municipal Council）两种类型。首都卢萨卡（Piassava）及北部工业重镇恩多拉（Ndola）和基特韦（Kitwe）这 3 个人口在 30 万以上的城镇，以及殖民地时代的中心城市和国际旅游名城利文斯通（Livingstone）的地方政府取得了特许市议会的地位，其余 14 处为自治市议会。

冈比亚首都大班珠尔地区设立两个地方自治政府，一为班珠尔市议会（Banjul City Council），一为卡尼芬自治市议会（Kanifing Municipal Council）。其中真正属于班珠尔市议会的辖区范围非常小，仅有居民 3.5 万，近郊区 357，796（2003 年普查）全部属于卡尼芬自治市的范围。

个别城镇，虽然今天人口不多，但因其地位特殊而被特许升格为市。如塞拉利昂的邦特市（Bonthe），这座位于歇尔布罗岛东岸的港口城市，虽然人口仅约 1 万，但在殖民地时代是棕榈纤维（Piassava）和其他农产品的主要贸易中心，人口一度超过弗里敦，但因为没有公路通往腹地而衰落。

相反，与其他大型城区太近的城镇，则会因城区缺乏独立性而阻碍其升格为市。这在各国的首都郊区城镇表现尤为突出。如津巴布韦的奇通圭扎（Chitungwiza），是哈拉雷（Harare）的卧城，几无工业，大部分居民都在哈拉雷工作和学习，虽然是津第三大城镇，但其地位长期只是哈拉雷直辖市范围内的一个镇，升格之路较人口仅其一半的穆塔雷（Mutare，1971 年升格）等市晚几十年。又如斐济群岛的纳西努镇（Nasinu），以 8.7 万的人口成为斐济最大的地方政府，但因与首都苏瓦（Suva）建成区相连，只在 1999 年正式设镇，尚未升格为市。

表 8.5　部分英语国家的特许市一览表

国家	市数	市（City）名——特许市
塞拉利昂	6	弗里敦、博城、凯内马、科伊杜、马克尼和邦特
冈比亚	1	班珠尔
马拉维	4	利隆圭、布兰太尔、姆祖祖和松巴
赞比亚	4	*卢萨卡、恩多拉、基特韦、利文斯通
津巴布韦	9	*哈拉雷（省级）、布拉瓦约（省级）、奇通圭扎、穆塔雷、圭鲁、奎奎、科多马、马斯温戈和奇诺伊
博茨瓦纳	2	哈博罗内、弗朗西斯敦
莱索托	1	马塞卢
牙买加	4	金斯敦①、西班牙镇、蒙特哥贝和波特摩尔
特立尼达和多巴哥	2	西班牙港和圣费尔南多
巴布亚新几内亚	2	莫尔兹比港（不实行地方自治）、莱城
斐济群岛	2	苏瓦、劳托卡
利比里亚	1	*蒙罗维亚（人口超过百万，实如直辖市）

注：列第一位的为首都，带*的人口超过 100 万（以该国十年内最近一次人口普查为准）。

唯加纳在 1988、1989 年全国行政区划调整后，市制与其他国家有所不同。是年加纳将全国重组为“地区——县——乡镇——小区”4 级。加强县议会（District Assembly）的目的是尝试进行权力下放并打击贪腐，一些城镇化水平较高的县，可以升格改制为都市县（Metropolitan District）或自治县（Municipal district），此两者类似赞比亚等国的特许市议会（City Council）和自治市议会（Municipal Council）。

都市县因其规模较大可在行政上分为若干个分区（Sub - metropolitan District），分区不是地方自治团体。都市县、自治县和普通县下分别建立名称不同的乡镇议会组织。最基层的组织是小区大会（Unit Committee），约有 1.6 万个，但其中只有不到 8000 个进行有效运作。

① 牙买加首都金斯敦（Kingston）是全国最大的城市和海港，1923 年，金斯敦堂区和圣安德鲁堂区的地方政府合并成金斯敦和圣安德鲁政府（Kingston and St. Andrew Corporation），共选一个议会和市长。

<table>
<tr><td colspan="5">地区（Region）</td></tr>
<tr><td>6都市县/
Metropolitan District</td><td>40自治县/
Municipal district</td><td colspan="3">124县/District（普通县）</td></tr>
<tr><td>分区/Sub-metropolitan District</td><td rowspan="2">区议会/
Zonal council</td><td rowspan="2">市区议会/
Urban Council</td><td rowspan="2">镇议会/
Town Council</td><td rowspan="2">乡议会/
Area Council</td></tr>
<tr><td>镇议会/Town Council</td></tr>
<tr><td colspan="5">小区大会/Unit Committee</td></tr>
</table>

图 8.9　加纳行政区划体系示意图

随着经济和社会发展，尤其是加纳今天的人口已经从 1984 年普查时的 1200 多万整整翻了一番，加纳不断增设新县，从 1988 年最初的 65 县增加到 2010 年初时的 170 县，每县平均人口也由 2000 年时的 17.2 万降至约 14 万。其中都市县由原来的阿克拉（Accra）、库马西（Kumasi）和塞康第－塔科拉迪（Sekondi－Takoradi）3 个增加海岸角（Cape Coast）、特马（Tema）和塔马利（Tamale）至 6 个。自治县由最初的 4 个提高到了 40 个，基本上只要城区人口有个四、五万的县，都已经升格成了自治县。都市县的人口一般都超过 20 万，最大的阿克拉和库马西，在 2000 年人口普查时，就分别已经达到了1，659，136和 1，171，311。

四、美国的市镇制

2000 年人口普查时，全美一共有 3087 个县级单位。包括 48 州的 3005 个县（County），路易斯安那州的 64 个堂区（Parish），阿拉斯加州的 13 个区（Borogh），42 个独立市（Independent City），11 个人口普查区（Census Area，位于阿拉斯加州），以及 5 个合并市县。最少的特拉华州仅 3 县，得克萨斯州则多达 254 县，平均各州 62 县，中位数是 63 县。

阿拉斯加州的行政区划跟其他州区别很大，该州有大片土地和 1 成多人口不属于任何一县或相当于县的行政区。2000 年人口普查时，这些区域在统计上编为 11 个普查区。包括这 11 个普查在内，县级单位覆盖美国全境，尽管有些县仅徒有虚名，实际无任何行政机关，如在新英格兰地区。

（一）市、镇的类型

美国各县下的建制社区（incorporated place）包括市（City）、镇（Town）

和村（Village）等数种类型。不过严格来说，县制和市制是不同的两套体系，在内涵上并非同等。大体上，县更接近为州政府的下位行政单位，而市、镇等建制社区则是地方自治单位。

在新英格兰（东北6州），镇承担着重要角色，相当多的县仅具地理意义。如马萨诸塞州14个县中，只有5个还保留县地方政府，7个县政府在1997～2000年间相继被取消，还有2个县的职能由镇政府代行。甚至可以说，新英格兰的镇，相当于其他地方的县。但在中西部各州，县则行使更多的实际职能，市（镇）多未覆盖州内全部地区。

另一方面，在一些州，市的自治行政区域可以跨数个县，如通常说的组成纽约市的曼哈顿、布鲁克林、皇后、布朗克斯和里士满五区，其实是纽约州的5个县。至于跨一个县部分地区的则为数更多。不过并没有跨州的市，因为各州法律不同。那个常被认为跨州的堪萨斯城市，只不过密苏里州堪萨斯城市和堪萨斯州堪萨斯城市，两个城市刚好位置邻近且重名，在行政上互不隶属。

有一些地方不实行县——市镇两级制，而是设立单一地方政府（Unitary Authority），同时行使县和市镇的职能。这样的单一地方政府，也是基础地方政府，包括以下三种情况。

1. 独立市（independent city）

不属于任何县，下面也没有其他地方政府。全美共42个，其中弗吉尼亚州的全部39个市都是独立市。另外3个是马里兰州的巴尔的摩市、密苏里州的圣路易市和内华达州的卡森城市。

2. 不设市的县

仅有弗吉尼亚州的阿灵顿县，与首都华盛顿仅一河之隔。该县下不设任何镇、村等地方政府，导致阿灵顿县（Arlington）如同独立市一般。该县面积67平方公里，为美国面积最小的县级行政单位。人口189，453（2000年普查），是人口最多的非市基础地方政府。该县本来是划归华盛顿哥伦比亚特区管辖，南北战争后被弗吉尼亚州收回。有时候也把阿灵顿县非正式的视为一个独立市。

3. 合并市县（Consolidated city－county）

这种地方政府同时承担市、县两种职能，既是州政府行政区划的县，也拥有正式的市宪章，实施地方自治。这类地方政府的形成是由于县吸收了境内所有的市镇，或者县内全部市镇为一个市镇所吸收，最后市和县完全合一。这种类型在数量上并不占优势，但却呈日渐增多趋势。又分为完全合并和不完全合并。

第一种是完全合并，即市的辖区和县的辖区完全合一。最常被研究者引用的是旧金山市和县（City and County of San Francisco），从 1856 年开始市和县合并，其正式名称便是“旧金山市和县”，地方政府兼具市和县的双重职能，拥有市宪章。在较大的城市中，类似的还有科罗拉多州府丹佛市和县（City and County of Denver），阿拉斯加州府朱诺市和区（City and Borough of Juneau），夏威夷州府檀香山市和县（City and County of Honolulu）①。阿拉斯加州的安克雷奇市（Municipality of Anchorage）——美国唯一的 Municipality，大体相当于“市和区（City and Borough）”。这个时候的“市和县（City and County）”俨然是一个专有名词。

1974 年，肯塔基州的列克星敦市和其所在的拉法叶县合并，称为列克星敦 - 拉法叶城区县政府（Lexington - Fayette Urban County Government），地方议会称为城区县议会（Urban County Council）。只是在统计上，仍视为一个市和一个县，有点类似我国的“一套班子，两块牌子”。又如宾夕法尼亚州的费城市（Philadelphia）和费城县，名义上费城市是费城县内的一个自治市，但自 1854 年开始县内就只有一个市（边界合一）了，1952 年两者的行政机关也最终合体，但至今费城县仍被继续视为宾夕法尼亚州下一个完整的县，虽然他的行政职能完全由费城市行使。

纽约则可以认为是另一种形式的合并市县，它由纽约县（曼哈顿区）、布朗克斯县（布朗克斯区）、国王县（布鲁克林区）、里士满县（斯塔滕岛区）和皇后县（皇后区）5 个县的全部在 1898 年合并成今天的样子，每个县也都是纽约市的一个区（Borough）。

第二种是不完全合并，也就县和境内某个市的行政机构合并，但仍有部分社区保持独立的建制，如同“一高一低两条腿走路”。这种“合并市县”通常存在于高城市化的县，县内中心城市集中了全县大部分的土地和人口，“县——市”两级体制的存在便有叠床架屋之嫌。一个典型的个案是印第安纳州的印第安纳波利斯市（Indianapolis）和马里昂县（Marion），县政府和市政

① 夏威夷州的地方政府仅置县一级，下面没有任何市、镇、村等建制。

府机关合并，但是县内还存在 4 个小型市镇，他们属于马里昂县，但不属于印市。其他的还有田纳西州的纳什维尔市和戴维森县，肯塔基州的路易斯维尔市和杰弗逊县，佛罗里达州的杰克逊维尔市和杜瓦尔县等。

（二）设市的标准

各州在县以下的社区，建制差异较大，除夏威夷州外，虽然都有市（City）这一建制，但设立的要件相当不同，几无可比性。市与村的不同之处在于，市实行高度的自治，设立市议会，拥有一部自己的市宪章，宪章是市运行的准则，可以选举自己的市长或聘任市经理。

新英格兰 6 州目前共有 118 个建制市，相对其他大多数州来说，新英格兰的市算是比较符合我们将市理解为大型城镇的认知，不过在这里，镇（Town）的重要性要远远超过市（City）。除北部的缅因州、新罕布什尔州和佛蒙特州的北部人口过于稀疏的地区以外，新英格兰的每寸土地都属于一个镇管辖。新英格兰的统计也是以镇为单位，而在其他各州则以县为单位。

一般来说，新英格兰的市都与镇合一（Consolidated），只不过拥有市宪章的镇的人口略多一点，除缅因州和佛蒙特州外，大部分市的人口都在 1 万以上。只有个别没有与镇合一的市，则是“镇管市”，如康涅狄格州的格罗顿市（Groton），它隶属于格罗顿镇，人口约 1 万，约占格罗顿镇的 1/4。还有一例镇管市是纽约州谢里尔（Sherrill），它是弗农镇（Vernon）的一部分。纽约州的市制和镇制，与新英格兰接近。

伊利诺伊州规定人口满 2500 方可升格为市，不过目前不少市的人口已在该标准之下，如 Macoupin 县内的 8 个市中，半数都不足 2500 人。伊利诺伊州的规模约相当于整个新英格兰，但目前共有 300 个建制市。亚利桑那州的设市要求是 3000 人，密西西比州是 2000 人，犹他州、俄克拉荷马州和蒙大拿州等规定设市需要 1000 居民，内布拉斯加州为 800，密苏里州只有 500。

在俄亥俄州，人口普查时人口超过 5000 的社区可以升格为“市”，但当人口下降时则会被削除恢复为村（Village）。

在阿拉斯加州、爱达荷州、堪萨斯州、肯塔基州、北达科他州、明尼苏达州和爱荷华州，所有建制社区都称为“市”，无论其人口多少。在加利福尼亚州，虽说 480 个建制社区中，458 个为市，22 个称为镇，但加州的法律明确规定市和镇两个概念可以互换，所以无论其人口多寡，都既可以称为镇，也可以称为市。

佐治亚州大部分建制社区都是市，一个社区可以通过立法机关或公民投票决定取消市建制。最近的个案是 Lithia Springs，2001 年八成的市民在投票中支持取消市宪章（city charter），从而成为道格拉斯县直辖的一个无建制社区①。

与其他各州不同的是，弗吉尼亚州的市都是独立市，不属于任何县，设市的最低人口标准是 5 千。大部分独立市如同我国的“切块设市”，即原县辖的镇脱离所在的县，升格为市，但也有“整县改市”或“市县合并”。如弗吉尼亚海滩市（Virginia Beach），1952 年它脱离安妮公主县成为一个独立市，1963 年，两市县公民通过投票决定实施“市县合并”，结果就是弗吉尼亚海滩成为弗州面积最大人口最多的一个市。也有直接“整县改市”的，如 1972 年南瑟曼德县就是，两年后它又全部并入萨福克市，今天萨福克市面积超过 1 千平方公里，人口约 8 万余，这个数字仅相当于浙江省南部山区的云和县。又如切萨皮克市，是 1963 年由诺福克县和南诺福克县 2 县合并设市。

夏威夷州是唯一没有市镇一级建制的州。地方政府仅至县一级，下面没有任何市、镇、村等建制。其中首府檀香山为市县合一的地方政府。

由于市的数量实在太多，个别州对市划分了等级。以威斯康星州为例，该州规定乡村地区人口满 150 或城镇地区人口满 2500 的社区可以升格为村（Village），乡村地区人口满 1000 或城镇地区人口满 5000 的社区可以升格为市（City）。依据人口多寡，威州将目前 190 个市法定划分为 4 等，15 万人口以上的可为 1 等市，3. 9 万以上不满 15 万的可以成为 2 等市，1 万以上不满 3. 9 万的可以成为 3 等市，不满 1 万的为 4 等市。等级提升时需要转换政府及由市长发布文告，因为这个原因，很多市都即使满足条件也不愿升级。如威州首府暨第二大城市麦迪逊（Madison）人口已经超过 20 万，但还是 2 等市，人口超过 1 万的 4 等市则更多。

在所有的英语国家中，美国的 City 可说是最为泛滥的，共有建制市超过 1 万个。由于所有的建制社区都是市，爱荷华州成为全美建制市数量最多的一州，有 947 个，最少的市仅 8 人。而在有市和镇区分的各州中，以得克萨斯

---

① 所谓无建制社区，即为一县之内不设立任何市、镇或村建制，直接由县管辖的区域。除弗吉尼亚的阿灵顿县没有设立任何建制社区外，最大的无建制社区是内华达州克拉克县的帕拉代斯（Paradise）和日出庄园（Sunrise Manor），分别拥有 18. 6 万和 15. 6 万人口，他们均属于拉斯维加斯都市区。大约有两成以上的美国人居住在无建制社区。

州为最多，有944个市，其中人数最少的市仅32人。

（三）市镇的职权

美国中央政府对地方政府的影响，较倾向于功能性的指挥与监督。由于在联邦制度下，州政府拥有辖区最高治理权，故市、县政府变成为州政府各项政令的执行机关，换言之，县政府可说是州在辖区内的委托治理机关。

同时，县政府也扮演州与基层地方政府间的中介角色。县政府的主体是县议会（county council），由五位民众直选产生的县委员（county commissioner）所组成。县委员基于州宪与州法律，有权审议县的预算，并决定县内各项事务的处理原则。

另外，对于特定事项，亦由民众直选产生专责单位首长，如书记（clerk）、财产鉴价官（property appraiser）、选举监察官（supervisor of election）、警长（sheriff）、税务官（tax collector），职司各专属业务。这些民选单位首长，虽有专职业务范围及选民支持的权力基础，但是在单位预算权及决策全都由县议会掌握的情形下，使其运作仍需受到后者的限制，从而形成县议会对各个行政单位首长的监督。

地方政府由各州宪法规定如何进行成立地方政府的程序，一般而言，州议会必须通过设立地方政府之法人团体，地方政府收到特许后，依照特许状上有关组织、职权及责任组成。

地方政府的职权多寡，因各地方政府组成形式不同而互异，基本上，各地方政府均有职权如下：

（1）征收地方税；

（2）对违反地方法律及规章者加以审判；

（3）在其辖区内主持地方计划；

（4）提供两大类必要服务，即在其辖区内从事公共建设如修路、建桥等和保障服务如警力及救火工作。

地方政府在提供必要服务项目时，也接受州政府及联邦政府在财务上的协助，包括：

（1）保证饮水清洁安全；

（2）保障公共卫生及安全；

（3）道路之建筑及保养；

（4）提供警察及火警服务；

（5）清除垃圾；

（6）学校之设立；

（7）提供选举有关工作之服务；

（8）设立地方法庭及监狱；

（9）征收地方税；

（10）保管政府记录如婚姻、出生及死亡登记资料。

（四）地方政府的组织形式

美国基层地方政府非直接源于美国宪法，故与州政府及联邦政府组织不同，因州而异。一般地方政府结构如下：

市政府。其组织形式主要有三类，且大体和辖区人口呈明显相关关系。

（1）市长——议会制（Mayor - council）。大部分市政府有民选市长作为行政首长，另有民选之市议会。市长和市议会合作，通过议案，治理市政。尤其是人口超过 5 万的市较会采用此组织形式。

（2）议会经理制（Council - manager）。有些市规模较小，民选市议会议员不多，由市议会决议聘雇市经理主持市政。那些人口在 1 ~5 万之间的小市或大镇，较易倾向于选择议会经理制。

（3）市委员会制（City Commission）。有些市仅有民选委员会，兼理立法及行政工作。此类市镇的人口较前两者更少。

以新罕布什尔州为例，该州共有 221 个镇和 13 个市。其中人口最多的曼彻斯特市（10.9 万）和纳舒厄市（8.7 万）两个市，以及基恩市（2.2 万）实行市长议会制。另 10 个市及 6 个镇实行议会经理制。其余 215 个镇则全部以镇民大会（Town meeting）作为地方政府的组织形式，其中只有 15 个镇设立有镇经理。在罗得岛州，没有正式取得市宪章的镇，也可以采取上述任何一种政府形式。但在马萨诸塞州，只有建制市才能如此，未取得市宪章的市只能采用镇代表会议（Representative town meeting）或开放的镇民大会（Open town meeting）。

县政府。通常有民选之委员会，有许多民选或指派的专职官员如执行法律之司法长，有时亦有经理一职。

学区委员会等主要单位。学区委员会主持公共教育，许多家长为使其子女在该学区管区内受到良好教育，要求参与教育有关决策，因此，设立学区委员会，民选学区委员，该局可决定教员薪津、教育课程、进度、经费及行政，人民可在学区会议内陈述意见供参考。

司法单位。地方政府亦设有法院处理地方事务，如交通规则及诉愿等，人民不服该地方法院之判决，可再向州级法院上诉。

（五）统计上的城镇和都市区

1. 城镇（Urban Area）和城镇丛（Urban Cluster）

在美国的人口普查中，城镇（Urban Area）是指总人口在5万以上，人口密度超过1000人/平方英里（约合386人/平方公里），且组成该区域的每部分人口密度均在500人/平方英里（约合193人/平方公里）以上的地方。城镇的设定并不受州、县边界所限。

由于Urban Area所设定人口规模过高，所以在2000年美国人口普查时又增加了一个概念，即"城镇丛（Urban Cluster）"，用来指人口在5万以下的城市化区域。顺便提到，Urban Cluster这个概念在中国通常被作为大型城市群（如珠三角城市群）的英文翻译。

应该说，美国的这个对城镇的设定，在人口数量指标上要比大多数的国家高很多，如日本规定5000人，加拿大只有1000，我国规定3000。但美国对城区在人口密度方面所设定的要件之低足以令我们东亚国家瞠目。

这其中的原因，是因为美国所走的与世界其他地区都不同的自由放任式城市化道路。早在百年前，富有的城市美国人已经开始在城郊为自己建造宽敞的别墅，有大片草坪环绕。美国政府对建筑业和汽车产业的保护也为城镇郊区化推波助澜，大量道路被批准兴建，中产阶级随着汽车的普及而迁居到郊区。最终的结果就是美国的城市出现典型的"摊大饼"式发展，城区急速膨胀，但人口密度却不高。

到2000年人口普查时，共有1371个人口在1万以上的城镇和城镇丛。

前5大城镇（Urban Area）依次是纽约——纽华克（New York - Newark，1780万人，8683平方公里）、洛杉矶——长滩——圣安娜（Los Angeles - Long Beach - Santa Ana，1179万人，4320平方公里）、芝加哥（Chicago，831万人，5498平方公里）、费城（Philadelphia，515万人，4661平方公里）、迈阿密（Miami，492万人，2891平方公里）。

2. 都市统计区

美国早在1910年的人口普查时，就已经采用"大都市区域"这一概念，用来指称以一个10万以上人口为中心，包括周围10英里，或虽超过10英里但与中心城市连绵不断，人口密度达到150人每平方英里以上的区域。

百年来，美国的城市化发展经历了大城市崛起，郊区化，逆城市化等一系列的过程。战后，美国也提出了发展小城市的政策，实现城市分散化。近30年来，大量的小城镇因发展连片又形成了密集的城市群落，形成新的大都市区。

与众不同的城市化道路，使美国的统计部门设计出了比其他国家更多更复杂的关于城镇统计的术语，其中有些已经不用。这里用表解的方式简单梳理一下美国行政管理和预算局，2006年重新界定后定义。

“大都市统计区（Metropolitan Statistical Area，简称MSA）”是指至少有一个5万人口以上的城镇（Urban Area）的县及毗连的县，以及与该区域在社会和经济上有高度通勤关系的区域。人口在1~5万之间的这样的区域，则被称为“小都市统计区（Micropolitan Statistical Area，简称μSA）”。两者合称“核心统计区（core based statistical area，CBSA），共有942个，其中大都市统计区366个，小都市统计区576个。

如果通过精确的判定，可以确认两个或两个以上的核心统计区通过不同形式连接在一起的，则还可以把这几个核心统计区再合并，称为“联合统计区（Combined Statistical Area，简称CSA），合计125个。

<table>
<tr><td colspan="6">美国</td></tr>
<tr><td rowspan="6">市镇</td><td colspan="4">基本人口普查统计区（PCSA），合715个</td><td rowspan="5">城镇（Urban Area）、城镇丛（Urban Cluster）</td></tr>
<tr><td rowspan="2">186个PCSA</td><td colspan="2">联合统计区（CSA），合125个</td><td rowspan="2">407个PCSA</td></tr>
<tr><td>180个进CSA</td><td>169个进CSA</td></tr>
<tr><td colspan="2">大都市统计区（MSA），366个</td><td colspan="2">小都市统计区（μSA），576个</td></tr>
<tr><td rowspan="2">市镇</td><td colspan="2">城镇（Urban Area）、城镇丛（Urban Cluster）</td><td rowspan="2">市镇</td></tr>
<tr><td>市镇</td><td>市镇</td><td>市镇</td></tr>
</table>

图8.10　2009年美国行政管理和预算局定义的都市统计单位比较示意图

联合统计区（CSA）和那些没有被联合统计区包括的核心统计区（CBSA）合称为“基本人口普查统计区（Primary Census Statistical Area，简称PCSA）”，这是为了消除统计上的区域重合，共718个。

与城镇（Urban Area）和城镇丛（Urban Cluster）不同的是，各种都市统计区都以县级行政单位作为基本统计单位，也就是整县整县统计。唯一例外的是新英格兰地区，因为新英格兰的市镇力量太强，所以新英格兰采用以市镇作为基本统计单位。

前6大大都市统计区（MSA）为纽约——北新泽西——长岛都市区（New York - Northern New Jersey - Long Island，1832万人）、洛杉矶——长滩——圣安娜都市区（Los Angeles - Long Beach - Santa Ana，1237万人）、芝加哥——内珀维尔——若利埃都市区（Chicago - Naperville - Joliet，910万人）、费城——坎登——威尔明顿都市区（Philadelphia - Camden - Wilmington，569万人）、达拉斯——沃思堡——阿灵顿都市区（Dallas - Fort Worth - Arlington,516万人）和迈阿密——劳德戴尔堡——迈阿密海滩都市区（Miami - Fort Lauderdale - Miami Beach，501万人）。

表8.6　美国人口50万以上的市和200万以上的城区一览表

排序	市名	市面积	市人口	城区人口	备注
1	纽约市	786	8,175,133	18,351,295	纽约州,包括5县
2	洛杉矶市	1291	3,792,621	12,150,996	加利福尼亚州,港口
3	芝加哥市	606	2,695,598	8,608,208	伊利诺伊州,跨县
4	休斯顿市	1558	2,099,451	4,944,332	德克萨斯州
5	费城市	350	1,526,006	5,441,567	宾夕法尼亚州, 合并市县
6	*菲尼克斯市	1334	1,445,632	3,629,114	亚利桑那州
7	圣安东尼奥市	1067	1,327,407		得克萨斯州
8	圣迭戈市	964	1,307,402	2,956,746	加利福尼亚州,军港
9	达拉斯市	997	1,197,816	5,121,892	得克萨斯州,跨县
10	圣何塞市	462	945,942		加利福尼亚州
11	杰克逊维尔市	2265	821,784		佛罗里达州
12	*印第安纳波利斯市	964	820,445		印地安那州,合并市县
13	旧金山市	121	805,235	3,281,212	加利福尼亚州
14	*奥斯汀市	767	790,390		得克萨斯州,跨县
15	*哥伦布市	551	787,033		俄亥俄州,跨县
16	沃思堡市	774	741,206	达拉斯	得克萨斯州,跨县
17	夏洛特市	629	731,424		北卡罗来纳州
18	底特律市	370	713,777	3,734,090	密歇根州

续表

排序	市名	市面积	市人口	城区人口	备注
19	埃尔帕索市	649	649,121		得克萨斯州
20	孟菲斯市	763	646,889		田纳西州
21	巴尔的摩市	238	620,961	2,203,663	马里兰州,独立市
22	*波士顿市	232	617,594	4,181,019	马萨诸塞州
23	西雅图市	217	608,660	3,059,393	华盛顿州
24	华盛顿市	179	601,723	4,586,770	哥伦比亚特区
25	*纳什维尔市	1363	601,222		田纳西州,合并市县
26	*丹佛市	401	600,158	2,374,203	科罗拉多州,合并市县
27	路易斯维尔市	1032	597,337		肯塔基州,合并市县
28	密尔沃基市		594,833		威斯康星州
29	波特兰市	377	583,776		俄勒冈州,跨县
30	拉斯维加斯市	352	583,756		内华达州
31	*俄克拉荷马城市	1609	579,999		俄克拉何马州
32	阿尔伯克基市	486	545,852		新墨西哥州
33	图森市	587	520,116		亚利桑那州
34	弗雷斯诺市	293	494,665		加利福尼亚州
	迈阿密市	143		5,502,379	佛罗里达州
	*亚特兰大市	343		4,515,419	乔治亚州,跨县
	明尼阿波利斯市	151		2,650,890	明尼苏达州
	坦帕市	442		2,441,770	佛罗里达州
	圣路易斯市	171		2,150,706	密苏里州,独立市
	圣胡安市	124		2,148,346	波多黎各

注：上表中的人口取自2010年人口普查值，面积的单位为平方公里。带*的为各州首府。

美国因独立日久，其市制有不少特点，本应单独立章，但因作者研究不深，篇幅有限不足单立一章，所以附于本章后部。

五、加拿大的地方政府和市制

加拿大的面积与我国和美国相当，但人口只及我国的四十分之一。加拿大分为10个省（Province）和3个地区（Territory）。各省分布在南部，地区在北纬60°以北。宪法上，各省的权力由君主赋予，设总督（代表君主）和总理；各地区的权力源出联邦政府，设专员（代表联邦政府）和总理。魁北克省是法语省，新不伦瑞克省是双语省，其他各省为英语省。努纳维特地区主要是因纽特人。首都渥太华（Ottawa）。

（一）地方政府的类型和设市标准

各省（地区）之下的地方政府编制因省而异。大体而言，大西洋3省（新斯科舍省、爱德华王子岛省、新不伦瑞克省）和安大略省传统上采“县（County）”和“市（镇）”两级制。而草原3省（马尼托巴省、萨斯喀彻温省、艾伯塔省）、不列颠哥伦比亚省以及纽芬兰和拉布拉多省下则只有市（镇），不设县，仅在人口普查时为统计方便划定人口普查区（Census Division）。

以安大略省为例，县级行政区包括县（County）、区（District）、自治区（District Municipality）、都市自治区（Metropolitan Municipality）、区域自治会（Regional Municipality）和联合县（United County）等。作为基础地方政府的市（镇）一级则包括City、Borough、Municipality、Municipal Township、Separate Town、Town和Village。

在一些实行“县——市镇”两级制的地方，又有一些县市合一的单一地方政府。如安大略省的查塔姆肯特区（Chatham - Kent Municipality），是1998年由肯特县和下属的查塔姆市等其他乡镇合并而成的一级制行政区，通常认为该区沿袭了原查塔姆市的市资格。新斯科舍省在1996年进行地方政府改革后，也出现了一级制的区域自治会（Regional Municipality），类似英国的单一管理区。也就是说，安大略省和新斯科舍省，目前是“县——市镇”两级制，和区（各种名称）一级制并存的格局。

除法语省魁北克外，市（City）在加拿大是一种高级地方自治体，主要设立于那些人口繁密的地方，但具体设立的标准因省而异。市下可以分为若干区（英语：Borough/法语：Arrondisement）。设市的标准各省有差异，主要有

1 万或 5 千两种。

1. 最少 1 万，只升不降。此类省最多，包括安大略省、新斯科舍省（1996 年以前）、爱德华王子岛省、新不伦瑞克省、纽芬兰——拉布拉多省和马尼托巴省。

此 6 省规定人口满 1 万的城镇可以申请取得市（City）资格。新斯科舍省在 1996 年行政区划调整后，已经不再有市（City）的建制，其他省一经指定，市资格不会取消。另外在安大略省，如果一个县下没有任何乡镇建制，则该县本身可以申请成为拥有市的地位，如诺福克县（Norfolk County）。但人口 1 万以上的城镇不能自动升格为市，如大多伦多地区的万锦镇，2011 年普查时人口已经超过 30 万，为加拿大第一镇，直到 2012 年方升格为市。

目前安大略省共有 51 个市，纽芬兰——拉布拉多省有 3 市，新不伦瑞克省 8 市，爱德华王子岛省 3 市，新斯科舍省原有 2 市现取消，马尼托巴省 10 市。

2. 最少 1 万，有升有降。包括艾伯塔省和育空地区。

艾伯塔省设立市需要 1 万以上人口，且主建成区面积至少 1850 平方米。如果市的人口不足 1 万人将被降格为镇（Town）。目前共有 18 个市，最新的是 2015 年 1 月成立的切斯特米尔市。

育空地区目前只有首府白马市一个建制市。在 1902 年至 1980 年间还有一个道森市，采金业的兴起使该地人口在 19 世纪末达到 4 万，但 1899 年淘金热过去后，人口又迅速外流，到 1902 年道森设市时，实际已经不到 5000 人，随后更长期在 1000 以下。1980 年育空地区行政区划重组时终于将其正式降格为镇，不过作为特例，特许当地使用市的称号，所以该镇在边界上才会树立标语“Welcome to the Town of the City of Dawson”。

3. 最少 5 千，只升不降。包括不列颠哥伦比亚省、西北地区和努那维特。

不列颠哥伦比亚省设市的标准是人口超过 5000 人，并且一旦指定为市将不会被降格，如目前只有 600 余人的格林伍德，现共有 50 个市。努那维特地区的伊卡卢伊特在成为这个新地区的首府后人口增长迅速，并于 2001 年突破 5 千后升格为市，是加拿大人口最少的省会城市。西北地区现也只有首府黄刀市一个建制市，其在 1970 年正式设市。

4. 最少5千，有升有降。只有萨斯喀彻温省。

萨斯喀彻温省设市的标准也是人口在5000以上并且符合其他社会发展的要求，原则上人口降至5000以下的会被取消市的资格，不过仍有例外。现共有16个市，其中弗林弗农市跨马尼托巴省，劳埃德明斯特市跨艾伯塔省。

5. 魁北克。

魁北克省的县级地方政府包括3种类型，即86个县自治会（Municipalités Régionales de Comté）、2个大都市共同体（Communautés Métropolitaines，即蒙特利尔和魁北克）和1个行政区（Administration Régionale，位于北部地方）。县下则为市（镇）基础地方政府。与其他英语省不同的是，使用法语的魁北克省在基础地方政府编制上，没有市和镇的区别，一概称为Ville。而其他英语省份则有市（City）和镇（Town）的区别，在非正式场合，Ville也被直接对译为英语的市（City），最极端的就出现了只有2个人的Ville，即多尔瓦勒岛市（L'Île-Dorval）。魁北克共有222个市镇（Ville）。

合计加拿大除魁北克以外，共有157个市。

（二）市镇合并

在最近的发展中，加拿大市镇地方政府的合并也在各地普遍进行。

新斯科舍省在1996年进行的地方政府改革，以市镇大合并的形式表现出来。该次改革，将哈利法克斯市和悉尼市，与其所在的县合并，将“县——市镇”两级体系合并为一级，称为区域自治会（Regional Municipality）。其结果是，原来作为地方建制之一的“市（City）”在新斯科舍省被取消了。哈利法克斯（Halifax）是加拿大大西洋沿岸的最大城市，1842年升格为市（City），1996年与哈利法克斯县内其他4个市政当局及哈利法克斯县本身合并后，改设哈利法克斯区域自治会（Halifax Regional Municipality），总面积达到5490平方公里，人口372，679（2006年），但合并使其市的地位自动取消，仅在统计上视为一个城镇。

2001年，安大略省进行较大规模市镇合并，涉及多伦多市和首都渥太华市。其中5市合并后形成的新的多伦多市，人口数超过此前位列第一的蒙特利尔市，成为加拿大人口最多的市。不断的合并使安大略省的一级制地方政府越来越多。

2002年，魁北克省进行全州范围的市镇大合并，几乎涉及所有的市镇。以蒙特利尔地区为例，面积499平方公里的蒙特利尔岛历史上分为蒙特利尔等 28 个市，共同组成蒙特利尔城市共同体（Communauté Urbaine de Montréal）①。2002 年元旦，其他 27 个地方政府全部编入蒙特利尔市，形成一岛一市（Uneïle, une ville）。虽然，魁北克人民党领导的省政府，声称合并可以削减行政开支，减少重叠的服务，但这项合并同时也遭到了大量的抗议。当 2003 年魁北克自由党上台后，韦斯特蒙（Westmount）等 15 个前被合并的市镇恢复了自己的市镇建制。同时我们也可以发现，不满合并的主要是那些讲英语的市镇，他们担心合并会使在这个法语为主的大市政府内被边缘化。

另一方面，蒙特利尔市是蒙特利尔大都市共同体（法语：Communauté Métropolitaine de Montréal / 英语：Montreal Metropolitan Community）的成员之一，该共同体相当于一个县级行政区，范围包括蒙特利尔岛及岛外的周边数十个市镇，总面积 3838 平方公里。共同体负责本地区公共事务，诸如城市规划，经济发展，文化和艺术发展，公共交通及废物处理等。蒙特利尔市的市长担任共同体的主席。

（三）统计上的城镇和都市区

加拿大的城镇（Urban Area）是一个纯粹地理概念，它指以最近的一次人口普查为基础，人口 1000 以上且人口密度大于 400 人的地理区域。如果两个城镇的距离不足 2 公里，则被视为一个城镇。城镇的地理范围不受省或地方政府行政边界的限制。

以市的行政辖区计算，2006 年普查时 10 个人口最多的市依次是多伦多市、蒙特利尔市、卡尔加里市、渥太华市、埃德蒙顿市、米西索加市、温尼伯市、温哥华市、哈密尔顿市和魁北克市。2011 年布兰普顿市 - 跃升为第 9 大市。

若以城镇而言，则米西索加市的城区因和多伦多市相连被视为一个城镇，人口最多的 9 个城镇的顺序是多伦多、蒙特利尔、温哥华、卡尔加里、埃德蒙顿、渥太华、魁北克、温尼伯和哈密尔顿。

都市区则包括一个中心城镇以及在通勤等方面密切的郊区。其中大多伦多都市区人口达 511 万，面积 5904 平方公里，是加拿大第一大和北美十大都市区之一。其他人口在 100 万以上的还有大蒙特利尔、大温哥华、大渥太华、

① 关于城市共同体（Communauté Urbaine）这一概念的更详细说明，可参见本书法国部分的介绍。

大卡里加里、大埃德蒙顿等5个都市区。

表8.7 加拿大人口50万以上的市一览表

排序	市名	市面积	市人口	城区人口	备注
1	*多伦多市	630	2,615,060	5,132,794	安大略省
2	蒙特利尔市	363	1,649,519	3,407,963	魁北克省
3	卡尔加里市	727	1,096,833	1,095,404	艾伯塔省
4	渥太华市	2779	883,391	933,596	安大略省
5	*埃德蒙顿市	684	812,201	960,015	艾伯塔省
6	米西索加市	288	713,443	多伦多	安大略省
7	*温尼伯市	464	663,617	671,551	马尼托巴省
8	温哥华市	115	603,502	2,135,201	不列颠哥伦比亚省
9	布兰普顿市	266	523,911	多伦多	安大略省
10	哈密尔顿市	1138	519,949	670,580	安大略省
11	*魁北克市	454	516,622	696,946	魁北克省

注：上表中人口均为2011年5月12日普查值，面积的单位都是平方公里。带*标记的为各省首府。米西索加市和布兰普顿市均隶属于皮尔区（Regional Municipality of Peel），该区属于大多伦多地区的一部分，1974年由皮尔县改制，也是地方自治单位。

六、澳大利亚的市

澳大利亚联邦（英语：Commonwealth of Australia）包括澳大利亚大陆以及塔斯马尼亚岛等属岛，总面积7，703，581平方公里，人口19，855，288（2006年8月8日普查）。联邦由6个州（State）及首都地区、北部准州等组成。1998年一项关于北部准州正式编为“北澳大利亚州”的议案，在当地公决中被否决。其他有人居住的海外小岛屿中，诺福克岛（Norfolk Island）为一个单独的行政单位，圣诞岛（Christmas Island）和科科斯（基灵）群岛（Cocos Islands（Keeling Islands））1992年转交西澳州，各设1乡（shire）。

（一）地方政府的类型

澳大利亚各州和北部准州之下，设立地方政府（Local Government Area，简称LGA）”。澳大利亚仿英国威斯敏斯特制，以地方议会（Council）为地方政府的组织形态。各地方政府的事务，常常是“3R”——道路（Road）、资产税（Rate）和垃圾处理（Rubbish）。但因城乡和各州的不同，在权限上有所差异。

地方政府的类型较为复杂，包括 City、Borough、Town、Shire、District、Municipality、Region 和 Rural City 等，各州也有差异，具体可详见下表。

表 8.8　澳大利亚各州地方行政区的名称及其中文译名简单对照表

州	市	其他（含城乡混合型）	合计	备注
新南威尔士州	38 City	Shire、Municipality、Regional Council	154	
维多利亚州	33 City	Borough、Rural City、Shire	79	1996 年整并
昆士兰州	7 City	Town、Shire、Regional Council、土著乡（Aboriginal Shire）	74	2008 年整并
南澳大利亚州	21 City	Town、Rural City、District Council、Municipality、Regional Council、土著议会（Aboriginal Council）	64	1997 年有大幅整并
西澳大利亚州	22 City	Town、Shire	142	
塔斯马尼亚州	6 City	Municipality	30	1993 年整并
北部准州	2 City	Municipality、Town、Shire	21	2008 年整并

近年来，地方行政区合并不时在各州出现。最近的是在 2008 年昆士兰州和北部准州分别进行地方行政区大合并。目前 6 个州和北部准州共下设地方政府 564 个，其中新南威尔士州和西澳大利亚州最多，分别为 154 个和 142 个，北部准州和塔斯马尼亚州最少。首都地区（堪培拉）下不设地方政府。

在新南威尔士、维多利亚和塔斯马尼亚等州，一些地方政府直接称“议会（Council）”，而不加任何如 Town 或 Shire 之类的标记。

另外北部准州、南澳大利亚州和新南威尔士州还有一些区域没有被编入任何地方政府，尤其是北部准州，高达 22% 的人口生活在无建制地区。

昆士兰州的地方政府规模普遍较其他州为大，这跟该州历史上进行多次成功的地方政府大合并有关。其中布里斯班市在 2006 年人口普查时，辖区有人口 956，128，是全澳人口最多的地方行政区，布里斯班在 1902 年升格为市，1925 年合并南布里斯班市等地方政府形成新的布里斯班市。人口列第 2 位的是黄金海岸（Golden Coast，472，280 人），也位于昆士兰州。此外大部分地方政府的人口都很少。悉尼、墨尔本等大都会区，事实上在行政上都分属多个地方政府管辖。

（二）澳大利亚的市（City）

澳大利亚的市（City）的含义在 20 年内发生了重大变化。传统上，“市（City）”在澳大利亚和新西兰等国只是一个地理概念，赋予建成区（Urban area）。今天，只有在新南州，市（City）才具有两重涵义，在其他各州均是指地方政府的一种类型。

在 1993 年前，新南威尔士州有 21 个市，他们都是独立的建成区，所以与悉尼市处于同一建成区的其他地方政府均没有被授予“市”的称号。1993 年，新南州规定只有地方行政区才能被指定为市。此后有 36 个地方政府称为市，其中有不少是大悉尼的组成部分。

1990 年代以来，塔斯马尼亚州、维多利亚州、南澳大利亚州、昆士兰州及北部地方相继进行地方行政改革，大幅合并地方政府。其中南澳州是以联邦和州进行资金援助，地方政府自发合并的形式推进。而维多利亚州则是由州政府主导合并，解散原来的地方政府议会，新设地方政府。

以昆士兰州为例，在 2008 年缩并地方政府至 73 个。其中有多个市议会（卡朗德拉、凯恩斯、图文巴等）与周围乡村地方政府合并，成立区议会（Regional Council），其市（City）的地位被取消，如卡朗德拉（Caloundra）市议会和周围的乡村地方政府合并后，成立日光海岸区议会（Regional Council）。新创设的区议会，是一种城乡混合型的新的地方政府形态。

2008 年 7 月 1 日，北部准州将原来的 61 个地方行政区，包括市（City）、镇（Town）、乡（Shire）、社区（Community Government Council）、建制委员会（Incorporated Association），进行全面合并调整，重组为 17 个地方自治单位，包括达尔文和帕默斯顿 2 个市。

（三）统计上的城镇

在统计上，澳大利亚使用“城中心”（Urban Centre）一词来表示城镇，它是指人口在 1000 人以上，且人口密度在每平方公里 200 人以上的人类生活居住体，其范围不受行政区划的限制。其中 10 万以上的又称为主要城镇（Major Urban）。人口在 200 ~ 999 人之间的称为居民点（Locality），统计上属于乡村。

更大概念的都市区则称为“城镇统计区”（Urban Statistical Divisions & Subdivisions），包括“城中心”和周围关系密切的乡村地区。

通常说的澳大利亚第一大城市悉尼，实际上指的是统计上的悉尼城中心或悉尼城镇统计区（也就是所谓大悉尼的概念），因为真正由悉尼市政府管辖的区域，在整个大悉尼中不到5%。若依地方政府辖区而言，悉尼、墨尔本、珀斯和阿德莱德都不是所在州内人口最多的地方政府，人口最多的分别是布莱克顿（Blacktown）、凯西（Casey）、斯特灵（Stirling）和昂卡帕林加（Onkaparinga），不过后面四者分别都位于前面四者的“城中心”中。

表8.9 澳大利亚主要城镇一览表

排序	名称	UC人口	LGA面积	LGA人口	备注
1	*悉尼	3,908,643	25	169,505	新南威尔士州，首府
2	*墨尔本	3,707,529	36	93,625	维多利亚州，首府
3	*布里斯班	1,874,426	1367	1,041,839	昆士兰州，首府
4	*珀斯	1,627,576	13	16,714	西澳大利亚州，首府
5	*阿德莱德	1,103,979	16	19,639	南澳大利亚州，首府
6	黄金海岸	533,659	1402	494,501	昆士兰州
7	堪培拉	391,473	2358	357,218	首都

注：上表中人口均为2011年5月12日普查值，面积的单位都是平方公里。带*标记的为各州首府。

第九章

中国未来市制改革的展望[①]

综合市制的基本理论、我国市制百年发展史及国外市制的经验，笔者对我国未来的市制改革，以湖南省为例，提出自己的展望。

一、未来的公共管理环境

作为公共组织之一，那么未来规划市制的动向，就不能只顾当前的局势，更要能前瞻未来。依美国学者 Mark A. Emmert 等人观点公共管理环境会有下列八种趋势（转引刘明德，1998，21～23）：

（一）社会与组织将会日趋复杂

由于科技的日新月异，以及世界各地政府与人民之间的往来频繁，相互依存度日渐提高，使得人类原有的组织与社会结构都将因此而变得复杂。因此，Emmert 等人认为，现有的组织，特别是政府组织，若不调整将无法适应未来的环境冲击。

（二）民营化的趋势与公私部门间的活动会日趋频繁

公营事业民营化（privatization）是世界各国普遍的发展趋势，自 1980 年以来已在国际间蔚为潮流。究其原因，一方面是认识到公营事业的阶段性目标已经达成，另一方面则是希望透过市场运作的机制提升效率，减少浪费。

此外，未来大规模企业，尤其是跨国企业将会降低政府组织的重要性，而经济性的机构会取代部分政府的职能，迫使公共组织必须有效的回应市场需求，并与私部门进行更有效率的互动，此将使得公私部门之间的分野日趋

① 本部分原为 2008 年湖南省情与决策咨询研究课题，收录时有改动。

模糊。

（三）持续的技术变迁

技术的创新与变迁将对组织产生诸多影响，例如，工作人员须吸收新的技术，组织结构要有适应环境变迁的能力，重新分配资源，并利用技术的有利地位解决相关问题。信息爆炸与整合将是组织面临的新课题。值得注意的是，电脑科技的应用已经使信息的分析的处理权力操纵在个人手中，此将使政府以往的地位得以修正，甚至需求助于民间的个人或组织。

（四）公部门的资源及其成长将会受限

由于资源有限，政府部门的规模因此受到限制。此外，尚需以创新的方法来运用资源，如以契约的方式委托民间经营，或向民间购买服务。而劳力密集的公共组织，更须提升员工的知识与技能，并与私部门相互合作来解决日益严重的公共问题。

（五）多元化的工作力（Work force）与服务对象

以美国为例，由于种族及文化因素使然，造成整个社会的工作力与公民呈现多元分歧的现象，有如拼图游戏似的马赛克社会（mosaic society）。政府组织在面对不同团体的要求之下，势必将放诸四海而皆准的原则做适度修正。特别是在妇女走出家庭纷纷投入人力市场之后，传统上以男性为尊的观念备受质疑和批评。故强调两性平等的管理形态，这并非仅是增加女性领导，而是应于传统的管理形态中注入女性领导的柔性激励风格，使工作场所更具人性化，将是未来组织成功的重要因素。

（六）个人主义与个人责任的强调

由于个人主义在现代社会盛行，以及自我责任的强调，传统上由政府机关主导一切的情势已有所改变。于是有民营化与义工的兴起，从而改变了个人对政府机关的看法和期待，公务人员也将获得更多的自主权。更因为分权观念的盛行，将会改变过去由中央主控一切的局面，地方政府会有更大的权力与中央政府抗衡。

（七）生活品质的重视与环保诉求的抬头

对员工本身而言，工作不再是其生命中唯一的目标。人们所关切的是生命的安全与健康，以及家庭生活的重视。因而在强调生活品质与环保观念的趋势下，工作场所的管理与设计将有大幅度的更新与改观。诸如弹性工时的设计，医疗保健的提供，也由于人民对环境保护的重视，促使政府必须重视环保问题并扶植产业升级，减少高污染性的产业。

（八）持续性的转变，而非激烈的变革

因为环境的激剧变迁，迫使人们必须快速的反应。但是即使要有所变革，也应在现有体制下进行持续的改革与转变，不须对现行体制做激烈的变革，以免引起社会危机。

因此包括市制在内的未来地方政府组织设计时，也应一并考虑这些趋势。也即要推进民营化政府，创建良好的工作场景，创建良好的生活品质，并且按照渐进主义的改革思路循序渐进的开始改革。

二、过去的市制变动总结

在全球一体化的背景之下，世界各国纷纷进行积极的地方行政区划体制改革或调整，以解决或缓和因经济发展、环境变迁、人口流动、区域合作和城市化等所带来的一系列社会问题和压力。我国自然也不例外，改革开放以后，我国相继推动实行了“县改市”、“地改市”、“撤区扩镇并乡”等几项大的行政区划调整。以湖南省为例，1982 年至 1996 年间先后有吉首等 14 个县改为市；1995 年又实行“撤区扩镇并乡”，是年全省乡镇总数由上年的 3412 个，骤减至 2381 个，这一进程目前仍在延续。

这些改革，都促进了地方政府的职能朝服务型转变，合并重组也精简了机构和工作人员，减轻了群众的负担，对目前建设资源缺乏的中国大部分地方政府有很大的积极意义。然而客观的讲，这些调整仍然没有将原有行政区划体系的不少问题解决和处理完毕，甚至还带来一些新的问题。表面的问题包括简单的县改市和乡改镇，给统计带来了混乱，导致虚假城市化，而统计的失真就会影响决策的科学性和可行性。深层的问题还包括县改市以后的地方政府，或者工作职能没有实现很好转化，或者过分重视城区偏废远郊乡村（尤其是那些地域范围广大的县级市）。

（一）以湖南省为例的目前的“市”

截至 2010 年 7 月，湖南省共有 14 个地级行政单位（包括 13 个地级市和 1 个自治州），122 个县级行政单位（包括 34 个市辖区、16 个县级市、65 个县和 7 个自治县），2409 个乡级行政区单位，其中街道办事处 247 个，镇 1106 个，超过乡和民族乡之和的 1056 个。由于 1997 以来国务院冻结了县改市，所以除 1999 年永州地区改为永州市（地级），并将县级永州市和冷水滩市分别改为芝山区和冷水滩区外，湖南省县级以上行政区划无重大变动，更无新的市产生。直到 2011 年望城县改为长沙市望城区。

因此近来湖南省行政区划的变动主要是乡镇一级的调整。大规模的乡镇调整发生于 1995 年，是年湖南省实行“撤区扩镇并乡”，不妨称之为“1995 年大合并”。这次合并使湖南全省的乡镇总数由 1994 年底的 3412 个，骤减至 1995 年底的 2381 个，缩减 30.2%。原来位于县和乡之间的区公所一级，更是由 395 个猛减至 54 个。

此后，乡镇合并工作持续进行，1996 年至 2007 年 12 年内，平均每年裁撤乡镇 17.9 个。而在大城市地区，主要的区划变动是由于城市建设的扩张，不断有街道办事处新设或范围拓展。

这些调整对地方政府进行职能转变，精简机构，减轻城乡居民负担，提高地方政府竞争力，促进城市社区建设和社会主义新农村建设具有重要的意义。

然而客观而言，这些调整仍然没有将原有行政区划体系的不少问题解决和处理完毕，甚至还产生了一些新的问题。比如：

1. “县改市”当初是为了调动县级地方政府的积极性，促进中国城市化和现代化发展。不过 1997 年以后国务院不再批复新的县改市，但又一直没有出台新的调整政策，导致湖南省已经有 10 余年未有新的市产生，这对一部分县的积极性是一个打击。就湖南省而言，若依现行县改市标准，则宁乡等县已经在多个指标上远超要求，本可以多年前就升格为县级市。

2. 地方行政的层级并未有大的减少。目前地方政府实行“省——市——县——乡”四级体制，层级过多导致无形中加大了地方行政成本，与社会的高速信息化发展趋势形成较大反差。在县域经济开始崛起的宏观背景下，过多的层级，对县级市和镇等位阶较低的行政区发展较为不利。尤其是中心镇的发展，更多的还是停留在规划和报告上。

3. 简单的县改市和乡改镇，另一方面对城乡划分的标准又一改再改，给统计工作增加了混乱和压力，容易导致虚假城市化和统计失真，而统计的失真又会影响决策的科学性和可行性，造成恶性循环。

4. 最近的行政区划调整，有重视中心城市，轻视边远地区之嫌。

今天在社会主义和谐社会建设，以及新农村建设的大环境下，行政区划体制的改革，也必须将视野从城市或中心城镇扩展到城乡全体。虽然我国过去采取的“县改市”，在形式上让远离城区的乡民也摇身一变成了“市民”，但实际上政府的行政，还是过多的关注在城区一处，并没有做到如当初县改市的初衷所预想的，做到城乡一体化。本书即主张未来市制改革，不应只是把县府的招牌换成“市人民政府”，还要在行政、人事组织，甚至空间距离上要离乡民更近，也就是应建立更体现城乡全面统筹的市制，而非仅在城区进行修补。

当前我国如火如荼的城市社区建设和社会主义新农村建设，除经济建设外也包含乡村文化和公共行政体制的创新等全方位的建设。要保障基层在经济和社会文化事业上发展的成果，必然要求新型地方行政区划体制，尤其是市制的完善。

（二）湖南目前的“城镇”布局

根据2000年的人口普查结果显示，湖南省按人口分布的城镇①如下：

人口100万以上的特大城市仅长沙1座，约180万人；

人口50～100万的大城市3座，即衡阳、株洲和湘潭；

人口20～50万的中等城市7座，即岳阳、常德、邵阳、益阳、郴州、怀化和娄底；

人口10～20万的小城市约13座，即冷水滩、耒阳、吉首、澧县城、浏阳、醴陵、湘乡、涟源、冷水江、邵东县城、零陵、道县城和张家界。

人口5～10万的大镇约40处，多为县、县级市的城区或大中城市的边缘集团。

为此，笔者制作了一张简单的湖南省城镇分布的示意图（参见图9.1）。由此图可以较为清晰的看到，湖南目前的主要城镇是以长株潭地区为核心，沿京广铁路、沪昆铁路、石长铁路、湘桂铁路展开，衡阳是次中心和湘南中心城市。大体上，人口20万以上的多为地级市，人口10～20万之间的多为县级市，而5～10万的多为县城或大城市的卫星城镇。

---

① 这里说的城镇，是指不包括郊区和卫星城镇在内的主城区，包括郊区和卫星城镇在内的区域则称其为都市区，所以这里的人口数据非指五普时官方公布的分县市别城镇人口数据。

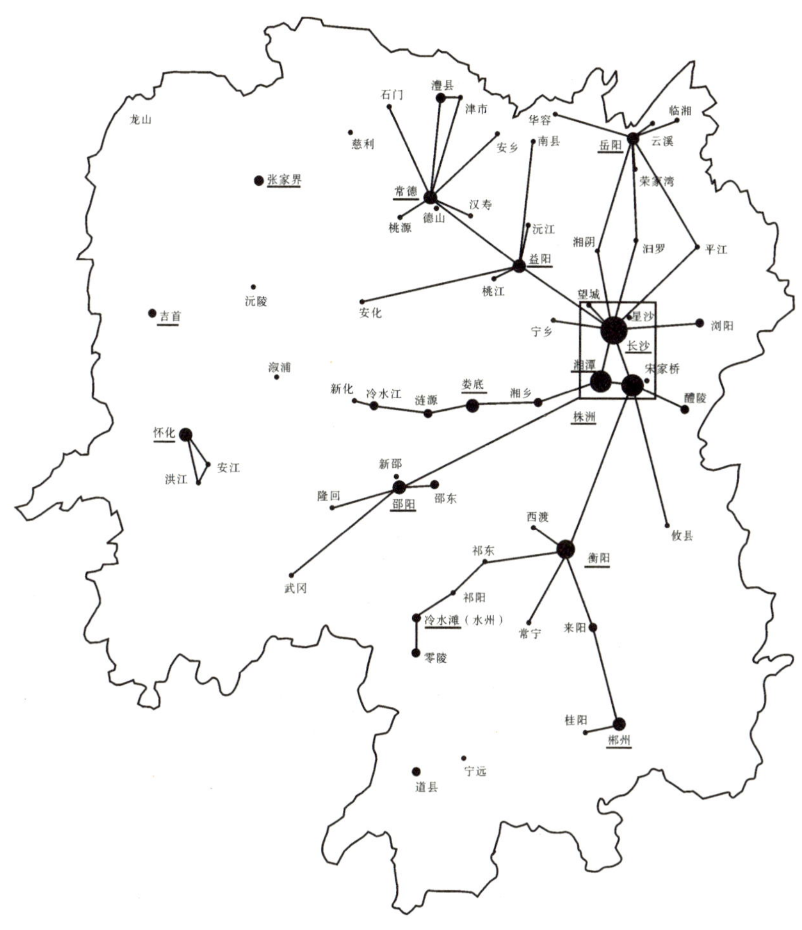

图 9.1　湖南省城区人口 5 万以上的城镇分布示意图（2000 年人口普查）

另一方面，这张图也反映出，省内 5 万人口以上的城镇数量仍显不足。虽然在 2000～2010 的十年内，可以确信省内有更多的县城人口达到 5 万，但目前的资料并没有显示，除县城和大城市邻近的卫星城镇外，有哪个非县城的镇城区人口发展到 5 万以上，无论平原区还是丘陵区。也许总人口是一个因素，尤其在湖南南部地区，看起来城区人口超过 5 万的县，都是拥有百万人口的传统大县，在永州和邵阳两个传统人口大府很明显。

通常来说，人口达到 5 万以上的城区，才能有效的承担起中心镇的功能，因人口积聚所产生的社会和经济效应也才会更明显的展现出来。然而湖南缺的就是这样的中心镇。如果我们粗糙地把一个 5 万人口以上的城镇，称为一个“中心点”的话，那么湖南在 2000 年有超过 60 个这样的点，也许现在有 80 个左右，这些中心点大多在县城以上。仅有的几个特例是宋家桥和德山两个老牌工业卫星城及安江和洪江两个不久前丧失县级中心地位的城镇。

人们可能会习惯于把这个因素归于城市的政治地位，如果更具体和准确一点，或许应该说成一个城镇能对其本身发展所需要的人力、财力和行政力等资源的支配能力。一般来说，县政府总是会更多关注于县城发展，在资源有限的情况下，那就只好先把其他乡镇已经损坏的道路维修工作放一放，先改善县城的下水道，虽然那个需要维修道路的乡镇，可能是全县主要的税收来源地之一。实际上，如果不是 1952 年以后成为县城驻地，涟源、祁东、西渡、桃江、新邵、安化东坪、望城高塘岭可能都不会在这张图上出现。

与东部省份（如浙江省）相比，湖南的城镇数量仍偏少，平均每 100 万人才拥有一座 5 万以上的城镇，同比例浙江省比湖南多出 1/3。但在梯次分布上，湖南反而较为合理，从特大城市、大城市、中等城市、小城市、大镇、中镇到小镇，数量逐渐增多，每两级之间保持约 1：2 到 1：3 的比例。浙江省则呈非常典型的两极化，一面是杭州、宁波、温州三大城区的人口都超过 100 万，另一面是小城市和大镇星罗棋布，而位于两者中间的大城市（50 ~ 100 万人口）则断档，虽然目前有可能为义乌或绍兴等补上，但在整个梯次中，此档仍最薄弱。

当然，很难说梯次分布合理好，还是断档好，因为两个省的情况完全不同。只是就市制而言，双方都必须考虑，如何向蓬勃发展的小城市和大镇下放更多的权力，引导他们在经济和社会等各方面往纵深方向发展。

在湖南，乡镇因为权力有限，制约地方发展，以至没有一个非县城镇发展为大镇。而在浙江，没有县级那样广泛的行政权力的镇，即使聚集了一定数量的人口，在经济上取得了一定成就，但在城市规划和社区服务等方面则严重滞后于县城与市区。

三、市制改革需要考虑的原则

为使行政区划适应经济和社会发展的需要及现代社会的信息化、网络化，有必要解放思想，作出更大的改革，这一点应该是全省上下的共识。但是到底如何改革则需要谨慎，笔者认为未来的调整思路至少应该坚持以下 3 条原则：

（一）应体现缩小地方行政层级，降低行政成本，提高行政效率

地方行政区层级过多是我国行政区划体制的长期症结，减少层级是学界和政界很多人的主张。从目前的情况来看，于省、市（地级）、县、乡镇四级中，要求删除地级和乡镇级的声音最多。

1. “省县直辖”论

民政部区划地名司司长戴均良多年前曾在接受采访时透露，中国行政区划改革的总体思路可能是“缩省并县，省县直辖，创新市制，乡镇自治”。省县直辖，就是要取消目前地级市管县的机制。

主张“省县直辖”的立法依据是来自宪法第 30 条“中华人民共和国的行政区域划分如下：（一）全国分为省、自治区、直辖市；（二）省、自治区分为自治州、县、自治县、市；（三）县、自治县分为乡、民族乡、镇。”上述条文比较容易解读为省应当直接管县。

首要的现实依据是当前部分地区存在的（地级）市刮县、市卡县现象，导致县域经济成长疲软，相反一些地级市却可以凭借政治优势挤占下属各县（包括县级市）的资源。

不过这一条就湖南等内地很多省份来看，并非总是那么明显。省内各地级市的城区，在本区域内都具有较明显的优势，这种优势，不见得都是市刮县的结果。最近为紧跟全国的潮流，湖南省也推出了一系列在财政上实现省县直辖的举措或规划，不过据笔者了解，此项意见，在省内实力最强的长沙市属的 3 县 1 市并不领情，望城县不少干部和群众就反对该县由省直管。究其原因，主要也还是在财政上，害怕省管县后，财政拨款、干部工资待遇都要和省内西部山地县市看齐，对财政收入和地方公共建设恐都会带来不少的冲击。①

省县直辖还有一条历史依据是认为“县”在我国历史上地位重要且最稳定，因此不可废除，而地级市则有后世拼凑之嫌。

但实际情况也并非如此，如浙江省的地级市，其格局几乎可以追溯到隋唐乃至六朝时期。就湖南而言，目前湖南 13 个地级市中，长沙、衡阳、邵阳、岳阳、常德、郴州、永州 7 市在历史上就曾是府级（相当于地级）中心，

---

① 本书写作过程中，望城县尚未完成撤县改区。

并无拼凑之嫌。株洲、湘潭、益阳、娄底、张家界和怀化6市虽然是晚近发展，但也因应于铁路等现代交通和工业的发展，并非纯粹人为强行所致。

至于所谓“县”的稳定，于湖南而言，则实在更为牵强。单就目前存在的88个县（包括县级市）而言，于上世纪40年代以后新设（不包括县改市）的，就有18个①，占20.5%。新设县比例如此之高，显然不能用县制稳定一言以蔽之。

笔者认为，省县直辖对提高部分县和县级市在财政等方面的自主性有一定的帮助，但是自主性提高就意味着责任扩大。湖南有不少县（市）本身的赋税来源就比较缺乏，一旦自主是否会变成地级市向县和县级市推卸责任则需要充分评估。

坦白来说，以目前四级政府体制而言，地方行政区的规模和数量尚属合理。将来一旦省县直辖，四级制政府改为三级制，即使不考虑市辖区的问题，那么省政府也将直接面对101个（目前的88个县和县级市，13个地级市）平行的地方政府。而这101个政府，人口多的如长沙市区（达212.29万人，2000年人口普查，下面人口数据都按照此口径）、浏阳市（130.76万人），少得如韶山市（9.53万人）、古丈县（11.92万人）、双牌县（16.15万人），极端相差22倍。面积大者如沅陵县（5826平方公里），小者如韶山市（210平方公里），极端相差28倍。经济富裕者如长株潭地区的长沙县、宁乡县可以挤入全国县域经济百强县，而山区则仍有一些贫困县。

省政府如何对101个下属单位保持平衡，是一个很大的考验。而如果将县的数量合并降低到一般认知上比较合理的50~60个，恐对地方发展带来极大震荡，酿成社会不稳定，尤其是被撤销的县市，几乎可以肯定必然会发生群体性事件。1999年洪江事件殷鉴不远，湖南断不可再兴废县废市之举。

2. “取消乡镇”论

此一主张一是源于中国古代“皇权不下乡”的历史传统，二是基于目前很多乡镇政府的实际运行处境。

就“皇权不下乡”而言，近百年来中国社会发展迅速，而这一百年恰是

① 即望城县、株洲县、韶山市、衡南县、衡东县、祁东县、邵东县、新邵县、隆回县、洞口县、汨罗市、津市市、桃江县、双牌县、中方县、冷水江、涟源市、双峰县，尚未计对黔阳县有一定承袭关系的洪江市。

乡镇逐渐被纳入国家行政的历史。倘若一味强调封建时代的“皇权不下乡”，恐怕有以古度今的嫌疑。

至于目前很多乡镇政府的实际处境，根据笔者在湖南多年的观察，确实有不少处于入不敷出的地步，相关研究显示，这种情况乃至在东部发达地区，都普遍存在。不过话说回来，寅吃卯粮的又岂止乡镇一级，地处省府大都会核心地段的长沙市天心区又何尝不是如此，湖南省政府自迁到天心区南部后，省府板块近几年把地卖光用于开发居民楼盘，70 年的房屋契税一下子都收了，地方政府恐怕是不会把钱规划 70 年的用途的，笔者就曾经和某位天心区政府公务员交流时，感受到他对这个问题的担心。

况且乡镇在实际工作中的人事、财政、事务处置 3 项大权均受制于县，虽名为基层政权，实为县政府的派出机关。如此一来，索性取消乡镇的独立性，倒也是很容易就能得出的结论。

不过笔者认为，如果省县直辖需要裁撤 30 个左右的县的话，那么乡镇取消恐怕涉及更广，影响更巨，操作难度更大。如果仅是将乡镇就地改制为市、县政府的派出机构，那么也不见得就能够精简机构，裁汰冗员，相反可能带来的负面效应是让政府离民意更远。

（二）应体现改善地方政府施政能力，促进公共服务的专业化水平

在国家的地方行政中，基础地方政府（基层政权）是最贴近民众的公权力部门，承当着地方发展的首要责任，直接将国家的政策福利输送到居民手中；同时它也是居民参与国家管理的最便捷渠道，是实现社会民主的重要基石。

所以，未来的改革，无论以“市”或以“镇”作为基层政权，都应该保证该级政府拥有充分的行政能力和资源，以更好的促进地方各项事业建设，增进老百姓的福利。

目前作为基层政权的乡镇没有完整独立的财政，只是县财政的组成部分，尤其是农业税免除后，乡镇本身的收入来源严重萎缩，又加剧人才外流。另一方面，县市过多关注城区的发展，忽视下属乡镇。

湖南省除山区外，中部地区普遍是人口大县，100 万人一个县，一座县城也就 10 万左右人口，即使县城建设的再好，也常常无法惠及剩下的 90%。这种情况也普遍存在于沿海地区，近来“镇改市”喊声最大的，当属浙江温州地区，许多媒体都转载该新闻并发表评论为其叫好。实际上，对镇改市需求

比较强烈的，都是大县的镇。如果按照半个世纪以前的做法，一个县人口超过 100 万以后，因人口众多管理不便就给分县，恐怕温州的龙港、柳市等镇早就成为新的县城了，自然也就不需要再提镇改市了。这也是反映，若不把这些强镇进行升格，则现在的行政架构，不但无力领导本地建设，相反还阻碍地方经济和社会事业的发展。

所以要保证基层地方政府的稳定运行，未来需要对各级地方政府的行政、财政、人事等各项权限进行清楚的划分，如果能配合出台相应鼓励政策，提高地方政府的财力和人力资源则是最好。

现代社会中，落实社会福利的最主要办法就是通过社会立法和社会行政，将国家福利传递到公民手中。因此未来市制调整，应该要着重考虑能否提高社会福利的专业化水平。笔者认为，每一个行政区，情况各有不同，人民的需要也会有所不同。比如在人口出生率高的市，可能应该多配备儿童服务的工作人员，而在老龄化严重的地方则相反。还有一些事务，可能是涉及跨行政区域的，比如跨境道路建设，垃圾清运和掩埋等。

也就是说，为了提升地方政府公共服务的专业化水平，未来市制改革和行政区划调整，应该同时对地方职能进行修改，地方政府机构的设置，不搞大一统，而是允许各地因事而设，还可以鼓励有些地方突破行政藩篱，联合设置公共机构署理共同事务。

（三）应体现保护市民利益，提高群众参与

所谓参与，即是强调人民透过信息的公正自由取得及有效的参与系统建立人民意识，达成人民对政策的共识、社会资源的有效利用以及避免政策盲点。

不得不考虑的是，在市制改革过程中，城乡居民的利益问题，比如城中村。村民委员会虽然在性质上与乡镇人民政府有本质不同，前者为群众自治组织，后者为基层政权。但两者在发展过程中，却面临类似的问题。偏远地区经济贫弱的村，财力不足，人才外流，海选产生的村长也会面临巧妇难为无米之炊的困境，或者能人村长也带不动全村的发展。而被大都市包围的城中村，人民早就从事非农产业，但如果强行进行村改居，极可能伤害群众利益。诸如此类涉及市民利益的事件还会有很多，笔者以为，此等涉及一地全体居民的事务，倒不如采用 1920 年制定湖南省宪时的那样，由牵涉地区老百姓民意表决为好。

另一方面，传统的社会文化，还可能是对未来农村行政区划改革的障碍。目前湖南的村普遍人口在千把人左右，居委会的人口则更多，如果乡镇合并后规模超过10万人，则村（居）的数量一般都会超过60个（如衡阳县西渡镇，洞口县高沙镇）。这样多数量的村，又可能会导致在乡和村之间设立乡政府的派出机关（如靖州苗族侗族自治县县城渠阳镇即设立艮山口等3个管委会），最后等于没有精简机构。

无论如何，现代公共行政，除了强调社会公正之外，也要非常强调参与的价值。市制从其源头上来看，应该是体现致力于达到更多人员的参与，而不是仅为了管理的便利。

四、市制改革的思路设计

综合国内外分析，笔者以湖南省为例，对未来市制和行政区划体制，提出如下的改革思路。

（一）市制整体规划

总体上，笔者对未来市制的调整设计，主张以渐进的方式，减少行政层级，并以共同生活圈为基础进行地方政府合并。具体为短期内扩大中心镇的管辖范围；中长期则重组乡镇，透过中心镇合并周围乡镇设立“单一市”。

1. 强化县级，扩张中心镇

首先，扩张县的行、财政权力，将原来由地级市行使的权限能下放到县（县级市）的全部放到县（县级市）。

同时，以“重点镇”、“中心镇”为中心，划入周围乡镇然后实行大乡镇制，并赋予其完全的县级权限，以增加县域经济和社会发展点。上策为以二、三十万左右的乡镇组合直接建制为市，下策是设立各种名目的开发区、管委会行县市之实。

特别提到的是，这样设立的市，应取消下面的乡镇建制，形成市直接管村、居的体制。笔者称其为“单一市”，此举是参考了英国“单一管理区”的做法。

2. 虚化地级市和乡镇

原地级市的权限悉数下放给各县后，市管县体制将自然消失，其原范围（或适当调整）内的各市县建立联络性的区域协调委员会，由省政府委派专员，或由各市县长轮流担任，地级市的人大代表也不在其他县市选举产生。新的区域协调委员会主要作为省政府和县、市政府之间的沟通管道，以弥补省政府与省内部分县、市过远的管理不足。

透过一段时间渐进的过程，将乡镇逐步废除。其原有办公设施、工作人员、行政职能等或由县政府吸收，或由新的社区继承。

3. 在市内部，以城乡小型“生活共同体”为原则，调整“社区”和“村”，方便群众参与公共事务

村作为群众自治组织，又是农村集体经济的管理者，当继续保留，但其社会管理的职能可以剥离，收归县市地方政府。县市为更好的将社会福利服务传递于群众手中，可根据业务的需要，以约 2000 ~ 10000 人为范围设立一个社区服务中心，作为县市政府的福利行政、统计和选举单位。允许社区和村同时存在，范围上可以一个社区一村，也可以数个村建一个社区。社区主要行使的是落实县、市政府的社会管理职能，宜聘请社会工作者等相关专业人士担任。村则行使村民自治，通过村民大会的形式管理共同财产等事务。

简单的思路如下表所示。

表 9.1　未来行政区划调整思路简表

<table>
<tr><th>目前格局</th><th>治理部门名称</th><th>未来规划的格局</th><th>治理部门名称（暂定）</th><th>说明</th></tr>
<tr><td>第一级省级</td><td>省人民政府</td><td>最高级（省）</td><td>省人民政府</td><td>维持不变</td></tr>
<tr><td>第二级市级</td><td>市、州人民政府/地区行政公署</td><td>中间协调级</td><td>区域协调委员会</td><td>取消市管县体制，成立区域内各市县的协调委员会，为省政府的派出机构</td></tr>
<tr><td>第三级县级</td><td>县、市、区人民政府</td><td rowspan="2">基层级（区、县、市）</td><td rowspan="2">区、县、市人民政府</td><td rowspan="2">逐渐把乡镇合并为超大乡镇，给予县级权限，过渡到设立单一制的县市</td></tr>
<tr><td>第四级乡镇级</td><td>乡、镇人民政府/街道办事处</td></tr>
<tr><td rowspan="2">第五级村级</td><td rowspan="2">村民委员会</td><td>社会福利执行组织</td><td>社区服务中心</td><td>为县市政府的社会福利管理部门</td></tr>
<tr><td>群众自治组织</td><td>村民大会或村民委员会</td><td>行使群众自治功能，并管理集体经济和集体财产</td></tr>
</table>

按前表所列的基层行政区（基层政权）的规模不应该太小，否则人力、财力、物力均缺乏，将导致地方政府无力施政。根据本书对世界上主要国家行政区划现状和调整趋势的分析，并结合我国的实际，笔者认为，基层行政区的人口规模应当在15～30万之间为好。山地、海岛等情况特殊的可少于10万。以湖南省来说，大概可以分成200～300个左右的基层行政区。同时，在200～300个行政区之上保留相当于地区一级的单位是有必要的。

笔者反对通过“县市大合并”实现类似“1省——50县——300乡镇”这样的格局。虽然，这样的格局与“1省——1、2十个地区级协调组织——300市”从数字结果上来看，出入不大，但实际上具有极大的差异，最主要的表现在两点。

第一是调整的过程。因为，无论哪种框架，都不可能在一夜之间得以实现，都需要通过一个相当长的时期的过渡。在这个过渡期中，前者无疑将要求地方政府不停的并县并市，而后者则是不停的新设市（县）。从经验来看，从1983年到1999年最后一个永州地区改地级市，湖南花了16年时间才完成地改市。那么这个新的过渡时期，因为涉及范围更广更深，时间肯定还要长，也许20年或更久。

在这个足够长的过程内，大规模的并县，只会使一大批县城失去发展机会，不利于区域平衡发展。并且1994年湖南省在对洪江市和黔阳县进行合并过程中，已经有过不太成功的先例。而未来一旦进行并县，被裁并的县（市）大都比当时的洪江市规模更大，历史更悠久，面临的阻力也将会更大。另一方面，如果不进行县县合并，那么现有的101个县市将很难实现“省县直辖”，同时因为省内大量县市的人口都在100万以上，乡镇一级政府也很难取消干净。到最后，将根本无法实现减少行政层级，创新管理体制的目标。

第二个不同是调整后的基础行政区（基层政权）的性质。若按照“1省——50县——300乡镇”的格局，则基层政权仍旧为乡镇，但若按照“1省——1、2十个地区级协调组织——300市”的格局，则基层政权为市县。

我国的实际情况是，乡镇一级地方政府所能掌控的资源和权限非常有限，今天中国乡镇的主要职能部门中，大部分是由市县政府直接控制。乡镇名为一级政府，设有乡镇人大，如有些国家的地方自治体一样，法律上还享有地方重大事项决定权。实际在至关重要的财政和人事两方面，连形式上的自主决定权也没有，因为一没有税务局（只有属于县市税务部门垂直领导的税务所），二不能自主雇用一个有编制的工作人员（这项工作的最终决定权在县级组织人事和编制部门）。

如果未来的300个大乡镇，也是维持这种名不副实的地位，那这对地方发展就非常不利。这一点，若是300个市县就不同了。所以，增市县的本质是将权力下放，300个乡镇则刚好相反，以今天中国改革开放的实践来看，在非大都市地区，盲目合并县市和乡镇不见得最符合机构改革，权力下放的原则。

（二）基础行政区的调整思路——分湖南省为大约200～300个市县

所以，笔者在坚持前文所说的三项原则的基础上，对湖南省未来市制改革的调整思路为“乡镇合并，升格为市”。

目前，在湖南省改革开放力度不断加大的情况下，湖南省未来新的经济成长点，将不再只限于县城，还将包括若干重点镇。尤其是一些人口多的市县，除县城以外，大多有次中心城镇，如宁乡县的双凫铺镇——横市镇组团，浏阳市的大瑶镇，祁东县的白地市镇，安化县的梅城镇，这些重点镇大都有不错的发展潜力。至于比湖南经济更活跃的沿海各省，这些堪比县城的大镇则更加抢眼。

要提高这些重点镇、中心镇的地位，并带动周边地区的发展，仅仅委以他们县级经济和社会管理权限仍是不够的。一来，仅对部分乡镇赋权有失公平原则，对该乡镇的赋权常常无法惠及周边的乡镇的老百姓，反而拉大重点镇与非重点镇的差距，不利于和谐社会的创建。二来，行政性的赋权缺乏稳定的法律依据，一旦县政府有心阻碍赋权，该重点镇也无能为力。

所以，不如直接以该重点镇为核心，联合周边乡镇设立新的市或县。在我国目前的行政体制下，县级政府拥有独立的人事、财政、行政等权限，乡镇政府即使再被赋予特殊的政策优惠，也在实质上受制于县市政府。而设市或县后将使权责清晰化，从而促进地方经济和社会各方面事业的发展。

而各乡镇则应该将其行政功能正式统归县有，取消名存实亡的乡镇人大，改为县市政府的派出机构。经过乡镇合并，并升格为市、县的调整后，县、市自然的取代乡镇成为基层政权。

城市化水平高的县应当被允许使用市的称呼（县改市），而设市的要件笔者以为大致需要包括：

（1）总人口达到30万，且工商业就业人口占本区域全部就业人口的60%以上。此是为了突出城市的集聚和非农特征。

（2）必须连续3年为人口增长地区。此是为了显示该区域确实为周围各县的中心城市，并且未来有持续发展的前景。

（3）税收自给，并连续3年财政无赤字。这是为了确认该区域有足够的财力应付未来升格为市后因责任增加而带来的社会建设需要。

（4）必须拥有一定的社会文化设施，如一所专科（高职）以上高等学院，或博物馆、体育馆等。此是为了保证当地未来有充足的人才资源储备，并鼓励地方政府重视教育和文化事业。

当然目前的市应该继续保留市建制，不削除降格为县。

（三）群众意愿应是最后决定因素，建议保持3年过渡期

虽然，本研究所建议的县乡区划调整思路，是以“乡镇合并，且升格为县市”的方式进行，因有“升格”的诱因，理论上广大乡镇可能会较为积极。但毕竟变更幅度较大，所以仍应持循序渐进的思路进行。

统一的规划通常是专业的理性分析结果，不过这不表示它就可以取代群众的意愿。所以，无论是乡镇合并升格为县，抑或村村合并。都应当将规划的方案交由目前的乡镇人民代表大会和村民大会，乃至全体居民共同决定。

乡镇合并升格方面，从规划提出到最后合并实现，应该留有3年的过渡期。在这个时期内，相关乡镇就关于合并升格的一揽子问题进行讨论和协商，最后关于支持或反对合并也应由各乡镇分别进行乡镇人民代表大会或全体居民表决来决定。

以下问题都应由各乡镇进行讨论和协商：

（1）合并后新市县的范围，是否允许各村不参加而单独改投其他县市；

（2）合并后新市县的名字，这个名字建议采用公募；

（3）合并后新市县的选址，是否新建或沿用；

（4）合并后新市县的第一任市县长选举办法，是否在现任各乡镇长中选举还是重新选，是一乡投一票，还是合并后新县县民一人投一票；

（5）合并后新市县的人大代表选举办法，现有人大代表是否留任还是全面改选；

（6）原有各乡镇的资产和债务如何分配，是否该由新市县继承，如果拍卖，收益是如何处分；

(7) 原来的各马路、街道、设施的名字如何变更;

(8) 合并后新市县，从何日起开始运作等等。

为充分体现群众的意愿，笔者认为:

首先应在3年过渡期开始时，先成立“区域合并协商委员会”，由各乡镇派代表参加，负责就前述问题进行多方谈判。经过各代表妥协一致后，以书面形式确立形成“合并协议书”，并由各参与代表签字并盖各乡镇公章。然后各乡镇组织乡人民代表大会对是否同意合并进行投票，必要时也可以让全乡镇选民投票决定。最后将投票结果呈报省政府相关主管单位批准生效。

给予3年操作过渡期，是为了给广大基层工作者和人民群众以充足的时间准备和适应，也给政策宣传提供足够的时间。一旦个别地方出现阻力，也比较有时间进行个案补救。

另一方面，3年实现而不是以行政命令强制推行，也是为了提高群众对社会公共事务的参与度。在现在人人忙于打工营生的背景下，对公共事务的关心程度的低下不利于干群关系和地方政府有效行政，不利于社会主义和谐社会的建设。提高群众的政治生活参与度，则可以改善这些问题。所以，这三年过渡期，筹备过程应当是全部公开的。

(四) 地级市的保留和改造——改组为协调委员会

湖南省就全国来讲是个人口大省，因此在省和基础行政区之间，有必要仍旧存在一级组织。但是这一级组织，应该定位于协调机构。

一是协调省政府与市、县政府。作为省政府和市、县政府之间的桥梁，而不能作为县、市政府的直接上位领导。

二是协调邻近各市县政府。有一些地方事务应该是县、市政府无力完成的，需要有超越市、县的政府来进行协调，如:

(1) 大型灌区的建设和管理。湖南省是农业大省，现有大型灌区13处，未来相关市县仍旧应当被划在同一个协调区中。如大圳灌区的新宁、武冈、隆回、邵阳等县市，不宜划开。

(2) 民族文化保护。湖南西北部是土家族和苗族的聚居区。未来任何一县一市都无力承载保护少数民族文化的重任，而省会长沙又远离民族区域。最好是由邻近各民族县市联合保护。所以未来自治州仍有保留的必要，只是职能也要适当更改。

(3) 流域开发和治理。比如目前的永州市，大致囊括了潇水流域全部。

未来小县市一旦实行恶性竞争，都将无力解决全流域的发展问题。

就这个中间的协调组织的区域范围而言，大体上以现有地级市为边界是合适的。其行政职能则应主要在上述跨县市大型工程的建设和管理，区域文化的保护和传承两项上。至于一般的行政事务，尽可能由区、县、市政府办理。

（五）结论

由于现代社会管理的技术水平和管理思路不断革新，对行政区划进行调整已经被提上日程。提高行政效率，改善基层政府的施政能力，促进社会福利行政的专业化水平，并保证基层居民的生活利益，是未来行政区划调整所需坚持的原则。

结合国内外过往经验，我们认为“乡镇合并，升格为市”及以城乡“生活共同体”（社区）作为乡村政治生活的基本单位是未来湖南省以至全国行政区划调整可以参考的两条道路。最后湖南省的行政区划形成如下的层级：

1 省，即湖南省；

10～20 个区域联络委员会，如永州区域、衡阳区域、常德区域；

200～300 个左右县（市）；

1 万个左右社区，即居住小区或村镇生活共同体。

其中省、县两级为综合性地方政府，设有本级人大。区域联络委员会为省政府派出机构，负责上下联络与横向县市间协调。社区为县（市）政府进行行政和提供社会福利服务的基本单元。

同时需要注意的是，行政区划调整也要充分注意群众的参与度，将区划调整和群众对社会主义和谐社会建设的积极性结合起来。

第十章

乡村社区组织重组研究[①]

2005年12月31日，中共中央国务院发布《关于推进社会主义新农村建设的若干意见》，该意见明确提出，“建设社会主义新农村是我国现代化进程中的重大历史任务”，“只有发展好农村经济，建设好农民的家园，让农民过上宽裕的生活，才能保障全体人民共享经济社会发展成果，才能不断扩大内需和促进国民经济持续发展”。《意见》要求各地“通过试点、总结经验，积极稳妥地推进乡镇机构改革，切实转变乡镇政府职能，创新乡镇事业站所运行机制，精简机构和人员，5年内乡镇机构编制只减不增。妥善安置分流人员，确保社会稳定。……要按照强化公共服务、严格依法办事和提高行政效率的要求，认真解决机构和人员臃肿的问题，切实加强政府社会管理和公共服务的职能。有条件的地方可加快推进‘省直管县’财政管理体制和‘乡财县管乡用’[②] 财政管理方式的改革。”

近来，学界对社会主义新农村建设的研究也越来越多。新农村建设不止于乡村经济的发展，也包含乡村文化和公共行政体制的创新等全方位的建设。要保障农村在经济和社会文化事业上发展的成果，必然要求相应的新型乡村行政体制的建立。

这几年来，我国很多地方在实际工作中也都大力推进乡镇机构改单，使乡镇政府职能朝服务性政府转变，同时进行乡镇、村合并重组，精简机构和工作人员，切实减轻乡村居民的负担。这些举措在目前建设所需的资源比较

① 本章原为我的硕士毕业论文，原标题《乡村社区组织重组研究——从乡村小型生活共同体的视角介入》，原写作时间为2006年。因距离现在已有10年之遥，文中所说有些背景可能与现在已有不同，本书收录时内容和标题有删改。

② 近年来，地方上多有村财乡管的实践操作。考虑到基层社区自治的举办，本文对此持保留态度，但对乡财县管则持谨慎支持的态度。

缺乏的乡村地区，有很大的促进作用。

因此对乡村基层组织和社区居民自治的研究，正是切合我国目前社会主义建设的实际，本研究正是在此背景下展开，以期能对我国社会主义新农村建设有所裨益。

根据笔者的研究认为，目前我国乡村两级机构的精简工作，步子还可以再大一点。2004 年以来，笔者在湖南省西部的芷江侗族自治县和浙江省东部的岱山县开展调查，发现当时作为村民自治组织的行政村的规模都很有限（岱山县在 2003 年和 2005 年两次进行了乡村社区重组，村的规模有所扩大，详细内容参见下文）。乡、村行政区域的范围过小，大大限制了乡、村公共机构（乡政府和村委会）充分行使其公共管理权限，增大管理成本，非常不利于村民福利的提高。本研究对这种情况也提出了自己的意见。

一、概念界定

国内外关于社区①的定义研究有很多。由于本文所研究的是乡村社区，考虑到研究的方便，本文仅讨论两个概念。

一是“行政性社区”，也就是将以法定形式批准成立的，有明确地理和人口管辖范围的区域，且设立有正式的管理机构的最小地方行政体，本处主要指乡村社区中的行政村，也包括本文研究对象所在的舟山市 2005 年后组建的“渔农村新型社区”（它的范围等于一个行政村，或数个行政村的集合），在有些场合，还可能包括乡镇。

二是“乡村小型生活共同体”。这个概念的名称比较长，其中“乡村”主要是相对于城市而言，强调的本研究针对的传统文化比较浓厚的乡村地域；“小型”是将其与大的县、市、省等地方行政区域区分开，强调的是基层和亲民性；“生活”则是为了表达与现在的行政村的不同，强调他是一个传统的习惯生活圈。所以，“乡村小型生活共同体”这个概念，简单来说可以将其界定为乡村中具有相同或相似的生活方式的人群组成的集合。

---

① 在滕尼斯的《共同体与社会》一书中，社区本是指的是生活共同体。由于国内目前社区建设开展，又对“社区”进行了重新定义，本文所指的社区，与目前官方行文中的含义不尽一致。

这种“相同或相似”性，主要可以从以下三个方面来进行辨别。

首先是乡村象征生活的相同或相似性，它的核心设施是乡村行政组织——乡镇政府与村民委员会。从这个角度来看，在我国目前乡村政治中，乡镇和村分别构成各自的“乡村小型生活共同体”。因为一乡一村的居民，都是在本乡本村的范围内举行民主生活和政治活动，如民主选举等。在这一点上，乡镇政府或村委会，是共同体居民共同生活的中心，人们通过这个组织联结起来。

其次是乡村经济生活的相同或相似性，它的核心设施是乡村集贸市场。如同乡镇政府和村委会在乡村居民政治生活中的作用一样，在经济生活方面，每一个“乡村小型生活共同体”也有一个自己的点。这个点就是广布中国农村的乡村“集市”，他可能规模不大，只有几家固定的小店；或者连固定的店铺也没有，只有早市；甚至不是每天都有集赶，而是每逢数天才有一次。在华北农村，这样的地方通常叫“集”，在华中华南和西南地区，通常叫“场”。这个小小的贸易交换点，正是中国广大农村商品经济的高度体现，人们在这里完成市场交换。而通常每个农村小型物资集散中心，都有自己固定的农户作为服务对象。每个农民都会选择到邻近的一个集散中心赶场，从这个角度上说，乡村小型生活共同体，就是所有到一个农村集市赶场的农户构成的集合。当然，这个共同体的边界不可能如行政村般清晰，那些地处两个集市边缘的农户，常常会两头赶。

第三是乡村文化生活的相同或相似性。它又包括两部分内容，一是乡村教育，其核心设施是乡村小学，二是乡村宗教和传统文化，其核心设施是乡村庙宇、祠堂、教堂、寺院等。

在乡村小型教育共同体方面，这个区域范围很长时期内与行政区划吻合，一村一小学，一乡一初中。近期内由于计划生育的深入和乡村人口的外流，很多乡村中小学的生源越来越不足，于是出现了很多的“联校”，即由数村合作举办小学。在农村居民的生活中，小学和初中就是最高的学府了。也就是说，所有到某所小学入学的家庭构成了一个“乡村小型生活共同体”①。

在乡村小型传统文化共同体方面，则延续着各地长期以来的习惯。在中

---

① 在原来的中国农村，大多是村设小学，乡设初中，区设高中。由于县辖区已经取消加上人口出生率下降，目前很多村小已经合并，使得文化生活共同体的规模越来越比村和乡大。

国民间宗教中，每个村庄都有自己的保护神，他们为自己的地方保护神建立了庙宇供奉，那么所有信仰该保护神的家庭构成了“乡村小型生活共同体”，这种情况长江下游和东南沿海地区最为典型。在基督教（包括天主教和新教）社区中，“乡村小型生活共同体”可以参照乡村小教区、堂区的辖区。在湖南、江西南部和闽广地区，由于普遍是一村一姓的居住形式，所以宗族祠堂的地位又显出其重要的地位①。

由于历史的原因，我国有的乡村社中的庙宇祠堂等文化设施已经不再存在，但这不等于说这些区域不存在“乡村小型生活共同体”。因为历史上形成的社区归属感已经深入村民心中，即使外在的设施不再，但人们对生活共同体的认同已经根深蒂固。而且上述四种相同或相似的生活方式每个村庄多有两处以上适合。

在这两县的调查大体可以反映我国东西部、中低山和丘陵地区、发展条件中等的乡村的一些发展状况。笔者认为，将来这样的地方，应该是我国社会主义新农村建设的主要地区。对人口高度密集的平原或处于大城市边缘集团的乡村，以及处于高寒山地、沙漠、戈壁、草原等地形的乡村，本研究中的观点未必适用。

二、乡村小型文化生活共同体——以浙江省岱山岛为例

（一）岱山岛上中国民间宗教概述

众所周知，华人多数不能将佛教、道教、儒教等东方宗教区分清楚，在华人的传统信仰中，一个人可能同时对这些宗教的神祇敬畏并顶礼膜拜。开张请关公，结婚进教堂，丧礼做法事，这种现象在华人中早就不是什么新闻。如果在今天的中国进行一项宗教信仰调查的话，很可能信众的数量比中国总人口还多，因为很多人可能同时信奉多种传统宗教。所以，这种类似泛神论，以崇拜道家俗神为主，同时揉合佛教和儒教的部分教义的信仰，我们姑且将

① 一般来讲，中国北方村落主姓不明显，所以宗祠在生活中的地位不突出。在南岭两岸以及更南地区，村落多以单姓聚居为主，鲜有杂姓，所以宗祠的重要姓非常突出。在长江流域，则多是一主姓多小姓的形式。

其称之为“中国民间宗教”①。

本研究选取的地点是位于浙江省东北部的岱山县岱山岛。该岛北距上海108海里，南距宁波48海里，是舟山群岛中的第二大岛，面积119.5平方公里，岱山县城高亭位于该岛东南端，有人口113，983（2000年第五次人口普查数据）。

之所以选择这样一个区域是考虑到海岛的范围比较好界定，同时岛屿由于天然的阻隔，文化的演变也相对较缓便于研究的开展。不过更重要的原因是该岛民间宗教场所众多，宗教文化内涵丰富，具有较好的研究条件。

由于岛民世代劳作于险象环生的大海之中，更易萌发宗教信仰、祈福保佑的思想。除了信佛外，凡能给当地民众去灾避祸，带来福祉的均会被当地民众视为神灵，设坛供奉，形成庙宇。有些庙宇为那些同业公会或同乡帮会等特殊阶层所供奉，比如遍布长江下游和浙东沿海的“天后宫”早期便是由福建商人为福建海员的女保佑神“天后（妈祖）”而立，后为其他地方的船运商纷纷效仿。但是大多数庙宇属于公共性质，它们通常为一个地域的居民所共同供奉，也就是大家常说的土地庙。土地庙所庇护的区域称为“庙界”，这将在下文中详细阐述。

根据地方史志记载，岱山及其属岛在解放前共有大大小小130多座宫庙寺院，它们所供奉的道家俗神相当丰富和庞杂。岱山全境之主庙为位于海岛中部的“东岳宫”，供奉的主神是东岳大帝黄飞虎，东岳宫统领全岛诸庙，各庙中又有18座主要的庙宇，“十八大庙”也成为对全境诸庙的总称，其下是各小庙。很多庙宇由于历史久远，已经很难搞清楚建庙的起因。目前流传下来的各主要庙宇中，从其名字来看，主要有以下几种：

一是以人物作为庙宇的名字。比如大舜庙和禹王殿分别是纪念舜和禹两位帝王，陈君庙和高显庙则是为地方官员乡绅和社会贤达所立之庙，张公庙是为了纪念当年戚继光抗倭时属下一位张姓将军，也包括前面提到的天后宫。再如崇福庙，原名神福庙，为了纪念崇祯帝而更名。

二是以纪念性物件为名。我国东南沿海曾在明清实行过两次海禁，岛民迫迁大陆，海岛荒芜，弛禁后，新来的居民在耕作生活中挖到一些石翁仲，

---

① 这个称呼已经在多项研究中使用。尽管在一些人看来，中国民间宗教没有系统，并且充斥着迷信活动。

视为神灵便结庐供奉，世代香火不断，比如石马庙，宗英庙，玄坛庙。

三是祈福类吉祥字为名庙宇，如太平庙、总吉庙、永兴庙等。

庙宇的兴建可能是当地民众集资所为，也有可能是由早期移民从移出地带来。比如淡水庙，按照村民的说法，淡水庙供奉的老爷来自大陆的宁波地区，是早期宁波渔民到岱山从事海水养殖时从原来社区的庙中分的香火。

（二）民间宗教的社会功能

这些土地庙在社区居民们的生活中承担着多种角色，虽然由于现代化进程的深入，这些功能在一定程度上被其他组织取代，但其传统影响力仍旧没有消失。这些积极的功能包括：

一是维系社区归属感。乡民生活中除通报哪个乡镇和哪个村外，有时也直接说属于哪座庙宇，“庙界”成为一种社区认同。他们共同敬奉某一神灵，并且通过一年一度的庙会和不定期的奉献等仪式来强化这种敬奉和认同。有时候一句“太平庙弟子”就足以号召起数千民众。像春节舞龙这样的大型活动，一般也都以庙界的名义发起，而不是村（虽然这几年的乡村合并使得庙界与村的范围越来越一致）。另外居民出生时都在本地庙宇登记，过世时子女去庙宇点蜡烛。

二是祈福和精神寄托功能。由于该岛主要产业为渔业，渔民出海作业风险较陆地农业为大，更加需要超自然力的庇护。这种强大的超自然力信仰，同样存在于农业社区。甚至可以说在整个南中国，“江南巫风重”的现象一直延续到现在，传统中国各行各业都有自己的保护神，每个地方也都有本地的土地庙。人们对精神寄托的追求从来没有停止过，这种稳定的信仰能平和人的心境，并促使人们遵守现世的规则。这也起到社会稳定器的功能。

三是娱乐功能。对于乡村社区来讲，平时的生活是比较单调的。每座庙宇通常都在供奉的庙神的生、忌日或春秋之时组织活动以酬神娱神（庙会）。庙会的基本内容是敬神和社戏。庙宇的管事专门会去宁波、绍兴等地请来戏班子演三天戏，这对乡民来说是个难得的生活调节。旧时村民还会抬着本庙神灵的偶像游行，场景近乎狂欢，至今宁波、舟山一带仍把起哄、开玩笑说成“抬城隍”。

四是社会福利功能。虽然这项功能真的很弱。张公庙管事告诉笔者，该庙宇每年通过各种活动和乡民不定期的捐赠大概可以有一万五千元左右的收入。大部分资金都用于庙宇的建设和修缮以及水电费用的支出。庙会时请戏班子的钱从庙宇中出，按他的说法是“庙老爷请村民看戏”。庙管事开100元工资，吃住在庙中。他没有提到是否给予本社区贫困人士以援助。但在个别庙宇曾有这样的类似的福利事件记录，如永兴庙弟子陈某的孩子病时，永兴庙提供了一点资金援助。不过这种行为可能会引起了社区中部分居民的争议。在一部分乡民看来，民众供奉神灵是职责，给予神灵的奉献金不应该为具体某位村民获得。当然，作为本庙界的乡亲，提供邻里互助则是一件值得提倡的善举。庙宇的管事，通常由社区中的孤寡老人或残障人士担当，从这点来说，庙宇的存在本身就等于是给社区中弱势群体提供了补贴家用的机会。

五是社会安定功能。前几年名噪一时的“法轮功”，仔细研究其地方组织就可以清楚的发现，其在国内最高的地方组织大多分布在北中国，在长江流域，仅有武汉一个最高组织，操作南方各省法轮功组织。这个原因除了其发家在北方以外，还有一个很重要的原因不能忽视，那就是南方各省正统宗教势力强大，使邪教难以立足和发展。如我们调查的岱山地区，民众多信奉佛教、中国民间宗教、基督教，所以在法轮功肆虐的时候，这里被祸及很少。所以，正统宗教虽然有其消极的一面，但在有效抵制邪教，维护社会安定团结方面，倒也有其积极的一面。

由于时变境迁，现在这些庙宇已经全部改造成为当地渔农民的老年乐园，老年乐园的名字也跟庙界与行政村的对应关系有关（这个对应关系详见下文）。如果是一庙界一村的庙宇，则改造成“村老年人活动中心”；如果是一庙界多村的，则挂“老年人活动中心”的牌子，不出现“村”字样，如永兴庙挂的是“南峰渔农村老年人活动中心”，其理论服务范围包括南峰村、黄官泥岙村。其实，对于那些地处半山腰的庙宇来说，“老年人活动中心”的匾额只是使它获得了合法的身份，其实质还是乡村传统宗教活动机构。

（三）岱山岛合境诸庙的庙界区划

供奉某一特定庙宇的家庭组成的地域即构成“庙界（parish）”，以往有研究指出地方基层组织单位可能就是划定归属于一座特定的地方神的传统街区，或者说就是该土地神所庇护的区域。在基督教世界中，这个区域就是传统上的堂区（parish），也就是所有到这个教堂礼拜的民众所构成的区域。在今天的英格兰，parish 仍旧是最主要的基层群众组织。如果从文化传承和地方民众生活的角度来说，外国的堂区与中国民间宗教下的“庙界”还是有比较大的相似点。

这里，本文将重点以岱山岛为例，探讨乡村宗教文化上的生活共同体

——庙界（parish）与乡村最基层的行政性组织——村（village）的范围究竟一致到什么程度。

岱山岛陆地面积 119.5 平方公里（包括潮间带），目前岛上设 4 镇（高亭镇、东沙镇、岱东镇、岱西镇）。根据 2000 年人口普查结果，全岛有户 42，653，口 113，983。① 目前存在的属于中国民间宗教体系的诸庙宇（不包括隶属佛教寺院和基督教教堂等）中，位于岛屿中部司基村的“东岳宫”是诸庙的统领，下面有“十八大庙”之称，此十八大庙的庙界之和，就构成岱山岛。

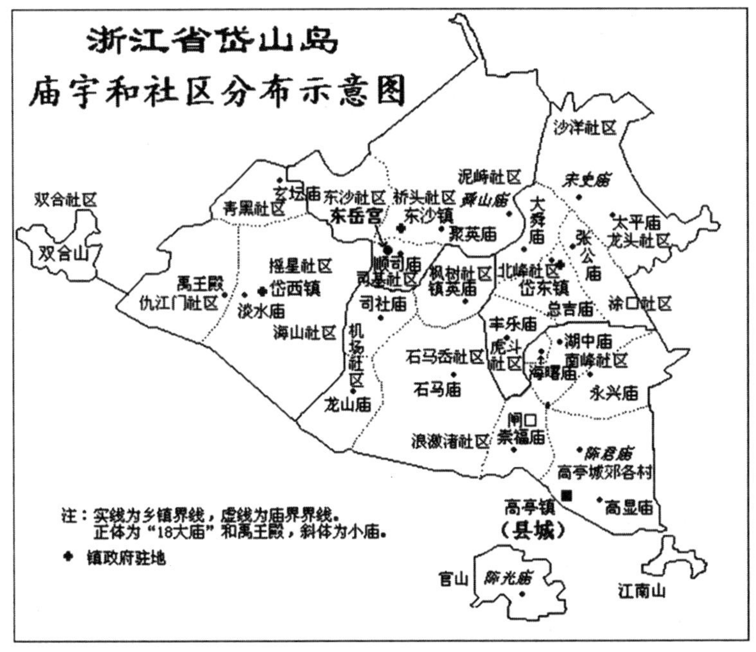

图 10.1 浙江省岱山岛庙宇和社区分布示意图

对十八大庙的说法不一，主要集中在板井潭村的海曙庙和仇江门社区的禹王庙上。判断一个庙是否名列大庙的最简单标准，并非是看庙宇的规模或周围社区的经济发展，而是看该庙界下是否有弟子。比如宋史庙，他周围的民众均承认他们属太平庙弟子，所以宋史庙就成为太平庙的子庙，没有自己独立的庙界。海曙庙目前的弟子大概只有十几户，但是这十几户居民均不承

① 这个人口和户口数据，未包括行政上隶属于上述四镇的渔山社区（渔山村，位于大渔山岛）、江南村（位于江南岛）、大峧山村（位于大峧山岛）、官山村（位于官山岛）。

认他们是同村的湖中庙界下弟子，因此虽然海曙庙很小，但似乎也不能简单的将其归为湖中庙的子庙。禹王庙的情况比较特殊，他的正匾上题的是“大禹王殿”。通常宫、殿等是没有独立的庙界和弟子的，只是作为隔壁大庙的子庙，但大禹王殿则有数千弟子，覆盖仇江门社区的前岸村和后岸村。一个合理的解释是，禹王庙在晚近的时候逐渐取代海曙庙而名列“十八大庙”之中。在该岛目前最大的佛教寺院慈云寺墙上贴的一份民间宗教诸庙名单中，就把禹王庙列入大庙，而将海曙庙视为湖中庙的子庙。图 10.1 是本人绘制这十八大庙和目前地方行政区划分布示意图，该图姑且将海曙庙和大禹王殿全视为大庙，但仍旧使用“十八大庙”的习惯称呼。

在 2003 年以前，乡镇和行政村的调整还没有进行大规模合并。当时大多数情况都是数村共俸一庙，仅有大峧村（司社庙）、南浦村（龙山庙）、枫树村（镇英庙）、司基村（顺司庙）四村是一村一庙，庙界和村界完全吻合。但是其他各庙的庙界和地方基层区划的范围也表现出极大的吻合性。共俸一庙的数村多是连成一体的村庄，比如永兴庙界下的南峰村和黄官泥岙村在社区居住上互相插花，前者为渔业村，后者为农业村，居民仅依传统职业区分是哪村村民，并无明显村界。在 2005 年当地渔农村新型社区建设过程中，由于行政村整合成渔农村新型社区，出现了更多的一社区一庙或一村一庙的情况。如原分属大舜庙、总吉庙、张公庙三村的北峰渔业村撤消，其居民分别并入与三庙界区域范围吻合的北二村、北一村、涂口村；原丰乐庙庙界下各村，合并成虎斗社区（虎斗村）。

根据不完全统计，只有个别地方出现分属两庙的情况。

东海村的拷岙自然村 12 户家庭为永兴庙弟子，解放以后并入高显庙界下的东海村，他们至今仍然和永兴庙界下其他地方联系密切，由于永兴、高显两庙庙籍名单上都列出该 12 户，所以现在这里的居民干脆自认为为同属两庙。为统计的方便，这里将东海村所有人口均计算为高显庙弟子。

原岱东镇北峰、涂口地区的渔民由于产业的需要另组一北峰渔业村（该村目前已撤消），该村没有独立的地域范围，所以村民中住在哪个村的，便仍旧属于原来的庙界。

板井潭村是唯一的有两座大庙的乡村，这可能是由于海曙庙弟子太少，不便独立设村的缘故。为统计方便，这里也将海曙庙视为湖中庙的子庙，不再单列。

原东沙镇和原泥峙镇历史上以河为界，河上有桥，将街市一分为二，桥头上街属东沙，为玄坛庙界下，下街属泥峙，为聚英庙界下，后为统一规划将上下两街全部划归东沙镇，但庙界未更。2003 年行政区划进行调整后，原东沙镇，泥峙镇和原属高亭镇的司基村已经合并设立新的东沙镇，镇政府的驻地在桥头社区（桥头村）。所以目前的桥头社区（桥头村）是少有的几个地跨两座大庙的社区。从历史上来看，桥头地区是晚近的时候发展起来的一个社区，现在这里是岱山岛北部地区乡村商品经济的中心，正是在几个社区边缘发展起来。由于 2003 年的调整中，聚英庙界下的原属泥峙镇的宫门村、小宫门村、书院村等并入桥头社区（桥头村），使得桥头村的聚英庙弟子大增。为统计方便，这里将桥头社区（桥头村）列入聚英庙界下。

玄坛庙庙界是唯一一个跨乡镇的，这是因为历史上东沙镇和岱西镇本为一体，解放后分为工商业为主的东沙镇和农业为主的岱西乡（后又改岱西镇）。目前岱西镇的青黑社区（包括青黑村，笆弄村）全部、东沙镇的东沙社区（东沙居委会）全部、东沙镇的桥头社区（桥头村）的一部都属于玄坛庙庙界。

三、岱山岛行政社区与传统庙界的关系

（一）岱山县渔农村新型社区建设

2005 年岱山县所在的舟山市对渔农村管理体制进行调整和创新，是年 6、7 月间，岱山县各地农村，相继组建了渔农村新型社区。新型社区的组建，由政府倡导，通过相关行政村村民投票决定。

渔农村新型社区建设的核心内容是将社会公共服务职能从村级组织中剥离出来，并将乡镇一级的部分服务职能下移至社区，使群众能更加充分地享受公共服务。一个村或数个村合并成立社区，保留村委会、经济合作社的民主自治职能，同时设立社区服务和管理机构。

截至 2005 年 7 月，全县 7 个乡镇（包括岱山岛上 4 镇和外岛 3 乡镇）39 个社区已全部挂牌成立。社区建设以“单建、联建、撤建、撤并联建”四种形式为主，其中 9 个村单建 9 个社区；52 个村联建 17 个社区；33 个村撤建 9 个社区；20 个村撤并联建 4 个社区。同时完成了 44 个村、社、居的撤并工作，减少村、社、居 30 个；成立了 39 个社区党组织，其中社区党委 2 个，社区党总支 33 个，社区支部 4 个，配置社区干部 152 人；完成了 80 个村党支部

和76个村委会的换届选举，建立了2个渔业专业合作社。社区平均人口3789人，其中最大的社区人口为6780人，最小的社区人口为1345人。

经过四种形式的新型社区建设，目前舟山地区基层组织就分为以下两种情况。

第一种是新型社区与行政村合一。就目前岱山四镇范围来讲，石马岙、枫树、虎斗、涂口、沙洋、龙头、泥峙、桥头、司基、东沙、双合、渔山12个社区（村）属于这种情况，占全部20个渔农村新型社区的60%。其中石马岙、虎斗、沙洋、龙头、泥峙、桥头、东沙、双合、渔山9个社区，均是由先前数村合并所成。

第二种是数个行政村联合组建新型社区。包括南峰、浪激渚、机场、北峰、青黑、摇星、海山、仇江门8处，占岱山四镇20个渔农村新型社区的40%。

目前岱山岛（含附属离岛）共设有四镇，这些区域可以分为三部分。一是7个社区居委会，他们构成了所谓的县城“高亭”，这里的人口均是非农业人口。二是县城边缘与近海小型离岛各村，共计13村1社，边缘各村除大蒲门村、小蒲门村外在地理上均与县城各社区居委会插花存在，3个小型离岛村的人口多已经迁居到县城，也相当于人口与各居委会插花居住。在2005年渔农村新型社区建设过程中，以上两个区域都没有参与。三是除以上两者以外的广大乡村地域，2005年渔农村新型社区建设就是在这个区域内进行。在2000年，这里一共设立有62个村，经过此次重组设立了20个新型渔农村社区，同时将村的数量合并到33个（包括东沙居委会），如高亭镇石马岙村、东沙镇泥峙村、桥头村、岱东镇沙洋村、龙头村、虎斗村等都是由原来的数村撤建而成。

按照政府的统一规划，最好最彻底的办法，应该是“撤建”，也就是全部实现“一社区一村”。这样可以最大限度的整合数村之力，集中力量进行建设好新农村，减少农村行政性开支，提高社区服务水平。但是考虑到各村庄间现实的利益和传统的人文等诸方面的关系，很多地方实际上并无法达到这个目标，所以就同时存在几种模式。也就是保留原来各村组织，但各村联合组建社区，将原来乡、村的社会服务功能让渡给社区管委会。虽然保留的各村继续经营其本村的产业，但在统计上，已经改为以社区为单位向县里进行报表。虽然“联建”的做法看起来很不彻底，出现“一社区一村”和“一社区多村”两种情况同时存在，乡村地方组织体制不统一，在形式上看起来比较复杂，但笔者认为恰是尊重了地方民意，值得肯定。这种政府推动与居民意见同时运行的做法，正是乡村社区居民自治和农村组织管理民主化的体现。

某社区一位工作人员跟笔者坦陈，其村本来不赞成与隔壁村进行合并，不过最后还是选择了与其他村联合建立社区管委会。这其中的原因无非其他，正是冲着县政府对建立“渔农村新型社区”实行的“以奖代补”的推进政策。该推进政策规定渔农村新型社区中的60周岁以上老年渔农民给予每人每月30元的奖励补贴。该村原来对本村老年人每人每月发70元老年金，县里的推进政策等于将这一标准提高到100元。所以虽然这些村并没有就合并事务谈判妥当，但为了给本村老年渔农民增加每个月30元补贴，他们遂在形式和统计上联建了社区（渔农村新型社区建设的推进政策只对组建社区进行奖励，并未强行要求相关村进行合并）。

根据笔者调查，没有进行撤并的村，主要有以下三个原因。一是经济利益分割无法谈判取得一致，待合并的村产业类型和村集体财产相差太大，导致部分村民担心本村集体资产的未来预期收益被其他居民瓜分。二是各村无法就新型社区的选址取得一致，各方僵持不下。第三个则来自传统的“庙界”的影响。

应该说，舟山市渔农村新型社区的建设一年多以来，确实收到了很好的初步效果，也得到了大多数老百姓的认可。一是社区干部队伍素质提升。社区干部由原村干部择优选拔、社会公开选拔竞聘和乡镇干部分流下派构成，实行聘任制。社区干部队伍的政治素质、文化程度、年龄结构、工作经验等有较大改善。二是资源得到了整合，创新了渔农村管理和服务机制。新成立的社区打破了村行政区划格局，整合了各类资源，提高了渔农村公共设施的共享性，降低了服务成本，较好地解决了原来村级规模“小而散、小而全”所带来的种种弊端。三是强化了服务功能，促使基层组织职能由管理型向服务型转变。社区积极引进城市化的管理服务模式，建立了社区精神文明委员会和义工服务站，并设立就业、保障、医疗、矛盾调解等工作机构，为社区居民生产生活提供各种服务。组织开展了医务人员进社区为渔农民提供医疗服务，文艺队下社区巡回宣传演出，丰富了社区渔农民的精神文化生活，提高了渔农民的生活质量，受到了渔农村群众的极大欢迎。四是减轻了渔农民负担，改善了党群、干群关系。由于社区干部工资和办公经费由财政承担，村干部不再拿固定报酬，减轻了渔农民群众的负担，顺应了广大渔农民群众的意愿。社区还进一步加强对村级集体资产和财务管理，使村级经济财务状况更加透明。五是促使公共财政向渔农村倾斜，渔农民群众得到更多实惠。全县在渔农村新型社区实行“以奖代补”

政策，对考评合格的文明守法户中60周岁以上老年渔农民给予每人每月30元的奖励补贴，使老年渔农民的生活得到改善。

（二）岱山岛渔农村新型社区和庙界的关系

为清楚说明这次渔农村新型社区建设过程中社区调整的情况，我综合各个资料制作了下面这张表格，比较详细的登入了岱山岛（包括四镇附属的离岛）上镇、村和调整后的渔农村新型社区的基本情况，以及每个社区与庙界的对应关系。

表10.1　岱山岛乡镇社区和庙界分布表

单位：平方公里、人

<table>
<tr><th>乡镇名称</th><th>社区名称</th><th>面积（km^2）</th><th>人口</th><th>村委会名称</th><th>面积（km^2）</th><th>人口</th><th>庙界</th></tr>
<tr><td rowspan="21">高亭镇镇区和镇郊（7城市社区居委会、13村1社）</td><td>沙涂社区</td><td>0.55</td><td>3434</td><td></td><td></td><td></td><td rowspan="7">高显庙</td></tr>
<tr><td>安澜社区</td><td>1.45</td><td>4049</td><td></td><td></td><td></td></tr>
<tr><td>蓬莱社区</td><td>0.56</td><td>6070</td><td></td><td></td><td></td></tr>
<tr><td>兰亭社区</td><td>1.21</td><td>5500</td><td></td><td></td><td></td></tr>
<tr><td>育才社区</td><td>0.23</td><td>3682</td><td></td><td></td><td></td></tr>
<tr><td>嘉和社区</td><td>0.20</td><td>2343</td><td></td><td></td><td></td></tr>
<tr><td>闸口社区</td><td>0.25</td><td>3962</td><td></td><td></td><td></td></tr>
<tr><td></td><td></td><td></td><td>闸口一村</td><td>1.70</td><td>1735</td><td rowspan="2">崇福庙</td></tr>
<tr><td></td><td></td><td></td><td>闸口二村</td><td>2.30</td><td>970</td></tr>
<tr><td></td><td></td><td></td><td>高亭一村</td><td>0.86</td><td>1296</td><td rowspan="12">高显庙</td></tr>
<tr><td></td><td></td><td></td><td>高亭二村</td><td>0.55</td><td>150</td></tr>
<tr><td></td><td></td><td></td><td>大岙一村</td><td>1.50</td><td>2199</td></tr>
<tr><td></td><td></td><td></td><td>大岙二村</td><td>2.50</td><td>1300</td></tr>
<tr><td></td><td></td><td></td><td>东海村</td><td>1.20</td><td>2001</td></tr>
<tr><td></td><td></td><td></td><td>山外村</td><td>1.50</td><td>3010</td></tr>
<tr><td></td><td></td><td></td><td>大蒲门村</td><td>1.65</td><td>640</td></tr>
<tr><td></td><td></td><td></td><td>小蒲门村</td><td>0.30</td><td>487</td></tr>
<tr><td></td><td></td><td></td><td>山外农业经济合作社</td><td>1.50</td><td>159</td></tr>
<tr><td></td><td></td><td></td><td>江南村①</td><td>1.71</td><td>1345</td></tr>
<tr><td></td><td></td><td></td><td>官山村①</td><td>3.60</td><td>1100</td></tr>
<tr><td></td><td></td><td></td><td>大峧山村①</td><td>2.58</td><td>602</td></tr>
</table>

续表

乡镇名称	社区名称	面积（km^2）	人口	村委会名称	面积（km^2）	人口	庙界
高亭镇乡村（6社区12村）	浪激渚社区	2.55	1853	浪激渚一村	0.83	345	石马庙
				浪激渚二村	0.27	553	
				浪激渚三村	0.22	352	
				塘墩村	1.23	603	
	石马岙社区	5.92	3017	石马岙村	5.92	3017	
	枫树社区	1.50	2383	枫树村	1.50	2383	镇英庙
	机场社区	3.00	3220	南浦村	1.50	2085	龙山庙
				大岐村	1.50	1135	司社庙
	南峰社区	4.08	4946	南峰村	1.80	3193	永兴庙
				黄官泥岙村	1.05	664	
				板井潭村	1.23	1089	湖中庙
	渔山社区①	6.20	2551	渔山村①	6.20	2551	（不适用）
岱东镇（5社区6村）	沙洋社区	5.60	2027	沙洋村	5.60	2027	太平庙
	龙头社区	3.50	3055	龙头村	3.50	3055	
	涂口社区	4.10	2183	涂口村	4.10	2183	张公庙
	北峰社区	10.5	3382	北一村	6.20	1834	总吉庙
				北二村	4.30	1448	大舜庙
	虎斗社区	12.1	3671	虎斗村	12.1	3671	丰乐庙

续表

<table>
<tr><th>乡镇名称</th><th>社区名称</th><th>面积（km^2）</th><th>人口</th><th>村委会名称</th><th>面积</th><th>人口</th><th>庙界</th></tr>
<tr><td rowspan="4">丰乐庙东沙镇（4 社区 1 居委会 3 村）</td><td>司基社区</td><td>3.00</td><td>2508</td><td>司基村</td><td>3.00</td><td>2508</td><td>顺司庙</td></tr>
<tr><td>泥峙社区</td><td>7.80</td><td>5898</td><td>泥峙村</td><td>7.80</td><td>5898</td><td rowspan="2">聚英庙</td></tr>
<tr><td>桥头社区</td><td>8.00</td><td>5774</td><td>桥头村</td><td>8.00</td><td>5774</td></tr>
<tr><td>东沙社区</td><td>4.00</td><td>5591</td><td>东沙居委</td><td>4.00</td><td>5591</td><td rowspan="2">玄坛庙</td></tr>
<tr><td rowspan="10">岱西镇（5 社区 11 村）</td><td>青黑社区</td><td>8.10</td><td>3077</td><td>青黑村</td><td>8.10</td><td>1930</td></tr>
<tr><td rowspan="4">摇星社区</td><td rowspan="4">6.70</td><td rowspan="4">3893</td><td>摇星浦村</td><td>3.50</td><td>2000</td><td rowspan="6">淡水庙</td></tr>
<tr><td>张家塘墩村</td><td>1.30</td><td>993</td></tr>
<tr><td>林家村</td><td>1.00</td><td>560</td></tr>
<tr><td>外湾村</td><td>0.90</td><td>340</td></tr>
<tr><td rowspan="2">海山社区</td><td rowspan="2">7.40</td><td rowspan="2">4452</td><td>茶前山村</td><td>3.60</td><td>2020</td></tr>
<tr><td>海丰村</td><td>3.80</td><td>2432</td></tr>
<tr><td rowspan="2">仇江门社区</td><td rowspan="2">4.10</td><td rowspan="2">2520</td><td>前岸村</td><td>1.70</td><td>1250</td><td rowspan="2">禹王殿</td></tr>
<tr><td>后岸村</td><td>2.40</td><td>1270</td></tr>
<tr><td>双合社区①</td><td>2.60</td><td>1342</td><td>双合村①</td><td>2.60</td><td>1342</td><td>（不适用）</td></tr>
</table>

注：人口和面积数来源于舟山地名网 http：//www. zsdmw. com

① 位于离岛，其中官山村和大峧山村的人口大部分实际已经搬迁到岱山本岛。官山村的办公机构也迁到岱山本岛。双合村本属离岛，目前已经通过大堤与本岛相连。

②北一村、北二村已合并为北峰村。

从上表可知，县城高亭镇镇区及各插花村祀高显庙，其中闸口地区祀崇福庙。除此以外的乡村区域组建 20 个新型渔农村社区，包括 33 村，祀 16 座庙宇。

其中 16 座庙中，“一庙界一社区”的有 5 处，占 16 处庙界的 31. 25%，“一庙界两社区”的 5 处，占 31. 25%，“两庙界一社区”的有 3 处 6 座庙，占 37. 5%；“一庙界一村”的有 9 处，占 56. 25%，余为一庙界一村，除聚英庙等个别区域外，少有庙界跨村或跨社区。“一庙界一社区”或“一庙界一村”合计共 10 处（一庙界一社区一村 4 处重合），占 16 处庙界的 62. 5%。这很清楚地说明，在这么多年纷繁芜杂的地方组织变动中，作为传统文化生活共同体的庙界，却一直发挥着它的影响。最后的村合并，最终多合并到了庙界的范围。两个大的离岛社区——双合社区和渔山社区——也各有自己的宫庙，但不属于“十八大庙”的范围。

在2000－2005年间，岱山岛的行政村数量又减少约半。可是这些村合并，罕见跨庙界合并。比如岱东镇原费家岙村（人口很少，属太平庙庙界）本位于该镇最北部，由于地处偏远交通不便全村搬迁至原虎一村地界（属丰乐庙庙界），于2003年费家岙村并入虎一村，但这种情况很少见。相反，该镇原北峰渔业村原管辖北一村、北二村、涂口村三村区域内的渔业居民，农业居民则归三村管辖。所以原北峰渔业村的村民分别隶属于三个庙界，2003年村撤后，人口分别并入所在三村，居民们在行政村的归属上，与其在传统文化上的生活共同体的范围保持了一致。

另一方面，那些由属于不同的庙界的村合建的新型社区，基本上都是“联建”的形式，而没有“撤建”，也就是分属各庙界的村保留村行政建制，只是联合建立社区服务机构。如机场社区的南浦村（龙山庙）和大峧村（司社庙），南峰社区的南峰村与黄官泥岙村（永兴庙，前者管辖该庙界下的渔业居民，后者管辖农业居民）和板井潭村（湖中庙），北峰社区的北一村（总吉庙）和北二村（大舜庙）。这六个庙界虽然在政府推动中被两两合并为三个社区，但实际上只能采取联建的形式。不过因人口过少，北一村和北二村近年还是合并为了北峰村。

无论如何，不管承认或是不承认，庙界在社区生活中的影响绝对不能被忽视。人们对同一庙界的认同和归属及对不同庙界人士的区别，影响着人们在新型社区建设过程中最终放弃选择撤并而选择联建。社区联建既使地方社会福利资源得到整合和最大限度的利用，也使居民保持对原有庙界的亲近。

需要补充的是，在所有的“一庙界一社区”中，仇江门社区是唯一一个分村的社区，前岸村与后岸村同属禹王殿界下，但他们只是联建成仇江门社区，而没有进行村合并。这个原因不排除也有传统社区文化影响的可能。大禹王殿的旧址位于前岸村，在“破四旧”的时候，大禹王的神像也在需捣毁的名单之列，但被后岸村某村民秘密保存了起来。改革开放以后，民间宗教开始复兴，前岸村重建大禹王殿（现在的庙宇是在旧址旁边另择地扩建）。但到后岸村该村民家中迎请原来的神像时被拒绝，后岸村村民自建了一座小庙宇，也叫大禹王殿。目前，一般说的大禹王殿，是指前岸村的那座，其规模也较大，外村村民赶庙会也是到此。但后岸村却一直供奉着原来的神像，于是就出现两个禹王殿，此问题至今未解决。这种情况，在其他各地都不存在。

不过，这不是说属于两个完全不同的庙界的村民，不能在一个行政村的管理之下。中国民间宗教的信仰虽然根深蒂固，但也还不至于那么彻底。比如区域市场的发展，使得分属两庙界的村庄成为一个统一的生活共同体（如桥头社区），或者由于人口的外流或迁移促使相关村为整合资源进行合并（如原费家岙村并入虎斗社区）。

（三）未来岱山岛社区发展的预测

可以相信的是，2005 年年中的社区调整，只是舟山地区渔农村新型社区建设的开始。这种过程未来必然会持续下去，一些没有进行撤并建社区的村，将来也有可能撤并，尤其是那些同属一个庙界并且规模都不大的村，更是最有可能合并的地区。在县城以外的 20 个渔农村新型社区中，平均人口仅 3367 人，对这个人口居住密集的地方来说，这个规模根本不算大。在与本岛面积相当的舟山市六横岛，最小的社区的人口都达到 3740，平均人口则有近八千人。

如前文所述，虽然中国民间宗教的信仰根深蒂固，但区域市场经济的发展，或者人口的流动仍可能补充庙界的传统影响力，使得原来属于不同的“小型生活共同体”的村，形成了一个更大的“小型生活共同体”，而这个稍大的共同体，在老百姓生活中的意义甚至可能会超过原来的小的共同体。也就是说，未来行政村与社区合并，将会更多。

比如浪激渚社区下的四村，加起来规模也很有限，又同属石马庙界下，将来完全可以进一步合并。

岱东镇的沙洋社区（沙洋村）和龙头社区（龙头村），同处沙洋地区和太平庙界下，两村相加也仅五千余人且居住连片，完全可以进一步合并为新的“沙洋社区”。

而岱西镇四个社区，每个社区人口都不足五千人，其规模尚不如东沙镇四个社区，而且岱西镇各村普遍以农业为主，产业结构雷同，双方就目前尚未解决的问题应该比较容易谈妥。

至于县城高亭镇区内各城市社区居委会和边缘各村，将来则可能需要寻求新的模式进行重组。一个比较可行的方法是，按照地域进行重新规划，消除现在居委会和村委会相互插花的现象，将各村改造为一个“实业公司”，负责经营原各村产业。

其实，在现代通讯技术高度发达的现代社会，基层自治组织的规模完全可以再大点。在荷兰，最小的基层组织单位是社区（Gemeenten），截至2005年1月1日，共有社区467个，他们的人口分布从1000到70几万不等，其中位数约20，000人。

与我国邻近的日本和韩国，近年来也进行了基础地方自治体的合并。尤其是日本，更是推动“一岛一自治体”行动，包括一些人口达数万的较大型离岛（如佐渡岛、壹岐岛、对马岛等）都由原来的几个小自治体，合并成一个大的地方自治体，以节省行政开支，加大民生服务。

进一步推论，当社区的数量从现在的20个进一步减少，并且逐步取得现在属于乡镇的一些社会性行政权限后，那么乡镇在很大程度上，就可以取消了。

也就是说，未来在乡村社区组织上，完全可以将乡镇、村两级组织整合成一级。这个组织的规模应当小于现在的乡镇而大于行政村，其人口应该集中在5000——10，000之间，甚至可以更多。

四、乡村小型经济生活共同体——以湖南省芷江侗族自治县为例

（一）芷江侗族自治县农村集镇赶场概况

前文已述，在经济生活方面，每一个“乡村小型生活共同体”多有自己的商品贸易点，所有经常性定期到这个地方赶场（赶集）的农户就构成了“乡村小型生活共同体”。乡村中的集镇并不都是天天有市开，现在最多的是开五日市，也有的开三日市（其实是十日三市，即每逢农历一四七或二五八或三六九开市），十日市。这种乡村经济活动情况在中国广大中西部农村非常普遍①。为研究方便，本文选取了湖南省芷江侗族自治县作为研究的对象。

该县位于湖南省西部，紧邻贵州省，其上位行政区是怀化市。㵲水河从西部的新晃侗族自治县流入本县，自西向东穿过本县中北部在公坪镇流向东邻怀化市鹤城区，流程95公里，本县大部分区域属于㵲水河及其支流杨溪流域。该县交通便利，320国道、湘黔铁路、上（海）瑞（丽）高速公路均自东向西穿越本县罗旧镇（或岩桥乡）、芷江镇、土桥乡、新店坪镇等乡镇，且

① 根据多份中西部地区的地方志汇总。

均与㵲水河位置毗邻，320 国道是该县经济要道。

历史上芷江县曾经是湘西地区的政治、经济、文化、交通中心，是清代沅州府所在地。保存至今的文庙、天后宫见证着它历史上的辉煌。文庙表示这里曾经是湖南西部的教育中心，芷江天后宫更是内地最大的妈祖庙，妈祖是福建等东南沿海海商和渔民的保护神，由此即可推之其历史地位。不过今天的芷江县，政治、经济、文化、交通中心这个称号已经不再适合于它。怀化市兴起后，已经将所有的这些荣耀全部占用，现在怀化市是芷江侗族自治县的上位城市。不过芷江机场在 2005 年 12 月 19 日通航后，必会拉动本自治县经济的发展。

芷江侗族自治县当前的经济活动中三次产业结构比例大体相当，呈三足鼎立之势，农业的比重偏大，农业人口占总人口的比重高达 87.8%。在乡民们的生活中，乡村集镇赶场仍是目前很重要的经济活动。

“市”指交易，“场”指场地，所以乡村市场就是乡村居民进行市场交易的场所。在芷江侗族自治县及其周围地区，人们把这种市场交易叫做“赶场”，通常是五日一场，也就是各乡村集镇开“五日市”。每逢赶场之日，各场都是全日开场，日出开市，日落闭市。随着市场经济的发展，现在各场所在地，也发展出了一些固定的店铺，主要有卖南北杂货的商铺、以经营早餐（卖湖南人爱吃的米粉）为主的小餐馆、跟农业相关的商肆（如卖种子化肥等）和小型加工业（如榨油厂）。兼是乡镇政府所在地的集镇也有一些公共和公营机构，如工商管理站、邮局、农村信用合作社等。规模大的集镇（如新店坪镇、碧涌镇、罗旧镇等）更有一些跨乡镇的机构，如县工商所、税务分局等。

目前芷江侗族自治县一共有 27 个定期赶场的农村集镇。除县城芷江镇外，21 个定期赶场的农村集镇同时也是乡镇政府所在地（详细名单请参见图 10.2 和表 10.2）。5 个集镇位于非乡镇政府所在地的村（包括杨公庙乡的桃花坪集镇、土桥乡的冷水铺集镇、梨溪口乡的梨溪口集镇①、麻缨塘乡的黄潭桥集镇、楠木坪乡的大禾冲集镇），这些集镇的规模并不比它们所在乡的乡政府驻地集镇来得小，两个集镇在乡村经济地位上，也不存在明显的差异。另外垅坪集镇原设立有垅坪乡，2000 年垅坪乡撤消并入芷江镇，垅坪集镇的位置

① 梨溪口乡乡政府驻地在下神祝，不在梨溪口。

在就在县城边缘。

包括禾梨坳乡、大龙乡、冷水溪乡、大树坳乡、艾头坪乡、竹坪铺乡共 6 乡的政府所在地，没有定期赶场的习惯，但是它们的乡政府驻地也有一些固定的商业网店。

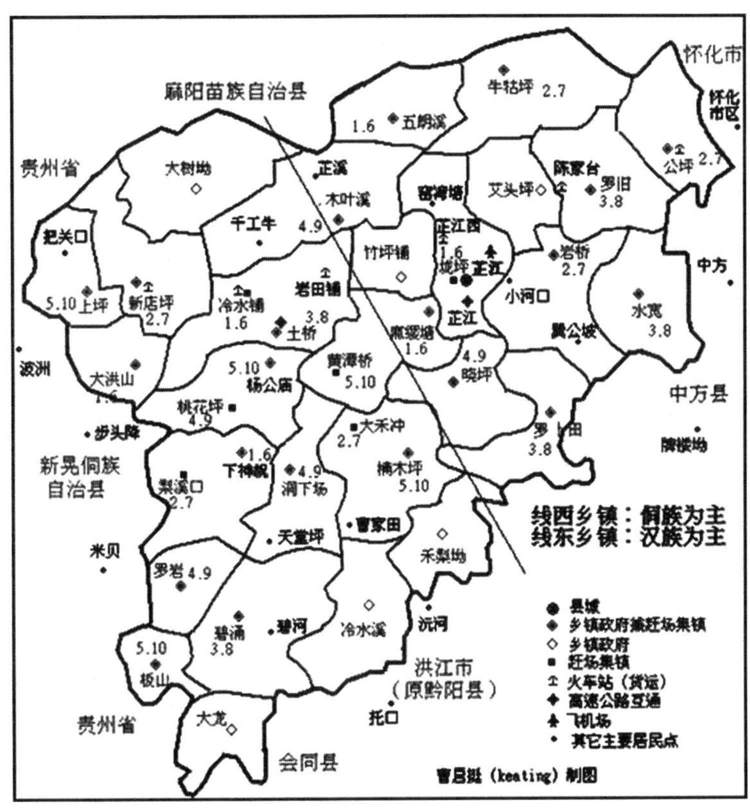

图 10.2　芷江侗族自治县乡镇行政区和集镇分布示意图

按照规模和繁荣程度来看，27 个农村集镇大体可以分为第一级集镇、第二级集镇两类。

第一级集镇包括新店坪、罗旧、碧涌 3 个场。

新店坪镇是本县最大的农村集镇，市场依 320 国道沿线铺开，每逢农历二、七赶场日，本县西部各乡镇及新晃县、贵州省万山特区等地的侗苗汉各族群众都至此进行贸易，非常繁华。湘黔铁路在本镇设立有货运站，该镇交通十分发达。目前上坪乡和大树坳乡是完全处于新店坪镇的影响范围之内；大洪山乡主要受新店坪镇影响，罗旧镇是第二大镇，县东部乡民多在此赶集，320国道也横穿本集镇，工商业也较发达。

碧涌镇是第三大集镇，是南部各乡镇的商品交易中心，包括新晃侗族自治县、洪江市（原黔阳县）、贵州省天柱县等地的农民也多来此赶场，这里的交易更体现侗族苗族等民族气息。

粗略的来讲，新店坪、罗旧、碧涌3大集镇，分别覆盖芷江县的西部、东部、南部三大区域，中部地区则更多是受芷江城区的直接影响。

其他各集镇均属于第二级集镇，主要是本乡镇或邻近村的居民进行赶场贸易，集镇容纳程度有限。各集镇和乡镇的具体分布，请参看图10.2。

在第二级集镇中，土桥、冷水铺、岩桥、楠木坪等的规模也比较大。尤其是土桥集镇周围，由于新僻的上瑞高速公路在集镇北部设立土桥出口，将来有望进一步扩大规模。

至于其他居民店，虽然没有固定的赶场时间，但某些村落也有乡村商业。

（二）芷江侗族自治县乡村行政区划情况

在2000年第五次人口普查时，芷江侗族自治县辖5镇（芷江镇、罗旧镇、新店坪镇、碧涌镇、公坪镇）和24乡，此后垅坪乡（环绕城区）并入芷江镇，目前为5镇23乡。

芷江镇是县城所在地，全县政治、经济、文化、交通的中心，历史上的沅州府驻地。也是目前湖南西部发展情况较好的县城。2005年底通航的芷江机场就位于城区东门外，其原址是二战时修建的飞虎队使用的芷江机场。镇东建有“受降坊”，上有蒋中正、李宗仁等人题词，以纪念1945年在此接受日军洽降的历史事件。

罗旧镇、新店坪镇、碧涌镇分别是该县东部、西部、南部的中心集镇。集镇规模相当。镇区人口密集，店铺林立。

公坪镇原系土家族民族乡，全县土家族聚居地，紧临怀化市城区。其下属的顺溪铺村处于怀化市区规划区范围内。由于紧邻怀化市区（湖南西部最大的中心城市）的独特地理条件，该镇目前发展很快，所以在2000年撤乡改镇。

在另外23个乡镇中，岩桥乡、土桥乡、楠木坪乡集镇规模较大，是未来最有希望改为镇的乡。岩桥集镇人口密集，是县东仅次于罗旧的集贸中心，影响覆盖岩桥乡和水宽乡。土桥集镇是县西部的次中心，新店坪工商所在土桥设立办事机构，其影响涉及土桥乡、杨公庙乡、梨溪口乡。楠木坪乡是东南5乡的中心集镇，但是楠木坪集镇还是不能与罗旧、新店坪、碧涌3大集镇并列为县内第一级集镇，只能是较大的第二级集镇而已。这主要是因为楠木坪区5乡的内部整合度不高，楠木坪集镇并没有对东南5乡的强势影响力，北面的晓坪乡、罗卜田乡与芷江县城的经济关系更为密切，而南面的冷水溪乡，则又受到碧涌集镇的高度辐射，禾梨坳乡更紧邻洪江市新市府所在地黔城镇，所以楠木坪集镇对除本乡以外的周边乡镇的辐射力度显得相当不足。

在村一级组织中，目前芷江侗族自治县共有301村，另外县城内还有7个居民委员会①。2000年人口普查值为334，229人，其中县城内7个居民委员会合计为32，910人，其余301村人口为301，319，平均每个行政村的人口为1001人。

以土桥乡为例，这些村大体可以分为中心村和非中心村两大类。每个中心村，和其旁边的几个非中心村，共同组合成一个“乡村小型生活共同体”。土桥乡13个村，包括这样的“乡村小型生活共同体”3个。

第一个是“土桥生活共同体”，包括土桥村、向家庄村、富家团村、洞下村、麦园村共5村，总人口约6000。其中心村为土桥村，土桥乡人民政府、土桥乡中学和土桥乡中心小学、土桥医院、土桥集镇均位于本村。与土桥乡相邻的向家庄村（北）、富家团村（西）、洞下村（东）、麦园村（南）4村人民赶集大多前往土桥集镇。其中向家庄村、麦园村是小村，芷江到下神祝县道穿过此2村和土桥村。富家团村是中村，但是村民居住分散没有自己的中心。洞下村是人口大村，有小水电站，经济条件相对较好，但是可建设平地少，也无法形成自己的中心。土桥集镇平地面积相对较大，有足够空地建设公共设施。上瑞高速公路土桥出口，位于向家庄村与哨路口村之间，高速公路从两村中间穿过。

第二个是“冷水铺——两户村生活共同体”，包括哨路口村、冷水铺村、两户村村、肖家田村、草鞋坳村共5村（从东向西沿公路排列），总人口约6000。这个共同体中，经济中心在冷水铺村，冷水铺集镇逢农历一、六赶场，同时冷水铺还有铁路货运站，又处在320国道之上，交通便利。共同体的文化教育中心在两户村村，两户村小学是希望工程援建小学，目前已经建设成

---

① 根据《湖南省县及县以下行政区划代码·2004年》整理，转引自行政区划网站

为冷水铺村、两户村村、肖家田村、草鞋坳村4村联校。其余3村均为小村。

第三个是“分水坳—岩田冲”生活共同体，包括分水坳村、岩田冲村，总人口约4000人。这个小单元中没有定期赶场的集镇。但是分水坳村有湘黔铁路岩田铺火车站。在火车站周围也形成了一些商铺。

岔溪村是土桥乡一个独立的非中心村，它位置偏远，地处该乡最北部的潕水河南岸。从乡村生活圈上来讲，它更属于北岸的“木叶溪生活共同体”。村民有很多是渡河到木叶溪集镇赶集。只是由于潕水河的隔离，岔溪村在行政上归属于土桥乡管辖。

除了芷江县城外，广大农村地区大体是3000～7000人组成一个“乡村小型生活共同体”，范围覆盖2～8村不等。芷江县城则可以视为一个规模更大的“生活共同体”，一个功能更加齐全，发育更加完善人口聚集3万人的“生活共同体”。据此推断，芷江县乡村地区，应该有50～100个这样的生活共同体，具体请参看图10.2和表10.2。

表10.2　芷江侗族自治县地方行政区划和集镇分布表

乡镇名称	C2000	面积	人口密度	政府驻地	村数量	集镇名	赶场日
全县合计	334，229	2117	157.9	芷江	301		
芷江镇	58959	77.2	763.7	芷江	16	垅坪	1、6
罗旧镇	15542	81.4	190.9	罗旧	11	罗旧	3、8
公坪镇	8319	85.5	97.3	公坪	9	公坪	2、7
牛牯坪乡	6545	116.0	56.4	牛牯坪	9	牛牯坪	2、7
艾头坪乡	7954	55.5	143.3	塘家桥	8	艾头坪	1、6
岩桥乡	20297	116.0	175.0	岩桥	17	岩桥	2、7
水宽乡	10313	75.0	137.5	阳和田	8	水宽（阳）	3、8
木叶溪乡	7496	121.6	61.6	木叶溪	11	木叶溪	4、9
五郎溪乡	4074	67.7	60.2	牛皮寨	3	五郎溪（牛）	1、6
麻缨塘乡	14464	73.9	195.7	麻缨塘	14	麻缨塘	1、6
						黄潭桥	5、10
竹坪铺乡	10265	51.0	201.3	竹坪铺	10	无	

续表

乡镇名称	C2000	面积	人口密度	政府驻地	村数量	集镇名	赶场日
土桥乡	16363	102.6	159.5	土桥	13	土桥	3、8
						冷水铺	1、6
杨公庙乡	8771	76.9	114.1	杨公庙	11	杨公庙	5、10
						桃花坪	4、9
新店坪镇	17933	96.8	185.3	新店坪	18	新店坪	2、7
大树坳乡	8992	104.2	86.3	大树坳	12	大树坳	5、10
上坪乡	10805	61.9	174.6	上坪	12	上坪	5、10
大洪山乡	5259	51.2	102.7	大洪山	9	大洪山	3、8
梨溪口乡	10534	86.7	121.5	下神祝	13	下神祝	1、6
						梨溪口	2、7
洞下场乡	8842	62.3	141.9	洞下场	10	洞下场	4、9
碧涌镇	13660	93.0	146.9	碧涌	14	碧涌	3、8
大龙乡	5652	43.8	129.0	大龙	7	大龙	1、6
板山乡	4252	29.0	146.6	板山	6	板山	5、10
罗岩乡	5116	37.8	135.3	罗岩	8	罗岩	4、9
禾梨坳乡	9536	52.2	182.7	禾梨坳	8	禾梨坳	5、10
冷水溪乡	11808	75.7	156.0	冷水溪	12	冷水溪	4、9
楠木坪乡	13718	93.6	146.6	楠木坪	13	楠木坪	5、10
						大禾冲	2、7
晓坪乡	10260	58.1	176.6	晓坪	10	晓坪	4、9
罗卜田乡	8500	70.0	121.4	罗卜田	9	罗卜田	3、8

单位：C2000（2000年人口普查），人；面积，平方公里；人口密度，人/平方公里。本表与图10.2若有冲突，以本表为准。

在本书写作过程中，芷江县已经进行了乡镇和村的合并，不过合并后的村仍比一个赶场的生活共同体小一些。

五、国外近年来对基层行政单位进行重组的情况

（本节内容后来扩充研究成为本书第1－8章，本处从略，仅保留标题）

六、关于我国乡村社区重组的建议

关于我国乡村居民日常生活中的“生活共同体”的存在，前文已经进行详细的阐述。人们在该生活共同体中，完成一项特定的事务，以我国目前乡村居民实际情况来看，主要包括以日常经济生产和商品交换活动为代表的经济生活，以供子女完成九年制义务教育为代表的教育生活，以户籍婚姻工商注册等行政登记为代表的政治生活，以宗族和传统宗教活动为代表的文化生活。每一个生活所形成的“乡村小型生活共同体”覆盖的农户和村落范围可能有所出入，但也呈现出大体一致性。

这种内部趋同的生活共同体，将来还将进一步发育成熟，行政力应借助生活共同体来促进乡村社区的全面发展，推进社会主义新农村建设。在表现上，则应鼓励各村按照“乡村小型生活共同体”的范围进行合并。

为此笔者建议如下。

（一）各县市政府应承担策划和鼓励的角色

1. 各地县市政府应组织进行本区域内的主要生活设施调查。

具体而言，就是要摸清楚（1）本县区域内一共有多少传统文化活动场所，所有到此活动的人群都来自哪些村落；（2）本县一共有多少个乡村集镇，其规模如何，到此集镇进行交易的村民都来自哪几个村落；（3）本县有多少初小，中心小学，初级中学，其覆盖的区域各是哪些，他们的发展如何；（4）本县一共有多少个重要的交通结点，如铁路火车站、重要的公路交叉路口、码头等，到此进出的人流都来自哪些村落，并流往哪些村落；（5）哪些村落在政治、经济、文化、交通、资源等诸方面均无明显优势，而附属于邻近的村落。

如前文讲到的芷江县土桥乡，土桥村和冷水铺村有乡村集镇，土桥村设立有中心小学和初级中学，两户村村虽无中学，但有联小覆盖周围各村，冷水铺村和分水坳村有铁路火车站。传统文化设施缺乏，则可以不统计。其他各村则附属于这几个主要村落。

2. 根据调查结果，厘定“乡村小型生活共同体”。

如土桥乡，在一般行政上，可以分为 13 个“乡村小型生活共同体”，也就是 13 个村；在经济上可以依据定期赶场的集镇和火车站分布分为 3 个“乡村小型生活共同体”；在乡村教育上，则是一个“乡村小型生活共同体”，即全乡为一个，因为现有教育体制下，各村小学，包括两户村联小，都只有小学低年级，但两户村村等4村则可以视为一个次级生活共同体，而且将来完全可以将两户村联小（初小），改造为4村联办的完小，现在土桥中心小学因为范围有限而教室紧张，而两户村联小是希望小学建设，部分硬件设施实际上并未使用充分，因此可以说是一个半共同体；在文化上，当地民众多是侗族，且以杨姓居多，所以区分不明显。

因此综合以上因素，大体可以将其分为3个“乡村小型生活共同体”，即土桥生活共同体、冷水铺—两户村生活共同体、分水坳生活共同体（详细请参考前文）。这最后对“乡村小型生活共同体”的划分，虽然过于武断且偏重经济的嫌疑，但对社区发展的规划而言，却也是必要的。

3. 根据所厘定的范围，县市政府出台鼓励村村合并的措施。

政府所厘定的“乡村小型生活共同体”，实际上大体就相当于预期合并后的未来“村民委员会”的范围，个别还是太小的共同体，可以考虑与邻近的进行合并。在我国广大农村，尤其是中低山地形地区，这个规模大体应该在5000人左右。平原地区，应该鼓励8000人以上，高山地形应该鼓励3000人以上。特殊地方，如孤立的沙漠中小片绿洲，或远离大陆和大岛的外海离岛，可推进一绿洲一村、一岛一村。政府应该将此项预期合并的方案公诸于众。

此外，政府应该对遵循规划意愿进行合并的村，予以奖励和支持。这种支持应当包括赋予新合并的村更大的管理权限和进行实质的物质奖励两部分。原来属于乡镇的一些事权，应当下放给合并后的大的群众自治团体——新的村民委员会。对实行合并的各村进行的物质奖励可以包括追加财政拨款，提高民生福利，短期税收优惠等。

政府不应当未经当地村委会及村民同意强行要求各村落合并，或对不合并的进行处罚。

至于合并后可能会导致乡镇政府可能被架空的问题，自然无须紧张，架空就架空好了。反正目前我国的乡镇（尤其是大量的中西部地区的乡镇）虽然在名义上是基层政权，是独立的行政主体。可是它们事实上在财政权（管不了钱）、人事权（管不了人）、事务处置权（管不了事）3方面都不具备完全独立的资格。我国的税务局只开到县一级，乡镇只有税务所，只是县里的分支；乡镇的用人权由县委组织部统一管理；而办事多是完成上头委办的业务，创新性差。还不如各村，虽然有的村各项事业发展还较落后，尚欠发展，可无论在法律上，还是在实际工作中，都是独立的群众自治组织，这点毫无疑问。

（二）村民意愿应是最后决定因素

虽然说，政府的规划，可能是很有专业技术的理性考虑结果，不过这不表示它就可以取代群众自治组织的意愿。村民们会用他们自己的逻辑来评价本村是否应该与它者合并或联合。而且各村情况复杂，也非县市政府所能面面俱到照顾尽。因此对合并的一揽子问题应由相关各村进行讨论和协商，最后关于支持或反对合并也应由各村分别进行村民代表或全体村民表决来决定。

以下问题都应由各村进行讨论和协商：

（1）合并后新村的范围，是否允许各组不参加新村而转投其他村；

（2）合并后新村的名字，这个名字建议采用公募；

（3）合并后新村的村址，是否新建或沿用中心村；

（4）合并后新村的村长选举办法，是否在现任各村长中选举还是重新选，是一村投一票（如果是多村合并的话），还是合并后新村村民一人投一票；

（5）合并后新村的村民代表选举办法，现有村民代表是否留任还是全面重选；

（6）原有各村资产、资源和债务如何分配，是否该由新村全面继承，如果拍卖，收益是计入新村还是由老村村民瓜分，还是设立一项公共设施，原各村村民是否要享受优惠；

（7）原来的各马路、街道、设施的名字如何变更；

（8）合并后新村，从何日起开始运作等等。

为充分体现待合并各村的意愿，笔者认为：

1. 应先成立“区域合并协商委员会”，由各村派代表参加，负责就前述问题进行多方谈判。经过各代表协商一致后，以书面形式确立形成“合并协议书”，并由各参与代表签字并盖各村公章。

2. 各村应当组织村民对是否同意合并进行投票。负责谈判的代表只是代表本村进行发声，而不是代表本村进行最后决策。投票的对象也就是“合并协议书”的内容，选项可以设定最简单的两项（同意合并、反对合并），也可以三项（同意合并、无所谓、反对合并），也可以多项（强烈同意合并、勉强同意合并、无所谓、勉强反对合并、强烈反对合并、看不懂不知道）。

尤其涉及的村民一共也就几千人，应当尽量提倡全体村民投票。而有投票资格的村民，也不应当只限于年满十八周岁。比如合并很显然会涉及到乡村中小学生的利益，因为完全可以依据本地实际将投票的年龄资格设定为年满 16 周岁乃至 12 周岁，一个 12 周岁的青少年对这种社会事件是有足够的理解能力的。

如果相关各村最后都同意合并，那么就可以将“合并协议书”呈请县市主管单位，而主管单位应尊重民众意愿批准生效。

如果某一村村民最后否决了合并协议，为了推进和鼓励地方合并，可以进行三轮投票。如果还不行，那就应该放弃合并，宣告合并失败。

（三）可以结合合并与联合两种模式

前文提到的舟山市在 2005 年进行的渔农村新型社区建设中的做法，与法国的做法，有一点很相近。就是大家都使用了“融合”与“联合”两种方法。

舟山市的做法是，如果各村愿意完全合并，则最后多村合并成一村，并改建为渔农村新型社区。如果各村不愿意完全合并，则将社会管理事务归并于社区管理委员会，而原来各村的经济和财产管理仍旧各归各，社区与村同时运作，该市普陀区各渔农村新型社区普遍采用这种模式。

法国也是一样，自 1890 年起，国会便允许跨市（镇）联合组织（Syndicat intercommunal）负责管理攸关两个以上市（镇）的公共服务。Syndicat intercommunal 在行政法上为独立的公共组织，其运作与一般市镇并无二致。

笔者也主张，民众不愿意合并的声音不能忽视，哪怕只是不多的村如此。而经过理性的技术分析以后得出的村村合并的规划也没有错，如果村村联合可以使双方都能够达到妥协，又何尝不是件幸事。

附表：世界50大建制市

排序	国家	名称	面积	人口	统计口径
1	土耳其	伊斯坦布尔广域市	5315	13，710，512	P2012
2	印度	孟买市	603	12，478，447	C2011
3	菲律宾	*大马尼拉首都大区	636	11，855，975	C2010
4	俄罗斯	*莫斯科市	1081	11，514，330	C2010
5	巴西	圣保罗市	1523	11，244，369	C2010
6	印度	德里市	1397	11，007，835	C2011
7	中国	*北京市（街道部）	1219	10，430，308	C2010
8	中国	深圳市（街道部）	2059	10，357，938	C2010
9	巴基斯坦	卡拉奇（都市县）	3527	9，856，318	C1998
10	中国	上海市（街道部）	630	9，740，287	C2010
11	韩国	*首尔市	605	9，708，483	C2010
12	印度尼西亚	*大雅加达首都特区	664	9，588，198	C2010
13	日本	*东京都（特别区部）	622	9，272，565	Cf2015
14	中国	重庆市（街道部）	4000	8，897，029	C2010
15	墨西哥	*墨西哥城（联邦区）	1485	8，851，080	C2010
16	中国	广州市（街道部）	1030	8，773，949	C2010
17	中国	武汉市（街道部）	5000	8，591，207	C2010
18	埃及	*开罗省	3085	8，471，859	C2006
19	印度	班加罗尔市	741	8，425，970	C2011
20	泰国	*曼谷市	1569	8，305，218	C2010
21	美国	纽约市	786	8，175，133	C2010

续表

排序	国家	名称	面积	人口	统计口径
23	英国	＊大伦敦	1578	8，173，941	C2011
24	伊朗	＊德黑兰市	730	8，154，051	C2011
25	尼日利亚	拉各斯（旧市16区）	1000	7，937，932	C2006
26	中国	天津市（街道部）	2600	7，842，500	C2010
27	秘鲁	＊利马县	2670	7，605，742	C2007
28	孟加拉国	＊达卡市	154	7，423，137	C2011
29	刚果（金）	＊金沙萨市	9965	7，273，947	P2004
30	中国	香港特别行政区	1104	7，071，576	C2011
31	伊拉克	＊巴格达市	1134	7，000，000	E2009
32	印度	海得拉巴市	625	6，809，970	C2011
33	哥伦比亚	＊圣菲波哥大首都特别区	1587	6，778，691	C2005
34	中国	南京市（街道部）	3622	6，726，969	C2010
35	巴西	里约热内卢市	1182	6，323，037	C2010
36	巴基斯坦	拉合尔（都市县）	1772	6，318，745	C1998
37	中国	西安市（街道部）	3000	6，293，181	C2010
38	中国	沈阳市（街道部）	3000	6，093，181	C2010
39	中国	成都市（街道部）	764	6，086，292	C2010
40	越南	胡志明市（郡部）	494	5，880，615	C2009
41	印度	艾哈迈达巴德市	475	5，570，585	C2011
42	巴基斯坦	费萨拉巴德（都市县）	5856	5，429，547	C1998
43	缅甸	＊仰光市	599	5，211，431	C2014
44	沙特阿拉伯	＊利雅得市	800	5，200，000	C2010
45	新加坡	＊新加坡（共和国）	683	5，080，000	C2010
46	＊智利	圣地亚哥（省）	2030	4，927，624	C2012
47	俄罗斯	圣彼得堡市	606	4，848，742	C2010
48	中国	哈尔滨市（街道部）	2040	4，706，707	C2010
49	印度	金奈市	181	4，681，087	C2011
50	土耳其	安卡拉广域市	24，521	4，868，418	C2011
51	印度	加尔各答市	185	4，486，679	C2011

续表

排序	国家	名称	面积	人口	统计口径
52	印度	苏拉特市	327	4，462，002	C2011
53	科特迪瓦	阿比让市	2119	4，395，243	Cf2014
54	埃及	亚历山大省	2679	4，123，869	C2006
55	中国	大连市（街道部）		4，080，000	C2010
56	中国	新北市	2053	3，970，644	P2015
57	中国	杭州市（街道部）	1220	3，803，203	C2010

注：面积单位为平方公里。统计口径一栏中，数字为年份，C 为人口普查值（Cf 为人口普查初步统计值），P 为官方公布的在籍人口数，E 为估计值。严格意义上说，表中的东京、拉各斯、大马尼拉等都不是单体的建制市，详见本书相关章节。

参考资料

中文部分:

曹启挺:《世界各国市制比较研究》,中央编译出版社 2012 年版。

白文祥、王淑萍:《世界地名常用词翻译手册》,测绘出版社 2005 年版。

曹剑光:《国内地方治理研究述评》,载《东南学术》,2008 年第 2 期。

陈剩勇、杨馥源:《建国 60 年来中国城市体制的变迁与改革战略》,载《社会科学》,2009 年第 8 期。

陈思泽:《地方政府与自治 Q&A》,风云论坛出版社 1999 年版。

戴均良:《中国市制》,中国地图出版社 2000 年版。

邓正来:《国家与社论——中国市民社会研究的研究》,中国社会科学季刊 1996 年版。

胡序威、张文范:《中国设市预测与规划》,知识出版社 1997 年版。

黄锦堂:《地方立法权》,五南图书公司 2005 年版。

纪俊臣:《都市及区域治理》,五南图书公司 2006 年版。

江时学主编:《2002 ~ 2003 年拉丁美洲和加勒比发展报告》,社会科学文献出版社 2003 年版。

靳尔刚:《中国城市化走向研究》,上海科学普及出版社 2001 年版。

李宝库主编:《中国政区大典》,浙江人民出版社 1999 年版。

李长晏:《迈向府际合作治理理论与实践》,元照 2007 年版。

廖俊松:《地方永续发展——台湾与大陆的经验》,元照 2009 年版。

林谷蓉:《中央与地方权限冲突》,五南图书公司 2005 年版。

林水波、李长晏:《跨域治理》,五南图书公司 2005 年版。

刘阿荣主编:《都市治理与地方永续发展》,杨智文化 2007 年版。

刘明德:《重构台湾县市政府组织》,翰芦出版社1998年版。

吕育诚:《地方政府管理——结构与功能的分析》,台北,元照2002年版。

倪健中:《大国诸侯——中国中央与地方关系之结》,中国社会出版社1996年版。

宁岭晏:《澳门市政制度的演变与前瞻》,载《华南师范大学学报》,2007年第2期。

欧信宏、史美强、孙同文、钟起岱:《府际关系:政府互动学》,台湾"国立"空中大学2004年版。

旗田巍:《中国村落与共同体理论》,东京岩波书店1973年版。

丘昌泰:《地方政府管理研究》,韦伯文化2007年版。

施正锋、杨永年主编:《行政区域重划与迁都》,国家展望文教基金会2005年版。

史美强:《制度、网络与府际治理》,台北,元照2005年版。

醍醐嘉美:《中世纪都市》,林祥荣译,台湾.奇幻基地2007年版。

王保健:《图解地方政府与自治》,东京,书泉出版社2008年版。

王颖:《新集体主义:乡村社会的再组织》,经济管理出版社1996年版。

许介鳞:《日本行政监察制度之研究》,研究发展考核委员会2000年版。

研考委:《政府改造》,研究发展考核委员会2003年版。

俞可平:《治理与善治》,社会科学文献出版社2000年版。

于鸣超:《中国市制的变迁及展望》,载《战略与管理》,1999年第5期。

喻希来:《中国地方自治论》,载《战略与管理》,2002年第4期。

袁继成、李进修、吴德华:《中华民国政治制度史》,湖北人民出版社1991年版。

詹成付:《关于德国、瑞典、法国基层自治体制的考察报告》,载《中国改革论坛》,2004年第3期。

张献勇:《我国市制遭遇十大宪法尴尬》,载《人大研究》,2005年第6期。

张育哲:《地方经济发展政策》,韦伯文化2007年版。

赵永茂、孙同文、江大树:《府际关系》,台北,元照2004年版。

中国地名委员会编:《外国地名译名手册》(中型本),商务印书馆1993年版。

朱景鹏:《地方政府治理能力评估模式建构之研究》,研究发展考核委员会

2004 年版。

[法]托克维尔:《论美国的民主》(上、下卷),商务印书馆 1988 年版。

[孟]凯末尔·斯迪克:《南亚地方政府比较研究》,中国社会出版社 1994 年版。

施坚雅主编,叶光庭等译,《中华帝国晚期的城市》,中华书局,2000 年版。

包伟民主编,《江南市镇及其近代命运 1840 ~ 1949》,知识出版社,1998 年版。

费孝通,《乡土中国 生育制度》,北京大学出版社,1998 年版。

陆学艺,《内发的村庄》,社会科学文献出版社,2001 年版。

旗田巍,《中国村落与共同体理论》,岩波书店,1973 年版。

王颖,《新集体主义:乡村社会的再组织》,经济管理出版社,1996 年版。

王沪宁,《当代中国村落家族文化——对中国社会现代化的一项探索》,上海人民出版社,1991 年版。

赵永茂、孙同文、江大树,《府际关系》,台北·元照出版,2004 年版。

《芷江县志》1996 年版。

"行政院"研究发展考核委员会,《政府改造》,台北,2003 年版。

"行政院"研究发展考核委员会,《地方政府治理能力评估模式建构之研究》,台北,2004 年版。

陈思泽,《地方政府与自治 Q&A》,台北,风云论坛出版社,1999 年版。

柳金财,《压力型体制下的乡村政治关系》,《远景基金会季刊》,2003 年版。

民政部培训中心,《村民自治实地调研报告集》,2005 年版。

施坚雅,《中国农村的市场和社会结构》,网络版

邓正来,《国家与社论—中国市民社会研究的研究》,《中国社会科学季刊》,香港,1996 年版。

曹锦清,张乐天,陈中亚著,《当代浙北乡村的社会文化变迁》,上海远东出版社,1995 年版。

包亚明译,《布尔迪厄访谈录:文化资本与社会炼金术》,上海人民出版社,1997 年版。

外文部分:

大韓民國行政自治部 .2009 년도 지방행정구역요람 . 首尔:

삼영D. P. 2009.

自治体国際化協会．日本の地方自治．东京:(财)自治体国際化協会(CLAIR).2009.

自治体国際化協会．諸外国の地域自治組織．东京:(财)自治体国際化協会(CLAIR).2004.

自治体国際化協会．韓国の地方自治．东京:(财)自治体国際化協会(CLAIR).2008.

自治体国際化協会.ASEAN 諸国の地方行政．东京:(财)自治体国際化協会(CLAIR).2004.

自治体国際化協会.ASEAN 諸国の地方行政(改訂版)——ベトナム社会主義共和国編．东京:(财)自治体国際化協会(CLAIR).2007.

自治体国際化協会.インドネシアの地方自治．东京:(财)自治体国際化協会(CLAIR).2009.

自治体国際化協会.シンガポールの政策(2005 年改訂版)．东京:(财)自治体国際化協会(CLAIR).2005.

自治体国際化協会.シンガポールの政策．东京:(财)自治体国際化協会(CLAIR).2005.

自治体国際化協会.インドの地方自治——日印自治体間交流のための基礎知識——．东京:(财)自治体国際化協会(CLAIR).2007.

自治体国際化協会.ヨーロッパ各国の地方自治制度．东京:(财)自治体国際化協会(CLAIR).1990.

自治体国際化協会．英国の地方自治．东京:(财)自治体国際化協会(CLAIR).2003.2010.

自治体国際化協会．英国の地方政府改革の系譜．东京:(财)自治体国際化協会(CLAIR).2006.

自治体国際化協会.アイルランド共和国の地方自治．东京:(财)自治体国際化協会(CLAIR).2003.

自治体国際化協会.フランスの地方自治．东京:(财)自治体国際化協会(CLAIR).2009.

自治体国際化協会.スペインの地方自治．东京:(财)自治体国際化協会(CLAIR).2002.

自治体国際化協会. イタリアの地方自治. 东京:(財)自治体国際化協会(CLAIR). 2004.

自治体国際化協会. オランダの地方自治. 东京:(財)自治体国際化協会(CLAIR). 2005.

自治体国際化協会. ベルギーの地方自治. 东京:(財)自治体国際化協会(CLAIR). 2010.

自治体国際化協会. ドイツの地方自治. 东京:(財)自治体国際化協会(CLAIR). 2003.

自治体国際化協会. スイスの地方自治. 东京:(財)自治体国際化協会(CLAIR). 2006.

自治体国際化協会. スウェーデンの地方自治. 东京:(財)自治体国際化協会(CLAIR). 2004.

自治体国際化協会. フィンランドの地方自治. 东京:(財)自治体国際化協会(CLAIR). 1992.

自治体国際化協会. ロシアの地方自治. 东京:(財)自治体国際化協会(CLAIR). 2006.

自治体国際化協会. ロシアの地方都市における自治制度. 东京:(財)自治体国際化協会(CLAIR). 2005.

自治体国際化協会. ロシアの地方自治——モスクワ市における地方自治制度——. 东京:(財)自治体国際化協会(CLAIR). 2004.

自治体国際化協会. ロシア極東の地方自治. 东京:(財)自治体国際化協会(CLAIR). 2003.

自治体国際化協会. ニューヨーク州地方自治ハンドブック. 东京:(財)自治体国際化協会(CLAIR). 2006.

自治体国際化協会. オーストラリアとニュージーランドの地方自治. 东京:(財)自治体国際化協会(CLAIR). 2005.

自治体国際化協会. オーストリアの地方自治. 东京:(財)自治体国際化協会(CLAIR). 2005.

网站部分:

行政区划网站,http://www. xzqh. org.

Administrative Divisions of Countries (" Statoids"), http://www. statoids. com/statoids. html(英语).

Global Statistics - GeoHive. http://www. xist. org/default1. aspx(英语和各国官方语).

City Population, http://www. citypopulation. de/index. html(英语).

Lists of cities by country (Wikipedia), http://en. wikipedia. org/wiki/Lists_of_cities_by_country.

ロシア地理雑学・都市データサイト. http://dvor. jp/index. htm(日语).

都道府県市区町村. http://uub. jp/(日语).

Cambodian Civil Society Partnership. http://www. ccspcambodia. org/(英语).

National Statistical Coordination Board, Philippines, http://www. nscb. gov. ph/panguna. asp.